陆夏君　倪海娜·主编

梧桐语丝

上

浙江工商大学出版社 杭州
ZHEJIANG GONGSHANG UNIVERSITY PRESS

图书在版编目（CIP）数据

梧桐语丝：上、下册 / 陆夏君，倪海娜主编. —
杭州：浙江工商大学出版社，2023.5
ISBN 978-7-5178-5454-8

Ⅰ．①梧… Ⅱ．①陆… ②倪… Ⅲ．①阅读课－初中
－教学参考资料 Ⅳ．①G634.333

中国国家版本馆CIP数据核字(2023)第063789号

梧桐语丝（上、下册）
WUTONG YUSI（SHANG、XIA CE）
陆夏君 倪海娜 主编

责任编辑	唐 红
封面设计	朱嘉怡
责任校对	林莉燕 金芳萍
责任印制	包建辉
出版发行	浙江工商大学出版社
	（杭州市教工路 198 号 邮政编码 310012）
	（E-mail：zjgsupress@163.com）
	（网址：http://www.zjgsupress.com）
	电话：0571-88904980，88831806（传真）
排 版	杭州彩地电脑图文有限公司
印 刷	杭州高腾印务有限公司
开 本	710 mm×1000 mm 1/16
印 张	24
字 数	350 千
版 印 次	2023 年 5 月第 1 版 2023 年 5 月第 1 次印刷
书 号	ISBN 978-7-5178-5454-8
定 价	72.00 元（全 2 册）

🍁 编 委 会

主　　编：陆夏君　　倪海娜

编写人员：冯晓媛　　王丽琛　　高晓怡　　葛诗雨

前　言

　　学校开拓了一个新型阅读空间，名曰"凤栖梧桐阁"，得名于《诗经》。《诗经》有言"凤凰鸣矣，于彼高岗。梧桐生矣，于彼朝阳。"凤凰与梧桐皆为品行高洁者的象征，古人亦有"栽桐引凤"之说。作为校图书馆阅读空间改造的一大成果，凤栖梧桐阁致力于实现全员"沉浸式"阅读。在此空间内，师生既可以进行独立阅读，也可以开展共读活动，从文学沙龙到 TED，从诗歌朗诵到小剧场演出，凤栖梧桐阁都能容纳与呈现。

　　为此，学校语文老师团队自编了用于梧桐阁阅读的一些小文，有诗歌、散文、小说，有新文化运动以来的白话文代表作，亦有浩瀚古典文学中的经典文言佳作，结集成册，名曰"梧桐语丝"。虽说"语丝文体"最突出的特点是"任意而谈、无所顾忌"，但《梧桐语丝》选文还是努力契合人教版七至九年级语文教材的学习，希冀在大阅读背景下寻求实用教材配套读本，以求践行真实语文课堂中的真实阅读行动。

　　著名教育家、文学家叶圣陶老先生曾说，语文教材无非就是个例子。以《梧桐语丝》为引子，对教材这一范例进行补充、拓展、延伸，让语文课堂从"教学中心"转向"学生中心"，打通提升效能的"最后一公里"，这便是我们的初衷。诚然，教学有时便是一次回归，《梧桐语丝》寄望于让课堂回归本位，让阅读回归本味。

　　同学三两，围坐梧桐树下，手捧书籍，静心阅读，间或悄声讨论两句，想想就很美。核心素养时代的大阅读，是不限时空、不限形式的阅读，所有经典文字，都是火苗，所有经典作者，都是燃灯者。《梧桐语丝》是一粒星火，愿星火能为燎原蓄势。

　　《梧桐语丝》，册子虽小，却是我校语文教师团队头脑风暴后的集体结晶，前后历经两年多，送给热爱阅读的青少年读者。不足之处，望能批评指正。

杭州第十四中学附属学校　陆夏君

2022 年 12 月

目 录

 第一辑　经典诗歌

第二辑 锦绣文言

第三辑　精彩白话

经典诗歌

小池

[宋] 杨万里

泉眼无声惜细流，树阴照水爱晴柔。
小荷才露尖尖角，早有蜻蜓立上头。

（选自傅德岷、卢晋主编《唐宋诗鉴赏辞典》，
上海科学技术文献出版社，第 413 页）

关于作者：

> 杨万里（1127—1206），字延秀，号诚斋，南宋文学家，与尤袤、范成大、陆游齐名，称"南宋四大家"。诗自成一家，独具风格，用词清新自然，形成对后世影响颇大的诚斋体。

赏读：

读《小池》，一种由衷的欢愉从文字间满溢出来，带着温暖芬芳的暖风扑面而来，把人带进初夏的画卷之中。

"惜"的是涓涓细流，"爱"的是柔情日光，调皮"露"出的是荷叶柔嫩的一角，亭亭而"立"的是身姿曼妙的蜻蜓。

杨万里笔下有过无数的夏天，除"月未到诚斋，先到万花川谷"这样的小令，还有让人难以忘怀的《闲居初夏午睡起二绝句》，其中写道："梅子留酸软齿牙，芭蕉分绿与窗纱。"又写道："戏掬清泉洒蕉叶，儿童误认雨声来。"阅历了人生的起落后，这一份纯粹的胸襟与长久的童心，从细枝末节的可爱语言里渗透出来。

妈妈教给我的歌

爱斯基摩歌谣 | 阿九 译

我只是个平常的女人，
从没见过异象。
但我要告诉你
我能知道的这个世界，
以及我尚未亲历的那些世界。

我的夜晚几乎没有梦——
如果有，我会知道得比现在更多。
做梦的人们，
见闻许多大事。

在梦里，
人们过着一种与这个世界
全然不同的生活。
我相信梦，
自己却不是梦者，
我只是知道每个孩子都要从妈妈那里学东西，
因为妈妈在睡前给孩子讲故事
哄他们入睡。

正是从这些故事里

我们懂得了一切。

（选自徐鲁主编《和妈妈在一起》，山东画报出版社2019年版，
第109—110页）

关于作者：

爱斯基摩人，生活在北极地区，又被称为因纽特人，分布在从西伯利亚、阿拉斯加到格陵兰的北极圈内外。对我们来说，他们是一个完全陌生的族群，生活在一个与世隔绝的天地里，但贫困和恶劣的生活环境，并没有影响他们乐观善良的天性。

赏读：

每个听过妈妈讲睡前故事的孩子，在他经历了这一段饱含香味和温度、在温柔声线中漫游的历程后，生命从此有了新的定义，是深刻的不可遗忘的曾经。

诗歌的开头，用极度自谦的口吻说着"我只是个平常的女人"，然而谁都知道，这个女人在这一时刻正坐拥世界上最不平凡的头衔——母亲。孩子天生会听故事，母亲天生会讲故事，或许这些仅仅是母亲作为平凡人的生活经验，但这些故事由此成为孩子人生的第一课。

从此，这个小小的婴孩开始注视生生不息的文明世界、文化的传承和人类精神的闪耀之处，在最天真的话语里，习得最珍贵的一切。

让人想到一本故事书的序言：

"只要人类还在讲故事，我们就还是我们。"

小小的船

叶圣陶

弯弯的月儿小小的船，
小小的船儿两头尖。
我在小小的船里坐，
只看见闪闪的星星蓝蓝的天。

（选自韦商编《叶圣陶和儿童文学》，
少年儿童出版社 1990 年版，第 367 页）

关于作者：

> 叶圣陶，原名叶绍钧，是一位优秀的语言艺术家，他"一直留意语言"（《〈叶圣陶选集〉自述》），其文以平实、质朴、凝练、精粹的文学语言著称。

赏读：

这是一首读着读着就唱起来的诗。

"诗歌"这个词本身的意义在读这首诗的时候被再度剖白重现。

小时候的目光最专注，小时候的月亮最温柔，即使长久地直视月亮，也不觉得刺眼。原本遥不可及的月球，此刻就变成身下的一只小船，天上月光近在咫尺，孤独是小小的身影船里坐，热闹是闪闪的星星蓝天上现。

在写月的诗人里，叶老一定不是最出名的那一位；在写月亮的诗歌中，这首也必定不是最完美的那一首。但令人动容的除了月色，更多的是小孩子被人重视的想象。这个关于月亮的梦，可以说一点也不真实，但偏偏千奇百怪到令人神魂颠倒，点燃了每个望月的孩子内心的饥渴与孤独，令孩子们突然拥有攀附月色的勇气。

　　是呀，月亮真是个好东西，便是做梦，也是在月下更甜美一些。

小鸟在天空消失的日子

[日本] 谷川俊太郎 | 田原 译

野兽在森林消失的日子
森林寂静无语，屏住呼吸
野兽在森林消失的日子
人还在继续铺路

鱼在大海消失的日子
大海汹涌的波涛是枉然的呻吟
鱼在大海消失的日子
人还在继续修建港口

孩子在大街上消失的日子
大街变得更加热闹
孩子在大街上消失的日子
人还在建造公园

自己在人群中消失的日子
人彼此变得十分相似
自己在人群中消失的日子
人还在继续相信未来

小鸟在天空消失的日子

天空在静静地涌淌泪水

小鸟在天空消失的日子

人还在无知地继续歌唱

（选自谷川俊太郎《古川的诗》，由原编译，江苏凤凰
文艺出版社 2020 年版，第 162—163 页）

关于作者：

谷川俊太郎是日本家喻户晓的国民诗人，他的诗歌是关于人生的。他的诗是为家族、母亲、孩子、情人、朋友和一朵六月阳光下盛开的百合花写下的。他的诗语言简练，风格清新，洋溢着爱与温暖，在日本广受欢迎，他也因此与日本文化圈中的很多名人有过合作，曾为宫崎骏电影《哈尔的移动城堡》主题曲写词。

赏读：

喜欢谷川俊太郎的诗，是因为他说的一句话："我是个少年，可我上了年纪；我是个老人，可我并未出生。"简单的一句话足以让我们日渐变硬的心脏感受全新的震撼。

全诗都是无厘头的想象，却在想象里给人蒙头一击的力量。

"自己在人群中消失的日子，人还在继续相信未来""小鸟在天空消失的日子，人还在无知地继续歌唱"。这是你，是我，是大众千篇一律的脸孔。

诗人平和地、冷静地说出的预言，却让人胆战，心知下一刻恐怕要成为谶语。

他用最冷静的语言跟你说，简单明朗的安慰没有用。人啊，就是要勇敢地正视自己的人生，然后努力地改变既定的命运，莫要等到预言成真，继而后悔成真。

悯农（其二）

［唐］李绅

锄禾日当午，汗滴禾下土。
谁知盘中餐，粒粒皆辛苦。

（选自李若冰主编《中华优秀传统文化读本》，
云南大学出版社 2020 年版，第 186 页）

关于作者：

李绅（772—846），字公垂，唐代诗人，曾参与新乐府运动，首创《新题乐府》二十首。

赏读：

新时代的孩子，生在国旗下，长在春风里。我们也曾走出教室，摸过树木粗糙的树皮，观察被虫子啃出洞的叶子，看枝头飘落的黄叶，闻割草机爬过之后的青草香味……但终究没有和农田好好认识一番。

世俗的洪流总是能催生出逆行的一尾鱼，也总有人在歌舞升平中看到土地的力量，从而对土地的劳动者产生全新的敬意。在诗里，"禾""汗""盘中餐"构成了一个连贯的三角，让人的思维由麦田转向餐饭，道出无比深刻的道理：珍惜粮食。

是的，浩茫天地间，我们赤足站在黄土之上，显得无比渺小。但是，我们要比伟人多爱一棵草。

登幽州台歌

[唐]陈子昂

前不见古人，后不见来者。
念天地之悠悠，独怆然而涕下。

（选自傅德岷、卢晋主编《唐诗鉴赏辞典》，
上海科学技术文献出版社 2019 年版，第 17 页）

关于作者：

陈子昂（661—702），字伯玉，唐代诗人，初唐诗歌革新的集大成者。作诗提倡汉魏风骨，反对齐梁的淫靡之风。

赏读：

这首诗乍然读来，不像一首诗，反倒像一篇散文，在唇边缓缓绕行。诗歌表面内容也非常容易读懂，无非是诗人登临怀古，怆然涕下。但再读一读，就会对作者的感情生发产生好奇，直想说"情不知所起"。幽州台，是曾经招募良士之地，一个人一旦有了一些不流于俗的理想和志趣，就一定希望能够找到一个能产生共鸣的人。然而，站在幽州台上的陈子昂，却不知去哪里寻找。"念天地之悠悠"，在人生漫长的劳苦里，在浩茫天地间，陈子昂用极端的孤独诠释了内心的志向。

礼物

[波兰] 切斯瓦夫·米沃什 | 西川 译

如此幸福的一天。

雾一早就散了，我在花园里干活。

蜂鸟停在忍冬花上。

这世上没有一样东西我想占有。

我知道没有一个人值得我羡慕。

任何我曾遭受的不幸，我都已忘记。

想到故我今我同为一人并不使我难为情。

在我身上没有痛苦。

直起腰来，我望见蓝色的大海和帆影。

（选自《为你读诗》项目组编著《为你读诗》（第 1 辑），
湖南文艺出版社 2015 年版，第 3 页）

关于作者：

切斯瓦夫·米沃什（Gzeslaw Mitosz，1911—2004）美籍波兰诗人、散文家、文学史家。他对往事的追忆和对时间的思索构成了其诗歌的特色。在他漫长的创作生涯中，他展现出一个贯穿始终的主题，即时间和拯救。这就使他的诗中具有了一种历史的沧桑感。

✎ 赏读：

在历经沧桑之后，终于到达快乐的彼岸。切斯瓦夫·米沃什曾说："我认为世界非常可怕，这些天真的诗歌是我的回答——我想说，世界应该是怎样的，而不是像它当时那个样子。"他用痛苦当土壤，塑造了祥和、安静的生活，存在心底的天真与柔软拯救了他，让幸福的一天真正到来。

赋得古原草送别

［唐］白居易

离离原上草，一岁一枯荣。
野火烧不尽，春风吹又生。
远芳侵古道，晴翠接荒城。
又送王孙去，萋萋满别情。

（选自李若冰主编《中华优秀传统文化读本》，
云南大学出版社 2020 年版，第 26 页）

关于作者：

> 白居易（772—846），字乐天，号香山居士，唐代诗人，新乐府运动主要倡导者，写下了不少反映人民疾苦的诗篇。他的诗歌题材广泛，形式多样，语言平易通俗，他有"诗魔"和"诗王"之称。

赏读：

这首诗的画面感可以说是深入人心。在诗歌字里行间咀嚼，脑中似乎出现诗中场景。荒凉的古道上忽然有了一抹新绿，破旧的城墙变成一片绿壁，送别之悲与"春风吹又生"的欣喜交织。再读又猛然发现，"萋萋"疯长的何止是草呢？这吹又生的古原草作为情感的载体，送别的愁绪早就随同它蓬勃起来了。

断章

卞之琳

你站在桥上看风景，
看风景的人在楼上看你。

明月装饰了你的窗子，
你装饰了别人的梦。

（选自孙冰、徐魏主编《中国现当代文学作品精读》，
上海财经大学出版社 2019 年版，第 250 页）

关于作者：

卞之琳（1910—2000），中国当代著名诗人，既写自由体诗，又写新格律诗，在新诗格律化问题上进行持续不断的探索，著有诗集《三秋草》《鱼目集》《十年诗草》等。

赏读：

本是一个不完整的片段，却构建了完整的画面和情感联系。如果仅以"日有所思，夜有所梦"的构图来表现单恋之情的奇妙迷人，那就显得俗套了。难能可贵的是，诗人察觉到了人与人之间这不易察觉的联系，用一种独特的联结，给予了双方丰盛的回报。这意境和热烈的情感，值得我们细细品味。

天真的预言（节选）

[英]威廉·布莱克 | 徐志摩 译

一沙一世界，

一花一天堂。

无限掌中置，

刹那成永恒。

（选自李暮《你好，孤独》，长江文艺出版社 2017 年版，第 28 页）

关于作者：

威廉·布莱克（William Blake，1757—1827），英国浪漫主义诗人、版画家。代表作有诗集《纯真之歌》《经验之歌》等。早期作品简洁明快；中后期作品趋向玄妙深沉，充满神秘色彩。

赏读：

帕斯捷尔纳克说：“人不是活一辈子，不是活几年几月几天，而是活那么几个瞬间。”世界是宏大的，而个体是渺小的，再细微的事物，也拥有自己广阔而深邃的宇宙。我们对世界的感知可大可小，更应保留自我，认真追寻。

寄黄几复

[宋] 黄庭坚

我居北海君南海，寄雁传书谢不能。
桃李春风一杯酒，江湖夜雨十年灯。
持家但有四立壁，治病不蕲三折肱。
想得读书头已白，隔溪猿哭瘴溪藤。

（选自徐中玉编著《唐宋诗》，上海人民出版社
2017 年版，第 77 页）

关于作者

黄庭坚（1045—1105），字鲁直，号山谷道人，北宋著名文学家、书法家，江西诗派开山之祖。与杜甫、陈师道和陈与义素有"一祖三宗"（黄为其中一宗）之称；与张耒、晁补之、秦观游学于苏轼门下，合称为"苏门四学士"；生前与苏轼齐名，世称"苏黄"。

赏读：

远方的家人，许久未见的朋友，生命里走散的故人和那些求而不得的往事，好像都被凌厉的北风一起刮进了心间，时不时就跳出来扰乱一番心绪。

现代快捷的通信设备能稍微减缓相思之苦，但作用毕竟有限，许多思念只靠一块冰冷的屏幕终是难以告慰，人与人面对面的触感和温度，是隔着屏幕难以捕捉的。

虽然不及相见相拥，但透过屏幕缓解的相思毕竟还有些许慰藉。然而，还有一

些思念却是翻来覆去只剩无奈和心悸。

这部分相思，是黄庭坚"寄雁传书谢不能"相隔万里音书全无的无奈，更是苏轼"十年生死两茫茫，不思量，自难忘"的痛彻心扉。生命里总有一些思念，中间横亘着难以逾越的生离死别，是难以排遣，亦难以淡忘的悲苦哀愁。

以前读书时，念到"桃李春风一杯酒，江湖夜雨十年灯"少有感触，那时年少不经事，对生命中的生离死别并无多少经历。

但随着慢慢长大，旧日逝去，许多曾经亲密无间的人都在无声之中渐行渐远；加之这几年疫情的种种，许多逝去都来得猝不及防，逐渐也就理解了诗人与旧友一别数年，物是人非，空余思念的悲戚和感慨。

念及老友，诗人以旧日相聚时寻常的"一杯酒"来对，可越是寻常，越将相思但无奈的愁绪浇灌得浓烈无比，就如纳兰性德的那句"赌书消得泼茶香，当时只道是寻常"一样。

因为生命浮沉变化的不可预测，并非所有寻常的相聚都标识着离别的字样，也并非所有离别都有桃花潭水、长亭古道、折柳惜别的郑重，多数离别都是悄无声息、后知后觉的。

所以，通常我们只将相会相谈当作日常，唯有失去过后想起才能觉察出当日寻常的可贵，这或许就是生命里无奈的部分。

或多或少，或长或短，大概每个人都有过这样"相思了无益"的愁肠，那么此时吟诵黄庭坚的这首诗，也算是借他人之酒，来浇了自己心中的块垒。

离别纵然使人无奈，相思纵然使人惆怅，但这也证明着我们拥有过值得怀念的时刻。也或许，不管是远是近，只要相思还在，那旧人旧事也就不会消失。

冬日的星星

[日]金子美铃 | 闫雪 译

下霜的夜里，
走在街道上，
姐姐一边
望着天空，
一边轻声说道，
——寒冷和寂寞，
　　通通走开吧。

下霜的夜里，
天空中的
那颗星星，
那颗最亮的星星回答道，
——好的，
　　那我就
按照你说的做。

（选自金子美铃《秋天，一夜之间》，闫雪译，
湖南文艺出版社 2019 年版，第 183 页）

关于作者：

> 金子美铃（1903—1930），日本国民童谣诗人，活跃于 20 世纪 20 年代，是大正时代文学的代表。20 岁开始诗歌创作，去世时年仅 26 岁。她留给世界 512 首童谣。

赏读：

金子美铃的诗，总是十分纯粹，语句之间洋溢着孩子的天真，读完不禁会心一笑，真是让人觉得温暖又可爱。

不同于金子美铃始终的纯真，于多数人而言，随着年龄的增长，童年的无忧无虑逐渐成了难以企及的往事。在生活的历练之下，小时候那份天真的心绪也逐渐被世故老成代替。

我们好像普遍都有一种感觉，就是越长大越难快乐。小时候，快乐是一件简单的事情，但随着童心的流失，我们对生活中可爱之事的体察好像愈加困难，也愈加麻木。

但慢慢就会发现，一个人能保持一颗天真的心，能从细枝末节中洞见生活的可爱是多么珍贵。

散文家梁遇春先生曾谈及天真与社会经验的关系，他就此将天真分为无知和理智两类。所谓无知的天真即孩童时的天真，他认为它是脆弱的，是被保护起来的，禁不起现实的触碰。

而梁先生所赞颂的，是理智的天真。这是被社会经历锻造的天真，是阅历了诸多人世间的纷扰，经过了许多得失哀乐，仍能欣赏花的开放、雪的降落，仍对生活拥有浪漫和纯真的想象。

跟随着人生的脚步，我们日益直面真实而骨感的生活，孩童时期稚嫩的纯真不免被磨损，但我们应努力的，是使天真成熟，而非失落。

因为拥有成熟而理智的天真，是快乐生活的秘诀之一。它使我们面对生活种种，内心经得起碰撞，也能发现美好，一如黑塞所言："我不再雀跃地将帽子抛向空中，也不再欢唱。但我微笑。我不是以唇微笑，而是用心灵、用眼睛、用每寸肌肤微笑。现在，面对着香气袭人的土地，我比当年首次邂逅时更优雅、更内敛、更深刻、更洗练，也更心存感激。"

拥有这样的纯真，我们不再如孩童那样对生活欢呼雀跃，却能以更真挚的心去体察幸福，去从一些无足轻重的小事中发掘美好，并以此来修补生活里无奈的部分。

那么，就祝我们经过世俗种种的熏陶，见识过形形色色的世故后，仍能像金子美铃一般，有对着冬夜的星星轻声呼喊"寒冷和寂寞，通通走开吧"的可爱心绪。

保持可爱，然后去发现生活里那些非爱不可的地方吧。

植物的静默

［波兰］维斯拉瓦·辛波斯卡 | 胡桑 译

我们之间的熟悉是单向的，
进展得相当顺利。

我知道叶片、花瓣、穗子、球果、茎干为何物，
四月和十二月将对你们做些什么。

尽管我的好奇得不到回应，
我还是特意向你们其中一些俯身，
向另一些伸长脖子。

我已拥有一系列你们的名字：
枫树、牛蒡、獐耳细辛、
槲寄生、石楠、杜松、勿忘我，
你们却没有我的。

我们正一起旅行。
同行的旅人总是闲谈，
交换看法，至少，关于天气，
或者，关于一闪而过的车站。

不可能无话可说：我们拥有太多共同的话题。
同一颗星球使我们彼此联系在一起。
我们投下影子，依据同样的定律。

我们试着理解事物，以我们自己的方式。
那些并不知晓的事物，使我们更为亲近。

我将尽我所能解释这一切，随意问吧：
双眼看到的事物像什么，
我的心脏为了什么而跳动，
我的身体为何没有生根。
但如何回答无法提出的问题，
尤其是，当提问者
在你们面前如此微不足道。
林下植物、灌木林、草地、灯芯草丛——
我对你们所说的一切只是独白，
你们都没有倾听。

与你们的交谈是如此必要，却不可能。
如此紧迫，却被永远搁置，
在这次仓促的人生中。

（选自维斯拉瓦·辛波斯卡《我曾这样寂寞生活》，胡桑译，
湖南文艺出版社 2018 年版，第 94—95 页）

关于作者：

维斯拉瓦·辛波斯卡（1923—2012），波兰女作家、翻译家，曾将许多优秀的法国诗歌翻译成波兰语。著有《一见钟情》《呼唤雪人》等著作。她是第三位获得诺贝尔文学奖的女诗人。

✏ 赏读：

在疫情光景里，每个人都强烈地感受着生活的起起落落，感受着日常平添的变数。各种生活的规划都赶不上变化，"变数"无远弗届地裹挟着我们的生活。

身处疫情中心的人们，似乎已失去原有的活力，随之负面情绪也会加剧对自我的损耗。

心情低落时，你会像诗人辛波斯卡那样与植物进行交谈吗？

> 尽管我的好奇得不到回应，
> 我还是特意向你们其中一些俯身，
> 向另一些伸长脖子。

诗人辛波斯卡的语调沉声静气，却含雷霆万钧之势。多么傲慢的对话，"我已拥有一系列你们的名字"，可是"你们却没有我的"。

诗人等待植物向自己发问。当然，全程都是她在自问，植物并没有开口——不过是人类的一场自导自演的戏。

诗的译者胡桑曾言："辛波斯卡的诗向生活的真理致敬，从不凌空虚蹈。任何一首真正的诗作也必定是顺从生活的真理的，提醒我们不断去拷问生活的难题，直到触及答案的边缘。"

就像日常生活里一段不对等的关系，无论是友情还是爱情，付出越多，沉没成本就越重。当付出屡屡得不到对方的回应时，这何尝不是自我消耗呢？

人与人之间良好的关系，永远是需要情绪连接的。自己的情绪需求被对方"看见"，这是一种"被接住"的感觉，而不是只流于表面的敷衍或是沉默。

沉默，往往是彼此互动方式中最容易让人误解的。它有时是一种主动选择的策略，有时也可能是一种被动启用的防御。

有研究者认为，人们在压力状态下会选择投入战斗，或者转身逃跑。近年来逐渐有研究者指出："除了'战或逃',还会出现一种叫'僵死'(freeze)的反应。"

每个人都有倾诉的渴求,也期待被回应——可在那沉默的精神损耗里,在被爱与不被爱的怀疑中遍体鳞伤。有些事情,到此为止,勇于止损,可能是最好的收场。

情绪下坠的人,若能拥有一场交谈,或许就有了一根不会"掉下去"的救命绳索。在摇摇欲坠的生活里,人类个体是何其微小,而渴求回应的心又是何其深切。

道德经（二十三）

［春秋］老子

希言自然。

故飘风不终朝，骤雨不终日。

孰为此者？天地。

天地尚不能久，而况于人乎？

故从事于道者同于道，

德者同于德，

失者同于失。

同于道者，道亦乐得之；

同于德者，德亦乐得之；

同于失者，失亦乐得之。

信不足焉，有不信焉。

（选自《道德经》，中华书局 2021 年版，第 92 页）

📖 **关于作者：**

老子（本名李耳），字聃，一字伯阳，或曰谥伯阳，中国古代思想家、哲学家、文学家，道家学派创始人。著有《道德经》，是全球文字出版发行量最大的著作之一。

✎ 赏读：

《道德经》中的许多句子，常被许多中国人拿来做座右铭。比如"上善若水""水善利万物而不争""致虚极，守静笃""大方无隅，大器晚成，大音希声，大象无形"……几乎每一句，都值得细细咂摸，足以触发人生顿悟。

而在近来，其中一句话尤其给予了我莫大安慰。也就是——

"飘风不终朝，骤雨不终日。"

狂风吹不了一整夜，倾盆暴雨下不了一整天。当开始坚信"所有的苦难都有一个期限，而且并不长"的时候，我们总能挤出些力气对自己说"再坚持一下"。

苏轼《定风波》道："料峭春风吹酒醒，微冷，山头斜照却相迎。回首向来萧瑟处，归去，也无风雨也无晴。"

这首有风有雨的词，同样安慰了许多低谷中的人。

那是苏轼因"乌台诗案"被贬黄州的第三年，他已经历过被官差捆绑"如驱犬鸡"般的对待，也经历过壮志未酬的寥落。

这一次则是在沙湖道中遇雨，雨具也不在身边。同行皆狼狈，他却说"余独不觉"。过了一会儿天晴了，他便写下了这首词。

那时的他不知道自己的仕途还会不会好，身上湿漉漉冷飕飕，但他笃定生活不会总是阴暗沉重，甚至俏皮地说"竹杖芒鞋轻胜马"。

你会发现，老子虽不曾想象到后人所经历的具体困苦，但那朴素的辩证法，为我们奠定了灵魂的底色。让我们在千年后仍笃定陆游的"山重水复疑无路，柳暗花明又一村"，让现代诗人理性地书写着"人间有春色无疆，也有苦酒若干"。

也让我们永远愿意相信这样的句子——"海压竹枝低复举，风吹山角晦还明"。（陈与义《观雨》）

感谢老子。虽隔千年，仍给我安慰。

《道德经》在无数中国文人的心中种下种子，衍至林木葱葱。

但它也被许多研究者称为哲理诗，因为读起来并没那么容易。

锦绣文言

黑宝石

我们行走于世，必定不会一帆风顺。对我们不友好的人肯定是存在的。然而有些人因此倍感颓废，自怨自艾；有些人视之如无物，照样生活，依然前进。他们不光是靠信念的力量，更多的是靠心胸的宽广。黑暗从来不会因为你的抱怨而散去，只会因为天空的广阔而转移。

《世说新语》中的羊孚硬直得就像一块黑宝石，内敛而闪着不俗的光彩。乍一看并不出众，也毫无特色可言，可是细细把玩之后才发现其内部的深邃与悠扬。所以二王对他殷勤，向他示好。不过他早已看穿二王的品性，对于他们的谄媚，也只淡淡回答一句"中国尚虚"便作罢。

羊绥第二子孚,少有俊才,与谢益寿相好,尝①蚤②往谢许③,未食④。俄而⑤王齐、王睹来。既先不相识,王向席⑥有不说⑦色,欲使羊去。羊了不眄⑧,唯脚委⑨几上,咏瞩⑩自若。谢与王叙寒温⑪数语毕,还⑫与羊谈赏,王方⑬悟其奇,乃合共语。须臾

① 尝：曾经。
② 蚤：通"早"。
③ 许：地方，这里指住处。
④ 这里指没有吃早饭。
⑤ 俄而：一会儿。
⑥ 向席：入座。
⑦ 说：通"悦"。
⑧ 羊了不眄（miǎn）：眄，斜看。羊孚看也不看他们。
⑨ 委：放。
⑩ 咏瞩：吟咏，顾盼。
⑪ 寒温：寒暄。
⑫ 还：回头。
⑬ 方：才。

食下，二王都不得餐，唯属羊不暇^①。羊不大应对之，而盛进食，食毕便退。遂苦相留^②，羊义^③不住，直云："向者不得从命，中国尚虚^④。"

宋·刘义庆《世说新语·雅量四十二》

---

① 须臾食下，二王都不得餐，唯属羊不暇：属，通"嘱"。此句说到饭菜上桌后二王顾不
　　上自己吃，而是不停地劝羊孚吃喝。
② 遂苦相留：指二王苦苦挽留。
③ 义：按道理。
④ 向者尚虚：向者，指之前二王想要羊孚离开这件事。中国，腹中。

大尊尊亲

纪晓岚在《阅微草堂笔记》中说，文以载道，概所谓文乃道之一端也。文之大者为六经，固道所寄也。本文节选自六经之一的《礼记》中的《文王世子》，文章主要记叙了文王和武王的孝行。孝是中华民族的传统美德。庄子有言："事其亲者，不择地而安之，孝之至也。"《礼记》也说孝有三："大尊尊亲，其次弗辱，其下能养。"孟子也说："孝子之至，莫大乎尊亲。""惟顺于父母，可以解忧。""君子有三乐，而王天下不与存焉。父母俱存，兄弟无故，一乐也；仰不愧于天，俯不怍于人，二乐也；得天下英才而教育之，三乐也。"

文王之为世子，朝于王季①日三。鸡初鸣而衣服，至于寝门外，问内竖②之御者③曰："今日安否？何如？"内竖曰："安。"文王乃喜。及日中又至，亦如之，及莫④又至，亦如之。其有不安节⑤，则内竖以告文王，文王色忧，行不能正履。王季复膳，然后亦复初。食上，必在⑥视寒暖之节，食下，问所膳，命膳宰曰："末⑦有原⑧。"应曰："诺。"然后退。武王帅而行之，不敢有加⑨焉。文王有疾，武王不说冠带⑩而养。文王一饭，亦一饭，文王再饭，亦再饭，旬有二日乃间⑪。文王谓

---

① 王季：周文王的父亲，名季历，亦称公季，武王灭商后，追尊为王季。
② 内竖：宫内小臣，负责内外信息的上传下达。
③ 御者：值日者，值班者。
④ 莫："暮"的古字。
⑤ 节：指饮食起居。
⑥ 在：察。
⑦ 末：勿，毋。
⑧ 原：再。指把剩饭再次进上。
⑨ 加：增益。意谓文王对王季的孝养已经达到尽善尽美，无以复加。
⑩ 不说冠带：意谓日夜守候在侧。说，通"脱"。
⑪ 间：谓痊愈。

武王曰："女何梦矣？"武王对曰："梦帝与我九龄①。"文王曰："女以为何也？"武王曰："西方有九国焉，君王其终抚②诸。"文王曰："非也。古者谓年龄，齿亦龄也，我百，尔九十，吾与尔三焉。"文王九十七乃终，武王九十三而终。成王幼，不能莅阼③，周公相，践阼而治④，抗世子法于伯禽，欲令成王之知父子、君臣、长幼之道也。成王有过，则挞伯禽，所以示成王世子之道也。

《礼记·文王世子》

---

① 九龄：一本作"九聆"。其义不详。本节所记，颇有荒诞不经之语。
② 抚：占有。
③ 莅阼：临视阼阶。即天子即位。特指履行天子职务。
④ 践阼：天子即位，皇帝登基。此指周公暂摄王位，代行天子职务。

富有四海，由谦德也

周成王将鲁国土地封给周公姬旦的儿子伯禽。周公便作为政治上的过来人向家中长辈摆出"往矣，子无以鲁国骄士"的观点，并从正反两面阐述该观点，告诫儿子要做到恭敬、节俭、谦卑、警备、明智、渊博，以此六点保有人才和百姓，强调谦虚谨慎的美德——此为明君之道。从文中语言可以看出，周公是一位懂得如何守业、能礼贤下士又能对后辈谆谆教导的智者、长者。不论是周公在周朝初定之时的辅政与还政，还是他对儿子为侯之道的告诫，都能看出周公身上的忠君思想，这也为孔子所创立的儒家思想做了先导。不得不说，周公实乃一代先圣，影响深远，绵延千年。

成王封伯禽于鲁。周公①诫之曰："往矣，子无以鲁国骄士。吾文王之子，武王之弟，成王之叔父也，又相天子，吾于天下亦不轻矣。然一沐三握发，一饭三吐哺，犹恐失天下之士。吾闻，德行宽裕，守之以恭②者，荣③；土地广大，守之以俭④者，安；禄位尊盛⑤，守之以卑⑥者，贵⑦；人众兵强，守之以畏⑧者，胜；聪明⑨睿智⑩，守之

---

① 周公：周公旦，姓姬，名旦，亦称叔旦。周代第一位周公。西周时期的政治家、军事家、思想家、教育家，被称为"元圣"，儒学前驱。

② 恭：肃敬，谦逊有礼。

③ 荣：荣华显贵。

④ 俭：行为约束而有节制，不放纵。

⑤ 尊盛：位高势盛。

⑥ 卑：低下。

⑦ 贵：地位显要。

⑧ 畏：同"威"，威严。

⑨ 聪明：指明察事理。

⑩ 睿智：聪慧，明智。

以愚①者，哲②；博闻强记③，守之以浅者，智。夫此六者，皆谦德也。夫贵为天子，富有四海，由④此德也。不谦而失天下，亡其身者，桀、纣是也。可不慎⑤欤？"

汉·韩婴《韩诗外传·卷第三》

---

① 愚：愚拙，不巧伪。

② 哲：明智，聪明。

③ 博闻强记：见闻广博，记忆力强。

④ 由：奉行，遵从。

⑤ 慎：谨慎，慎重。

鞠躬尽瘁

公元234年，卧龙先生诸葛亮领兵三十四万，兵分五路，六出祁山，因魏国大将司马懿极力阻拦，两军相持数月。诸葛先生因感染风寒，又加之忧劳成疾，自知将不久于人世，于时年秋手书这篇临终遗表，并呈给后主刘禅。一方面，诸葛亮用这篇表告诫年幼的后主克己修身，继承先主刘备的廉洁品质，彰显孝道。另一方面，诸葛先生已经知道黄皓等人的劣迹，便告诫刘禅要亲贤臣远小人，不可将宦官所言看作君主的行事标准。劝勉后主广施仁爱，清正廉洁，要做人人爱戴的明君。清正廉洁，忧国忧民；鞠躬尽瘁，死而后已。此乃世人对孔明先生最为贴切的评价了。

伏念臣赋性①拙直，遭时艰难，兴师北伐②，未获全功，何期③病在膏肓，命垂④旦夕。伏⑤愿陛下清心寡欲，约己爱民，达孝道于先君，存仁心于寰宇⑥，提拔逸隐，以进贤良，屏黜奸谗，以厚风俗。臣初奉先帝，资仰于官，不自治生，今成都有桑八百株，薄田十五顷，子弟衣食，自有余⑦饶。至于臣在外任，无别调度，随身衣食，悉仰⑧于官，不别治生，以长尺寸。若臣死之日，不使内有余帛，外有赢财，以负陛下。

《诸葛亮集·自表后主》⑨

---

① 赋性：天性。
② 伐：讨伐。
③ 何期：谁料。
④ 垂：悬挂。今人常说命悬一线，即此意。
⑤ 伏：对皇帝上表时表示自己趴在地上不敢起来。敬词。
⑥ 寰宇：天下。
⑦ 余：多余的。
⑧ 仰：仰仗，依靠。
⑨ 张澍本原作《临终遗表》，中华书局本根据严可均《全上古三代秦汉三国六朝文》改为《自表后主》

烽火戏诸侯，一笑失天下

> 本文是选自《吕氏春秋·慎行论·疑似》的一个有趣的故事。故事结局极为凄惨，但同时又给人以深刻的道理，周幽王也因此成为历史上有名的昏君。烽火点着，却没有一个救兵来，京城里的兵马本来就不多，只有一个郑伯友出去抵挡了一阵。可是他的人马太少，最后被敌人围住，被乱箭射死了。周幽王和虢石父都被西戎杀了，褒姒被掳走。诸侯及大臣共同拥立被废的太子宜臼为天子，即周平王。平王将都城迁至洛阳。烽火戏诸侯，一笑失天下。

　　周宅丰、镐，近戎人①。与诸侯约：为高葆祷于王路②，置鼓其上，远近相闻；即戎寇至，传鼓相告，诸侯之兵皆至，救天子。戎寇当③至，幽王④击鼓，诸侯之兵皆至，褒姒⑤大说，喜之。幽王欲褒姒之笑也，因数击鼓，诸侯之兵数至而无寇。至于后戎寇真至，幽王击鼓，诸侯兵不至，幽王之身乃死于丽山⑥之下，为天下笑。此夫以无寇失真寇者也。贤者有小恶以致大恶，褒姒之败，乃令幽王好小说以致大灭。故形骸相离，三公九卿出走，此褒姒之所用⑦死，而平王⑧所以东徙也，秦襄、晋文之所以劳王劳而赐地也⑨。

《吕氏春秋·慎行论·疑似》

---

① 丰（fēng）：古代地名，在今陕西户县东。镐（hào）：古代地名，在今天的陕西西安西南。周朝曾经建都在这两个地方。戎：古代我国西北的一个民族。

② 葆：通"堡"，小城。王：大。王路，就是大路。

③ 当：通"尝"，曾经。

④ 幽王：周幽王，西周最后一个天子。

⑤ 褒姒（bāo sì）：周幽王的宠妃。

⑥ 丽山：山名，又作"骊山"，在陕西临潼东南。

⑦ 用：通"以"。

⑧ 平王：周平王，幽王的太子，迁都洛邑，是为东周。

⑨ 秦襄：秦襄公，秦庄公的儿子，当时秦襄公曾领兵救周有功，受周封地，列为诸侯。晋文：晋文侯。劳王：为天子服务，保卫天子。秦襄公、晋文侯都曾帮助周平王迁都。

人云亦云

金代的蔡松年诗云:"糟床过竹春泉句,他日人云吾亦云。"这句话说的是,"糟床过竹春泉"的诗句,在过去的日子里别人这么说,我也跟着这么说。其实,跟随着别人的说法并不是可耻的事情,也不是那么愚蠢。愚蠢的是不加思考的盲目跟随。下面故事里的主人公鲍坚,因为不自信,甚至连基本的理性思考都丧失了,实在是让人感到怪异和可笑。

汉司徒崔烈辟①上党鲍坚为掾②,将谒见③,自虑不过,问先到者仪④,适有答曰:"随典仪口倡⑤。"既谒,赞⑥曰可拜,坚亦曰可拜;赞者曰就位,坚亦曰就位。因复⑦着履上座,将离席,不知履所在,赞者曰履着脚,坚亦曰履着脚也。

三国·邯郸淳《笑林》

———————————————

① 辟:征召来授予官职。
② 掾(yuàn):官署通称。
③ 将谒(yè)见:省略了主语鲍坚。
④ 仪:礼节。
⑤ 随典仪口倡:典仪怎么说就怎么做。鲍坚误以为要跟着典仪说话。
⑥ 赞:指典仪。
⑦ 复:重复。这里指没有脱鞋。

补天记

古时候，我们的祖先尚不知如何解释各种各样的自然现象，不能了解和掌握自然规律，在自然面前是那样的无力，于是把各种疑惑归之于神的存在，自然之力被形象化、人格化。所以古人创造了神话传说，歌颂心目中的英雄，也就塑造出了神话中盘古、女娲、黄帝等等传奇人物。尽管他们都是神话传说中的人物，但在他们身上所体现出来的英雄气概和为民造福的精神值得我们学习。

往古之时，四极废[1]，九州[2]裂，天不兼覆[3]，地不周载[4]，火爁炎[5]而不灭，水浩洋[6]而不息，猛兽食颛[7]民，鸷鸟攫老弱[8]。于是，女娲炼五色石以补苍天，断鳌[9]足以立四极，杀黑龙以济冀州[10]，积芦灰以止淫水。苍天补，四极正；淫水涸[11]，冀州平；狡虫[12]死，颛民生；背方州，抱圆天。

汉·刘安《淮南子·览冥训》（节选）

---

[1] 四极：指传说中支撑天体的四根立柱。极，边，端。废：毁坏，此指折断。
[2] 九州：指传说中古代中国划分的九个地区，《尚书·禹贡》称九州之名为冀、兖、青、徐、扬、荆、豫、梁、雍。州，水中陆地。
[3] 天不兼覆：此指天体有塌落而不能全面覆盖大地。
[4] 地不周载：此指大地有崩裂溢水而不能周全地容载万物。
[5] 爁炎：大火绵延燃烧的样子。
[6] 浩洋：水广大盛多的样子
[7] 颛（zhuān）：淳朴厚实。
[8] 鸷鸟：凶猛的鸟。攫：抓取。
[9] 鳌：同"鳌"，海里的一种大龟。
[10] 黑龙：此当指水怪雨神之属，杀之以止水。济：救助。冀州：古九州之一，古代中原地带。此代指九州大地。
[11] 水涸：这里指洪水消退了。涸：干枯。
[12] 狡虫：凶猛的禽兽。

吴下阿蒙

东汉末年，群雄逐鹿，孙权所建立的东吴政权与曹魏、蜀汉呈三足鼎立之势。

作为武勋之一的大将吕蒙为东吴立下汗马功劳。他攻南郡，克荆州，推动联刘抗曹。吕蒙有英彭之壮，兼攻心之志，一身功勋卓著。谁又能想到他是当年那个才疏学浅的"吴下阿蒙"呢？但正是他的勤于补拙、笃志力学让他成为文武兼备的东吴大将。

蒙①入江陵，释于禁②之囚，得关羽及将士家属，皆抚慰之，约令军中："不得干历③人家，有所求取。"蒙麾下士，与蒙同郡人，取民家一笠以覆④官铠；官铠虽公，蒙犹以为犯军令，不可以乡里故而废法，遂垂涕斩之。于是军中震栗⑤，道不拾遗。蒙旦暮使亲近存恤耆老⑥，问所不足，疾病者给医药，饥寒者赐衣粮。羽府藏财宝，皆封闭以待权至。

北宋·司马光《资治通鉴》卷第六十八（节选）

---

① 蒙：即吕蒙，三国时期大将。
② 于禁：三国时魏国大将。
③ 干历：冒犯扰乱。
④ 覆：遮盖。
⑤ 栗：发抖。
⑥ 存恤耆老：慰问抚恤老人。

腹有诗书气自华

书中自有千钟粟，书中车马多如簇。书是我们的良师益友，在读书的过程中，我们开阔视野，让自己变得知识渊博。士别三日，即更刮目相待，有了诗书的熏染，粗野武夫也能成长为才兼文雅的有识之士。所谓"书山有路勤为径，学海无涯苦作舟"，只有勤于治经涉猎，方能直挂云帆济沧海。

傅永①，字修期，清河人也。幼随叔父洪仲与张幸自青州入魏，寻②复南奔。有气干，拳勇过③人，能手执鞍桥，倒立驰骋。年二十余，有友人与之书而不能答。请④洪仲，洪仲深让⑤之而不为报。永乃发愤读书，涉猎经史，兼有才干。帝每叹曰："上马能击贼，下马作露布⑥，唯傅修期耳。"

《北史·傅永列传》（节选）

---

① 傅永：南北朝时武将，字修期。

② 寻：不久。

③ 过：超越，胜过。

④ 请：请求。

⑤ 让：责备。

⑥ 露布：公开的文告。

古来征战几人回

战争是一个王朝毁灭的开始，也是一个王朝建立与巩固的必由之路。战争是惨烈而悲壮的，频繁的战争给普通劳动人民带来巨大的痛苦和灾难，繁复的兵役制度使得百姓家破人亡、流离失所。那个时代充满着小人物的辛酸和无奈。

但同时，战争时代也涌现了一大批如岳飞一样的英雄人物，他们"壮志饥餐胡虏肉，笑谈渴饮匈奴血"，在沙场英勇杀敌、浴血奋战，用铮铮铁骨立下汗马功劳。

战城南，死郭①北，野死②不葬乌可食。为我谓乌："且为客豪③！野死谅不葬，腐肉安能去子逃？"水深激激④，蒲苇冥冥⑤；枭骑⑥战斗死，驽马⑦徘徊鸣。

梁筑室，何以南？何以北？禾黍不获君何食？愿为忠臣安可得？思子良臣，良臣诚可思，朝行出攻，暮不夜归！

《乐府诗集·汉铙歌·战城南》

或问："天下何时太平？"飞曰："文臣不爱钱，武臣不惜死，天下太平矣！"

---

① 郭：外城。
② 野死：战死荒野。
③ 客：指战死者，死者多为外乡人，故称之为"客"。豪：通"号"，号哭。
④ 激激：清澈的样子。
⑤ 冥冥：深暗的样子。
⑥ 枭骑：勇健的骑兵战士。
⑦ 驽（nú）马：劣马，此诗中指疲惫的马。

师每休舍^①，课^②将士注坡跳壕^③，皆重铠习之。卒有取民麻一缕以束刍^④者，立斩以徇^⑤。卒夜宿，民开门愿纳，无敢入者。军号"冻死不拆屋，饿死不掳掠"。卒有疾，躬为调药。诸将远戍，遣妻问劳^⑥其家；死事者哭之而育其孤。凡有颁犒，均给军吏，秋毫不私。善以少击众。凡有所举，尽召诸统制^⑦与谋，谋定而后战，故有胜无败。敌为之语曰："撼山易，撼岳家军难。"调军食，必蹙额^⑧曰："东南民力，耗敝极矣！"好贤礼士，恂恂如书生，每辞官，必曰："将士效力，飞何功之有？"

《宋史·岳飞列传》（节选）

①舍：驻扎休息。
②课：督促。
③注坡跳壕：从山坡上急驰而下，从壕沟低处向上跳。此处指练兵。
④束刍：捆扎喂牲口的草料。
⑤徇：示众。
⑥劳：慰劳。
⑦统制：武官名。
⑧蹙额：皱眉，表示忧虑。

英雄之殇

聪明秀出，谓之英；胆力过人，谓之雄。所谓英雄者，有凌云之壮志，气吞山河之势，腹纳九州之量，包藏四海之胸襟！肩扛正义，救黎民于水火，解百姓于倒悬。英雄们追逐光和热，于是汗青上有了其浓墨重彩的一笔。但英雄往往是不幸的，他们在追寻与探索的同时，也付出了生命的代价，徒留一曲英雄之殇的赞歌。

又北二百里，曰①发鸠之山②，其上多柘木③，有鸟焉，其状④如乌⑤，文首⑥、白喙、赤足，名曰精卫，其鸣自詨⑦。是⑧炎帝之少女⑨，名曰女娃。女娃游于东海，溺而不返，故⑩为精卫，常衔西山之木石，以堙⑪于东海。漳水出焉，东流注于河。

《山海经·北山经·精卫填海》

---

① 曰：叫作。
② 发鸠之山：古代传说中的山名。
③ 柘（zhè）木：柘树，桑树的一种。
④ 状：形状。
⑤ 乌：乌鸦。
⑥ 文首：头上有花纹。文，同"纹"，花纹。
⑦ 其鸣自詨（xiào）：它的叫声是在呼唤自己的名字。
⑧ 是：这。
⑨ 炎帝之少女：炎帝的小女儿。
⑩ 故：所以。
⑪ 堙：填塞。

　　炎帝神农氏，起于烈山[①]，亦曰烈山氏。长于姜水[②]，故为姜姓，以火德[③]王天下，故为炎帝。

　　古者民不粒食，未知耕稼，于是因天时，相地宜，始作耒耜[④]，教民艺[⑤]五谷，故谓之神农。民有疾病，未知药石[⑥]，乃味草木之滋，察寒温之性，而知君臣佐使之义。皆口尝而身试之，一日之间而遇七十毒。或云神农尝百药之时，一日百死百生，其所得三百六十物，以应周天之数[⑦]。

宋·郑樵《通志》（节选）

---

① 烈山：今湖北省随州市曾都区厉山镇。

② 姜水：在今岐山之东，为渭水的一条支流。

③ 火德：古人认为，自然与社会的变化，与五行（金木水火土）相关，火德即五行之火性、火运。

④ 耒耜（lěi sì）：耒、耜，古代农具。

⑤ 艺：种植。

⑥ 药石：药草。

⑦ 数：规律。

梅有风姿

"潇洒江梅，向竹梢疏处，横两三枝。"细细思索，在梅树之上，有两三枝干旁逸斜出的傲梅景观，的确是比一般端正生长的梅花多了几分韵致。只是，梅花若是故作病态，为博得赏识与怜爱，甘愿被砍去笔直的枝干和繁茂的枝条，这样的梅花不就类同于卑躬屈膝、谄媚附会之徒吗？又何来梅花有傲骨风度之说呢？于是，龚自珍惜梅哭梅，耗尽心力做了力所能及的挽救，只是，大义凛然的献身志士就算再多，也终究是杯水车薪。或许，扭正故作病态的想法才是救梅的根本之道。

江宁①之龙蟠②，苏州之邓尉③，杭州之西溪④，皆产梅。或曰："梅以曲为美，直则无姿；以欹⑤为美，正则无景；以疏为美，密则无态。"固也⑥。此文人画士，心知其意，未可明诏大号⑦以绳⑧天下之梅也；又不可以使天下之民斫⑨直⑩，删密，锄正，以夭梅病梅⑪为业以求钱也。梅之欹之疏之曲，又非蠢蠢⑫求钱之民能以其智

① 江宁：旧江宁府所在地，在今江苏南京。
② 龙蟠：龙蟠里，在今南京清凉山下。
③ 邓尉：山名。在今江苏苏州西南。
④ 西溪：地名。
⑤ 欹（qī）：倾斜。
⑥ 固也：本来如此。固，本来。
⑦ 明诏大号：公开宣告，大声疾呼。明，公开。诏，告诉，一般指上告下。号，疾呼，喊叫。
⑧ 绳：名词作动词，约束。
⑨ 斫：砍削。
⑩ 直：笔直的枝干。
⑪ 夭梅病梅：摧折梅，把它弄成病态。夭，使……摧折（使……弯曲）。病，使……成为病态。
⑫ 蠢蠢：无知的样子。

力^①为也。有以文人画士孤癖^②之隐^③明告鬻^④梅者，斫其正，养其旁条^⑤，删其密，夭其稚枝^⑥，锄其直，遏^⑦其生气，以求重价^⑧，而江浙之梅皆病。文人画士之祸之烈至此哉！

予购三百盆，皆病者，无一完者。既泣^⑨之三日，乃誓疗之：纵^⑩之顺^⑪之，毁其盆，悉^⑫埋于地，解其棕缚^⑬；以五年为^⑭期，必复^⑮之全^⑯之。予本非文人画士，甘受诟厉^⑰，辟病梅之馆以贮之。

呜呼！安得^⑱使予多暇^⑲日，又多闲田，以广贮江宁、杭州、苏州之病梅，穷^⑳予生之光阴以疗梅也哉！

清·龚自珍《病梅馆记》

---

① 智力：智慧和力量。
② 孤癖：特殊的嗜好。
③ 隐：隐衷，隐藏心中特别的嗜好。
④ 鬻（yù）：卖。
⑤ 旁条：旁逸斜出的枝条。
⑥ 稚枝：嫩枝。
⑦ 遏（è）：遏制。
⑧ 重价：高价。
⑨ 泣：为……哭泣。
⑩ 纵：放纵。
⑪ 顺：使……顺其自然。
⑫ 悉：全。
⑬ 棕缚：棕绳的束缚。
⑭ 以……为：把……当作。
⑮ 复：使……恢复。
⑯ 全：使……得以保全。
⑰ 诟厉：讥评，辱骂。厉，病。
⑱ 安得：怎么能够。
⑲ 暇：空闲。
⑳ 穷：穷尽。

秋水芙蕖，倚风自笑

李渔（1611—1680），原名仙侣，字谪凡，号天徒，中年改名李渔，字笠鸿，号笠翁，明末清初著名剧作家和戏剧理论家，江苏如皋人，祖籍浙江兰溪。李渔出生时，由于其祖辈在如皋创业已久，此时"家素饶，其园亭罗绮甲邑内"，故他一出生就享受了富足生活。但其后由于在科举中失利，一度负以仕途腾达光耀门户为重任的李渔放弃了这一追求，毅然改走"人间大隐"之道。《芙蕖》较之《爱莲说》更加含蓄，它的外在形式是说明文，也采取托物言志的写法，托芙蕖表达了怎么样的心志呢？

群葩当令时①，只在花开之数日，前此后此皆属过而不问之秋矣②。芙蕖则不然：自荷钱③出水之日，便为点缀绿波；及其劲叶既生，则又日高日上，日上日④妍。有风既作飘飖之态，无风亦呈袅娜之姿，是我于花之未开，先享无穷逸致⑤矣。迨⑥至菡萏⑦成花，娇姿欲滴，后先相继，自夏徂秋，此时在花为分内之事，在人为应得之资⑧者也。及花之既谢，亦可告无罪于主人矣；乃复蒂下生蓬，蓬中结实，亭亭独立，犹似未开之花，与翠叶并擎⑨，不至白露为霜而能事不已。此皆言其可目者也。

---

① 群葩（pā）：百花。葩：花。令：时令，时节。各种花都在一定的时节开花，这段时节称为当令。

② 过：过时，不当令。秋：时候。过而不问之秋：过了花开时节而无人过问的时候。

③ 荷钱：初生的小荷叶，小如铜钱，所以称荷钱。

④ 日上日：一天又一天。日，一天，一昼夜。

⑤ 逸致：悠闲的情趣。致：情趣。

⑥ 迨（dài）：等到，到，及。

⑦ 菡萏（hàn dàn）：未开的荷花。

⑧ 资：资财，这里指享受。

⑨ 擎：高举，这里指耸立。

可鼻，则有荷叶之清香，荷花之异馥[1]；避暑而暑为之退，纳凉而凉逐之生。

至其可人之口者，则莲实与藕，皆并列盘餐，而互芬齿颊者也。

只有霜中败叶，零落难堪[2]，似成弃物矣；乃摘而藏之，又备经年裹物之用。

是芙蕖也者，无一时一刻不适耳目之观，无一物一丝不备家常之用者也。有五谷之实而不有其名，兼百花之长而各去其短，种植之利有大于此者乎？

予四命之中，此命为最。无如酷好一生，竟不得半亩方塘为安身立命之地，仅凿斗大一池，植数茎以塞责，又时病其漏，望天乞水以救之，殆所谓不善养生而草菅其命者哉。

清·李渔《闲情偶寄·芙蕖》

---

① 异馥（fù）：异香。
② 零落难堪：七零八落很不好看。

铭之警诫

座右铭是铭类文体中特殊的一类。从载体上说，它既不铸于金，也不勒于石，而是书于纸。称作"铭"，取其铭志于心之意。从内容旨意上说，既不铭记他人之功，也不记器物来历，而以自戒为旨归。称为"座右"，置之座右，用于时时警醒自己。世事洞明皆学问，人情练达即文章。崔瑗（77—142），东汉著名书法家，他从日常生活的现象中指出做人原则，唯仁为纪纲，并指出做人应外柔内刚，以柔取胜。难能可贵的是，崔瑗不仅以铭文警诫自己，还身体力行。这篇《座右铭》已成为他砥砺品格的一个写照。

无道人之短，无说己之长。施①人慎勿念，受施慎勿忘。世誉②不足慕，唯仁为纪纲③。隐心④而后动，谤议庸⑤何伤？无使名过实，守愚⑥圣所臧⑦。在涅⑧贵不淄⑨，暧暧⑩内含光。柔弱生之徒，老氏诫刚强。硁硁⑪鄙夫介⑫，悠悠故难量。慎言节饮食，知足胜不祥。行之苟有恒，久久自芬芳。

东汉·崔瑗《文选·座右铭》

---

① 施：施舍。
② 世誉：世俗的荣誉。
③ 纪纲：纲纪，指约束言行的规则。
④ 隐心：估量。
⑤ 庸：岂，哪里。
⑥ 守愚：守拙。
⑦ 臧（zāng）：赞扬。
⑧ 涅：一种矿物，古代用作黑色染料。
⑨ 淄（zī）：黑色；变为黑色。
⑩ 暧（ài）暧：昏暗不明的样子。
⑪ 硁（kēng）硁：执着，形容浅薄固执。《论语》："子曰：硁硁然小人哉。"
⑫ 介：坚固。

一山一水总关情

柳宗元（773—819 年），字子厚，河东（现山西运城永济一带）人，唐宋八大家之一，是唐代著名的文学家、哲学家、散文家和思想家，世称"柳河东""河东先生"，因官终柳州刺史，又称"柳柳州"。与韩愈共同倡导唐代古文运动，并称"韩柳"，与刘禹锡并称"刘柳"。

柳宗元少有才名，早有大志，于贞元年间中进士，入朝为官后，积极参与王叔文集团政治革新，迁礼部员外郎，革新失败后被贬为邵州刺史，再贬为永州司马。被贬于永州期间，他寄情于山水，著名的《永州八记》便是此段时间所写，此文为《永州八记》的第七篇。文章描写了石态水容，写涧中石和树，描绘了石涧溪石的千姿百态，清流激湍，翠羽成荫。柳宗元游览至此处，感叹道：古时候有谁曾在这里找到这种快乐，以后有谁会追随我的足迹？他为什么会发此感慨呢？原来，他并不是一个旅行家，只是被贬至此，无法施展抱负，所以只能整天游山玩水。柳宗元的感慨，已经在山水中表露无疑了。

石渠之事既穷①，上由桥西北下土山之阴②，民又桥焉。其水之大，倍石渠三之一，亘石为底，达于两涯③。若床若堂，若陈筵席，若限阃奥④。水平布其上，流若

---

① 穷：毕，完成。

② 土山之阴：土山的北坡。古称山南水北为阳，山北水南为阴。

③ 亘（gèn）石：接连不断的石头。亘：横贯。两涯：两岸，涯，水边。

④ 若限阃（kǔn）奥：限，门槛，这里作动词用；用门槛把正屋与内室隔开。阃奥，也写作"壶奥"，指内室深处。阃，内室，闺门。

织文^①，响若操琴。揭跣^②而往，折竹扫陈叶，排腐木，可罗胡床^③十八九居之。交络^④之流，触激之音，皆在床下^⑤；翠羽之木^⑥，龙鳞之石，均荫其上。古之人其有乐乎此耶？后之来者有能追予之践履耶？得意之日，舆石渠同^⑦。

由渴而来者，先石渠，后石涧；由百家濑^⑧上而来者，先石涧，后石渠。涧之可穷者，皆出石城村东南，其间可乐者数^⑨焉。其上深山幽林逾峭险，道狭不可穷也。

唐·柳宗元《柳河东集·石涧记》

---

① 文：同"纹"，纹彩、花纹。
② 揭（qì）跣（xiǎn）而往：揭，把衣服拎起来。跣，光着脚。
③ 胡床：也称"交床""交椅"，一种可以折叠的轻便坐具。
④ 交络：交织，形容水波像交织的纹理。
⑤ 触激：撞击，激悦。皆在床下：都发生在座椅下面。
⑥ 翠羽之木：翠羽，翡翠鸟的羽毛，翠绿色，十分美丽。木，树木。
⑦ 得意之日，舆石渠同：这一天的得意快乐，和得到石渠的那一天是相同的。
⑧ 百家濑：地名。
⑨ 数：很多。

狼子野心

狼自古以来就是贪婪、凶狠、狡诈的代名词，在文学作品中总是扮演着阴险狠毒的角色。人为万物之灵，也不免被狼蒙骗。但是，狼子野心昭然若揭，狼的真实面目总会被勇敢机智的正义人士揭穿。

在现实生活中，我们也要警惕像狼一样阴险狠毒之人，不被表面现象迷惑，看清恶人本性。

一屠暮①行，为②狼所逼。道傍有夜耕③者所遗④行室⑤，奔入伏⑥焉。狼自苫⑦中探爪入。屠急捉之，令不可去⑧。顾⑨无计可以死之⑩。惟有小刀不盈⑪寸，遂割破狼爪下皮，以吹豕⑫之法吹之。极力吹移时，觉狼不甚动，方⑬缚以带。出视，则⑭狼胀如牛，股⑮直不能屈，口张不得合。遂负⑯之以归。

---

① 暮：傍晚。
② 为：被。
③ 夜耕：夜晚替人耕田。
④ 遗：留下。
⑤ 行室：指农民在田中所搭的草棚。
⑥ 伏：躲藏（也有人说是埋伏，但躲藏更符合当时情景）。
⑦ 苫：用草编的席子。
⑧ 去：离开。
⑨ 顾：但是。
⑩ 死之：杀死它。
⑪ 不盈：不满，不足。
⑫ 豕：猪。
⑬ 方：才。
⑭ 则：就。
⑮ 股：大腿。
⑯ 负：背。

非屠户乌^①能作此谋也!

清·蒲松龄《聊斋志异·狼三则》第三则

有富室偶得二小狼,与家犬杂畜,亦与犬相安。稍长,亦颇驯,竟忘其为狼。

一日昼寝厅室,闻群犬呜呜作^②怒声,惊起周视无一人。再就^③枕将寐,犬又如前,乃伪睡以俟。则二狼伺^④其未觉^⑤,将啮其喉,犬阻之不使前也。乃杀而取其革。

此事从侄虞惇言。狼子野心,信^⑥不诬哉!然野心不过遁逸^⑦耳。阳^⑧为亲昵,而阴^⑨怀不测^⑩,更不止于野心矣。兽不足道,此人何取而自贻患耶?

清·纪昀《狼子野心》

---

① 乌:哪里,怎么。
② 作:发出。
③ 就:靠近。
④ 伺:窥探。
⑤ 未觉:没有醒。
⑥ 信:确实。
⑦ 逸:逃走。
⑧ 阳:表面上。
⑨ 阴:暗地里。
⑩ 不测:险恶难测的居心。

高手易寻，知音难觅

小隐隐于野，大隐隐于市。真正有能力的人隐匿于藏龙卧虎的市井之中。民间有高人，善口技，工凿木，精古琴，无不令人拍案叫绝、叹为观止。但弹者多，和者少，世间又有多少子期能听懂伯牙琴声中"峨峨兮若泰山，洋洋兮若江河"之妙，徒留一曲高山流水引后人长叹一声：高手易寻，知音难觅！

黄子履庄[①]，少聪颖，读书不数过，即能背诵。尤喜出新意，作诸技巧。七八岁时，尝背塾师，暗窃匠氏刀锥，凿木人长寸许，置案上能自行走，手足皆自动，观者异以为神。

所制亦多，予不能悉记。作木狗，置门侧，卷卧如常，唯人入户，触机[②]则立吠[③]不止。吠之声与真无二，虽黠者不能辨其为真与伪也。作木鸟，置竹笼中，能自跳舞飞鸣，鸣如画眉，凄越可听。所作之奇俱如此，不能悉载。

清·张潮《虞初新志·黄履庄传》

国初，有乔山人者善弹琴。精于指法，尝得异人传授。每于断林荒荆间，一再鼓之，凄禽寒鹘[④]，相和悲鸣。后游郢楚[⑤]，于旅中独奏洞庭之曲。邻媪[⑥]闻之，咨嗟惋叹。

---

① 黄子履庄：即黄履庄，清代顺治、康熙年间人。
② 机：机关。
③ 吠（fèi）：狗叫。
④ 鹘（gǔ）：一种凶猛的鸟。
⑤ 郢楚：古地名。
⑥ 媪（ǎo）：老妇人。

既阕^①，曰：“吾抱此半生，不谓遇知音于此地。”款扉^②扣之。媪曰：“吾夫存日，以弹絮为业。今客鼓此，酷类其声耳。”

清·徐珂《乔山人善琴》

①阕：止息，终了。
②款扉：敲门。

写意山水诗

　　《游盘山记》出自《袁宏道集》，袁宏道的游记像是一幅幅写意画，着墨不多，却十分传神。袁宏道（1568—1610），是明代文坛反对复古运动的主将，提出"独抒性灵，不拘格套"的性灵说。他善于先用粗疏的几笔勾勒所写地方的总貌，给人以概括的印象，然后写出每一景点的突出之处。他的多篇游记都有类似的写法，却不给人重复累赘之感。他处处都在捕捉此情此景的独特之处，并不用奇异华丽的辞藻，给人以清新的感受。

　　盘山外骨而中肤①。外骨，故峭石危立，望之若剑戟罴虎之林。中肤，故果木繁，而松之抉石罅出者②，欹嵌虬曲③，与石争怒，其干压霜雪不得伸④，故旁行侧偃⑤，每十余丈。其面削，不受足⑥，其背坦，故游者可迂而达⑦。其石皆锐下而丰上⑧，故多飞动。其叠而上者，渐高则渐出。高者屡数十寻⑨，则其出必半仄焉⑩。若半圮之桥，故登者栗。其下皆奔泉，天矫⑪曲折，触巨细石皆斗⑫，故鸣声彻昼夜不休。其山高古

---

① 外骨而中肤：用骨骼与肌肤比喻岩石和泥土，形容盘山外表岩石而内蕴泥土。

② 而松之抉石罅（xià）出者：而从石头缝里冒出来的松树。罅，裂缝。

③ 欹嵌（qī qiàn）：山高峻不平。虬（qiú）曲：蜷曲。

④ 其干压霜雪不得伸：树干被霜雪压得直不起来。

⑤ 侧偃（yǎn）：向旁边倒。

⑥ 其面削，不受足：山的表面光滑陡峭，脚无法登踩。

⑦ 迂而达：迂回绕道而到达。

⑧ 锐下而丰上：下边狭窄，上边宽阔。

⑨ 寻：古代长度单位，约合八尺。

⑩ 仄：狭窄。圮（pǐ）：倒、坏。

⑪ 天矫：屈伸的样子。

⑫ 斗（dòu）：指水与石头撞击。

幽奇，无所不极。

述其最者：初入得盘泉，次曰悬空石，最高曰盘顶也。泉莽莽行，至是落为小潭，白石卷而出，底皆金沙，纤鱼数头，尾鬣^①可数，落花漾而过，影彻底，忽与之乱^②。游者乐，释衣，稍以足沁水^③，忽大呼曰"奇快"，则皆跃入，没胸，稍溯而上，逾三四石，水益哗，语不得达。间或取梨李掷以观，旋折奔舞^④而已。

悬空石数峰，一壁青削^⑤到地，石粘空而立，如有神气性情者。亭负壁临绝涧，涧声上彻，与松韵答。其旁为上方精舍，盘之绝胜处也。

盘顶如初抽笋，锐而规^⑥，上为窣诸波^⑦，日光横射，影落塞外^⑧，奔风忽来，翻云抹海^⑨。住足不得久，乃下。迂而僻^⑩，且无石级者，曰天门开^⑪。从髻石^⑫取道，阔以掌，山石碍右臂，左履虚不见底^⑬，大石中绝者数。先与导僧约，遇绝崄^⑭处，当大笑。每闻笑声，皆胆落。扪萝探棘^⑮，更^⑯上下仅得度。两岩秀^⑰削立，太古云岚^⑱，

① 鬣（liè）：指鱼嘴旁的鳍。
② 忽与之乱：指落花的影子搅扰水底的鱼。
③ 沁（qìn）水：放到水里。
④ 旋折奔舞：梨、李受水冲击的各种样子。
⑤ 一壁青削：山峰直上直下，像是一道墙壁。削：形容山峻峭陡直。
⑥ 锐而规：又尖又圆。
⑦ 窣（sù）诸波：梵语"塔"。诸，多译作堵。
⑧ 影落塞外：山的影子落到长城以外。这句极写山之高。
⑨ 抹海：风从海面吹过，好像擦拭一样。
⑩ 迂而僻：路远而偏僻。
⑪ 天门开：通向盘顶的另一途径。把盘顶比作天，到了这里就等于打开了通天的门，因以得名。
⑫ 髻（jì）石：盘山上地名，因形似盘在头上的发髻得名。
⑬ 阔以掌，山石碍右臂，左履虚不见底：用手掌拨开路，山石伸出来，右臂无处放，左脚如果踏下去，就是不见底的深渊。
⑭ 崄（xiǎn）：同"险"。
⑮ 扪（mén）：拉，持。萝：藤萝一类的植物。探：摸取。棘：酸枣树。
⑯ 更（gēng）：轮流更替。
⑰ 秀：美丽，出众。
⑱ 太古：远古。云岚（lán）：云气。

蚀壁皆翠。下得枰石①，方广可几筵②。抚松下瞰，惊定乃笑。世上无拼命人，恶得有此奇观也③。

面有洞嵌绝壁，不甚阔，一衲④攀而登，如猕猴。余不往，谓导僧曰："上山险在背，肘行⑤可达。下则目不谋足⑥，殆已⑦，将奈何？"僧指其凸曰："有微径⑧，但一壁峭而油⑨，不受履，过此，虽险，可攀至脊。迤之即山行道也。"僧乃跣⑩，蛇矫而登。下布以绹，健儿以手送余足，腹贴石，石腻且外欹，至半，体僵，良久足缩，健儿努以手从，遂上。迫至脊，始咋指⑪相贺，且相戒也。峰名不甚雅，不尽载。其洞壑初不名，而新其目⑫者，曰石雨洞，曰慧石亭。洞在下盘，道听洞声，觅之可得。石距上方百步，纤瘦丰妍⑬不一态，生动如欲语。下临飞涧，松鬣覆之，如亭。寐可凭⑭，坐可茵⑮，闲可侣⑯，故慧之也。其石泉奇僻，而蛇足之者⑰，曰红龙池。其洞天成可庵⑱者，曰瑞云庵之前洞，次则中盘之后岭也。其山壁窈窕⑲秀出而寺废者，

---

① 枰（píng）石：棋盘石。
② 方广可几筵（yán）：大小略同于祭神的案席。
③ 世上无拼命人，恶得有此奇观也：意谓只有不怕死的人，冒险登盘顶，才能看到这样的奇观。恶（wū）得：怎能，哪会。
④ 衲（nà）：本指僧衣，这里借指和尚。
⑤ 肘行：用胳膊爬着走。
⑥ 目不谋足：眼睛顾不了脚。
⑦ 殆（dài）：危险。已：同"矣"。
⑧ 微径：小路。
⑨ 但：只，只是。油：光滑。
⑩ 跣（xiǎn）：光着脚。
⑪ 咋（zhà）：咬。咋指：咬咬指头，有痛觉，表示还活着。
⑫ 新其目：新给它起名字。
⑬ 纤瘦：狭小，狭窄。丰妍：盛美。
⑭ 寐可凭：睡可以作为靠的。
⑮ 茵：席子，垫子。
⑯ 闲可侣：闲闷时可以作为伙伴。
⑰ 蛇足之者：用"画蛇添足"典故，指多事的人。
⑱ 天成可庵：天然形成可以作为小庙。
⑲ 窈窕（yǎo tiǎo）：山水深远曲折。

曰九华顶，不果上。其刹宇多，不录。寄投者[1]，曰千像，曰中盘，曰上方，曰塔院[2]也。

其日为七月朔，数得十[3]。偕游者，曰苏潜夫、小修、僧死心、宝方、寂子[4]也。其官于斯[5]而以旧雅[6]来者，曰钟刺史君威也。其不能来，而以书讯且以蔬品至者，曰李郎中酉卿也。

明·袁宏道《游盘山记》

《游虎丘小记》是明代李流芳所作。李流芳（1575—1629）是明代诗人、书画家。三十二岁中举人，后绝意仕途。诗文多写景酬赠之作，风格清新自然。与唐时升、娄坚、程嘉燧合称"嘉定四先生"。擅画山水，学吴镇、黄公望，峻爽流畅，为"画中九友"之一，亦工书法。崇祯二年，卒于檀园，享年五十五岁。

《游虎丘小记》写的是作者两游虎丘的感受，表达了他悠闲自在的心境。一次是在秋天，对月色美、游人少、以红粉笙歌点缀的虎丘感到"亦复不恶"；对昏黑无往来、时闻风铎及佛灯隐现林梢的虎丘感到"独往会心"。一次是在春天，"夜半月出无人，相与趺坐石台，不复饮酒，亦不复谈，以静意对之"，作者感到"悠然欲与清景俱往"。

虎丘，中秋游者尤盛。士女倾城而往，笙歌笑语，填山沸林，终夜不绝。遂使

① 寄投者：借以停足的地方。
② 千像、中盘、上方、塔院：都是寺院名。
③ 朔，数得十：从初一数起，数到十，即谓初十日。
④ 苏潜夫：苏惟霖，字云浦，潜夫为号，与作者为至交。小修：作者胞弟袁中道的字。死心：袁文炜，字中夫，后出家，名死心。宝方：一名圆象，后随作者至公安，为二圣寺住持。寂子：僧名，事迹未详。
⑤ 官于斯：在这里做官。
⑥ 旧雅：旧日交往。

丘壑化为酒场^①，秽杂可恨。

予初十日到郡，连夜游虎丘，月色甚美，游人尚稀，风亭月榭间，以红粉笙歌^②一两队点缀，亦复不恶。然终不若山空人静，独往会心。

尝秋夜与弱生坐钓月矶^③，昏黑，无往来，时闻风铎^④，及佛灯隐现林杪^⑤而已。

又今年春中，与无际、舍侄偕^⑥访仲和^⑦于此。夜半月出无人，相与趺坐^⑧石台，不复饮酒，亦不复谈，以静意对之，觉悠然欲与清景俱往也。

生平过^⑨虎丘才两度，见虎丘本色耳。友人徐声远诗云："独有岁寒好，偏宜夜半游。"真知言哉^⑩！

明·李流芳《游虎丘小记》

---

① 遂使丘壑化为酒场：于是（或因此）令丘壑变成了酒场（一般）。
② 红粉笙歌：指歌女奏乐唱歌。
③ 钓月矶：位于虎丘山顶。
④ 风铎：悬于檐下的风铃。
⑤ 林杪：树梢末端。
⑥ 偕：一起。
⑦ 无际、仲和：作者的朋友。
⑧ 趺坐：两脚盘腿打坐。
⑨ 过：造访。
⑩ 真知言哉：说得真对啊！

以史鉴人

《水经注》不但是全面系统的综合性地理著作，更以其绚烂清丽的语言，为中国山水文学的发展做出了重要贡献。作者郦道元（约 470—527）既是优秀的地理学家，又是杰出的文学家。此外，他还是北魏政坛中的一位重要政治人物，他直接参与了许多重要的政治军事活动，曾在北魏担任御史中尉这样的执法要职，与北魏朝廷高层有着复杂的政治纠葛。

欲知其人，须论其世。我们在了解郦道元时，应该把他放入所处时代特有的历史文化氛围中加以论断。

道元，字善长，初袭爵永宁侯，例^①降为伯。御史中尉李彪以道元执法清刻^②，自太傅掾引^③为书侍御史。彪为仆射李冲所奏^④，道元以属官^⑤坐免。景明^⑥中，为冀州镇东府长史。刺史于劲，顺皇后父也。西讨关中，亦不至州，道元行事三年。为政严酷，吏人畏之，奸盗逃于他境。后试守鲁阳郡，道元表立黉序^⑦，崇劝学教。诏曰："鲁阳本以蛮人，不立大学^⑧。今可听之，以成良守文翁^⑨之化。"道元在郡，

---

① 例：按照惯例。

② 清刻：清正苛刻。

③ 引：举荐。

④ 为……所奏：被参奏下台。

⑤ 属官：官员的属吏。

⑥ 景明：景明（500—504）是北魏的君主魏宣武帝元恪的第一个年号，共计四年。

⑦ 黉（hóng）序：古代的乡学，即学校。

⑧ 大学：古学校名，即国学。

⑨ 文翁：名党，字仲翁，庐江郡舒县（今安徽庐江西南）人。汉景帝末年为蜀郡守，兴教育、举贤能、修水利，政绩卓著。

山蛮①伏其威名，不敢为寇。延昌②中，为东荆州刺史，威猛为政，如在冀州。蛮人诣阙讼其刻峻，请前刺史寇祖礼。及以遣戍兵七十人送道元还京，二人并坐免官。

孝昌初，梁遣将攻扬州，刺史元法僧又于彭城反叛。诏道元持节，兼侍中、摄行台尚书，节度③诸军，依仆射李平故事④。梁军至涡阳，败退。道元追讨，多有斩获。后除御史中尉。道元素有严猛之称，权豪始颇惮之。而不能有所纠正，声望更损。司州牧、汝南王悦嬖⑤近左右丘念，常与卧起。及选州官，多由于念。念常匿悦第⑥，时还其家⑦，道元密访知，收念付狱。悦启灵太后，请全念身，有敕赦之。道元遂尽其命，因以劾悦。

道元好学，历览奇书，撰注《水经》四十卷，《本志》十三篇。又为《七聘》及诸文皆行于世。

《北史·郦道元传》（节选）

---

① 山蛮：当地百姓。

② 延昌：北魏宣武帝元恪的年号（512—515）。

③ 节度：指挥，统帅。

④ 故事：原来的职位，权力。

⑤ 嬖（bì）：宠爱。

⑥ 第：家里。

⑦ 时还其家：隔三差五才回一次家。

巫山夹青天，巴水流若兹

《水经注》是注解《水经》的一部书，是郦道元一生中最重要的著作。《水经》原著过于简略，郦道元遂立志为之作注。他旁征博引，采用古籍达四百三十七部之多，大大丰富了原著。在历代战乱之后，很多典籍散失，所以汉魏古籍有所不传者，反可在注中窥见一鳞半爪。

《巫山》一则从江水写起，江水之畔，巫山绝巘，从江水而来到江水而去，浑然天成。在描写巫峡壮丽景观时，引用巫山神女的神话故事，一方面增添了巫山的传奇色彩，另一方面也说明了巫山的云雨具有朝云暮雨的奇妙之处。

江水又东①，迳②巫峡，杜宇③所凿以通江水也。郭仲产云："按《地理志》，巫山在县西南，而今县东有巫山，将郡县居治④无恒故也。"江水历峡，东，迳新崩滩。此山汉和帝永元十二年崩，晋太元二年又崩。当崩之日，水逆流百余里，涌起数十丈。今滩上有石，或圆如箪，或方似笥⑤，若此者甚众，皆崩崖所陨，致怒湍流，故谓之新崩滩。其颓⑥岩所余，比之诸岭，尚为竦桀⑦。其下十余里，有大巫山，非惟三峡所无，乃当抗峰岷峨，偕岭衡疑⑧；其翼附⑨群山，并概⑩青云，更就霄汉辨其优劣耳。

---

① 东：向东流。
② 迳：通"径"，经过。
③ 杜宇：古代传说中蜀国的国王，据说他派人凿通巫峡。
④ 居治：指政府机关所在地。
⑤ 箪（dān）：古代盛饭的圆形竹器。笥（sì）：古代盛饭或盛衣服的方形竹器。这里都形容石头的形状和的大小。
⑥ 颓：坍塌。
⑦ 竦桀：高耸的样子。
⑧ 抗峰岷峨，偕岭衡疑：跟岷山、峨眉山争高低，与衡山、九嶷山相并列。
⑨ 翼附：遮蔽统领。
⑩ 并概：并比之意。

神孟涂所处。《山海经》曰："夏后启之臣孟涂，是司神于巴，巴人讼于孟涂之所，其衣有血者执之，是请生，居山上，在丹山西。"郭景纯云："丹山在丹阳，属巴。"丹山西即巫山者也。又帝女居焉^①，宋玉所谓："天帝之季女^②，名曰瑶姬，未行^③而亡，封于巫山之阳，精魂为草，实为灵芝。所谓'巫山之女，高唐之阻，旦为行云，暮为行雨，朝朝暮暮，阳台之下'。旦早视之，果如其言。故为立庙，号朝云焉。"其间首尾一百六十里，谓之巫峡，盖因山为名也。

北魏·郦道元《水经注·巫山》

---

① 焉：兼词，相当于"于之"，在那里。
② 季：排行次序最小的。季女：小女儿。
③ 行：出嫁。

超然台外，乐于本心

苏轼（1037—1101），字子瞻，号东坡居士。宋神宗熙宁七年，他反对王安石变法，被排挤出朝廷，出任密州太守。第二年，政局初定，他开始治园圃，洁庭宇，把园圃北面一个旧台修葺一新，弟弟苏辙给这个台取名"超然"，这就是"超然台记"命名由来。东坡居士反复采用夹叙夹议手法对比事物，感叹若超然物外，即便处于困苦境地，也有可乐之趣味。这段任密州太守的经历真正诠释了苏轼"以见余之无所往而不乐者，盖游于物之外也"的旷达豁然。

凡物皆有可观①。苟有可观，皆有可乐，非必怪奇伟丽者也。哺②糟啜③醨④，皆可以醉⑤；果蔬草木，皆可以饱⑥。推此类也，吾安往而不乐⑦？

夫所为求福而⑧辞祸者⑨，以福可喜而祸可悲也。人之所欲无穷，而物之可以足吾欲者有尽⑩，美恶之辨战乎中，而⑪去取之择交乎前。则可乐者常少，而可悲者常多。是谓求祸而辞福。夫求祸而辞福，岂人之情也哉⑫？物有以⑬盖⑭之矣。彼游于物之内，

---

① 凡物皆有可观：省略"者"即可观者，值得观赏的地方。
② 哺：吃。
③ 啜：喝。
④ 醨：米酒。
⑤ 醉：使……醉。
⑥ 饱：使……饱。
⑦ 吾安往而不乐：而，表承接；该句指"吾往安而不乐"。
⑧ 而：表并列，并且。
⑨ 者：……的原因。
⑩ 而物之可以足吾欲者有尽：但是能满足我们欲望的东西却是有限的。
⑪ 而：表并列。
⑫ 岂：难道；情：心愿。
⑬ 有以：可以用来。
⑭ 盖：蒙蔽。

而不游于物之外。物非有大小也，自其内而观之，未有不高且大者也。彼挟其高大以临我，则我常眩乱反覆，如隙中之观斗，又焉①知胜负之所在。是以美恶横②生，而③忧乐出焉，可不大哀乎？

予自钱塘移守胶西，释舟楫之安，而服车马之劳；去雕墙之美，而蔽采椽之居；背④湖山之观，而行桑麻之野。始至之日，岁比不登⑤，盗贼满野，狱讼充斥；而斋厨索然，日食杞菊。人固疑予之不乐也。处之期年，而貌加丰，发之白者，日以反黑。余既乐其风俗之淳，而其吏民亦安予之拙也。于是治其园圃，洁其庭宇，伐安丘、高密之木以修补破败，为苟完⑥之计。而园之北，因城以为台者旧矣，稍葺而新之。时相与登览，放意肆志焉。南望马耳、常山，出没隐见，若近若远，庶几⑦有隐君子乎！而其东则庐山，秦人卢敖之所从遁也。西望穆陵，隐然如城郭，师尚父、齐桓公之遗烈⑧，犹有存者。北俯潍水，慨然太息，思淮阴之功，而吊其不终⑨。台高而安，深而明，夏凉而冬温。雨雪之朝，风月之夕，予未尝不在，客未尝不从。撷园蔬，取池鱼，酿秫酒，瀹脱粟而食之，曰：乐哉，游乎！

方是时，予弟子由适在济南，闻而赋之，且名其台曰"超然"，以见余之无所往而不乐者，盖游于物之外也。

《苏东坡全集·超然台记》

---

① 焉：哪里。
② 横：意外发生。
③ 而：表承接，随后。
④ 背：远离。
⑤ 比：连续，常常；登：丰收。
⑥ 苟完：大致完备。
⑦ 庶几：表希望或推测。
⑧ 遗烈：前辈留下来的功业。
⑨ 终：善终。

该歇当歇

苏轼在谪居惠州生涯中常常苦中作乐，信步山野中排遣愁怀，领悟自然玄机。此次登松风亭未遂，他并没有像大部分普通人一样失望乃至抱怨，而是从此境地中领悟到一点道理：进退不得，不妨暂且歇息一下。于是，诗人把官场上的贬谪和暂时的失落似乎也释怀在这优美的松涛声里了，展现出随遇而安的人生态度。由此，诗人为人坦诚、乐观豁达的人生智慧表露无遗。

余尝①寓居②惠州③嘉祐寺④，纵步⑤松风亭⑥下。足力疲乏，思欲就⑦亭止息⑧。望亭宇⑨尚在木末⑩，意谓⑪是如何得到？良久，忽曰："此间有甚么歇不得处？"由是⑫如挂钩之鱼，忽得解脱。若人悟此，虽⑬兵阵⑭相接，鼓声如雷霆，进则死敌⑮，退则死法⑯，当恁么时⑰也不妨熟歇⑱。

苏轼《东坡志林·记游松风亭》

---

① 尝：曾经。
② 寓居：暂居。
③ 惠州：今广东惠阳区。
④ 嘉祐（yòu）寺：故址在白鹤峰以东，明代改建为城隍庙。
⑤ 纵步：放开脚步走。
⑥ 松风亭：在广东省惠阳县东弥陀寺后山岭上。
⑦ 就：靠近。
⑧ 止息：停下来休息。
⑨ 宇：屋檐。
⑩ 木末：树梢。
⑪ 意谓：心里说，文中有"心想"之意。
⑫ 由是：因此。
⑬ 虽：即使。
⑭ 兵阵：两军对阵交锋。
⑮ 死敌：死于敌手。
⑯ 死法：死于军法。
⑰ 恁（nèn）么时：这时候。
⑱ 熟歇：好好地休息一番。

借景抒己情

柳宗元（773—819年），字子厚，河东（现山西运城永济一带）人，唐宋八大家之一，是唐代著名的文学家、哲学家、散文家和思想家，世称"柳河东""河东先生"，因官终柳州刺史，又称"柳柳州"。

805年（贞元二十一年）1月26日，唐德宗驾崩，皇太子李诵继位，改元永贞，即顺宗。王叔文等掌管朝政后，积极推行革新，采取了一系列的改革措施，史称永贞革新。柳宗元由于拥护王叔文的改革，被贬为永州司马。政治上的失意，使他寄情于山水。柳宗元被贬官之后，为排解内心的愤懑之情，常常不避幽远，伐竹取道，探山访水，并通过对景物的具体描写，抒发自己的不幸遭遇。此间共写了八篇山水游记，后称《永州八记》。

《钻鉧潭记》便是《永州八记》的第二篇。该文通过记叙钻鉧潭的由来、描绘水潭四周的景物，表达了作者希望能够摈弃尘世烦扰、摆脱官场险恶的思想感情，也抒发了他想要获得身心放松和精神解放的愿望。

钻鉧潭①在西山西。其始盖冉水②自南奔注，抵山石，屈③折东流；其④颠委⑤势峻⑥，荡击⑦益暴⑧，啮⑨其涯⑩，故旁广而中深，毕至石乃止。流沫成轮⑪，然后徐⑫行，

---

① 钻鉧（gǔ mǔ）潭：形状像熨斗的水潭。钻鉧，熨斗，也有学者认为钻鉧是釜锅。
② 冉水：即冉溪，又称染溪。
③ 屈：通"曲"，弯曲。
④ 其：指冉水。
⑤ 颠委：首尾，这里指上游和下游。
⑥ 势峻：水势峻急。
⑦ 荡击：猛烈冲击。
⑧ 益暴：更加暴怒。
⑨ 啮：侵蚀。
⑩ 涯：边沿。这里指侵蚀着岸边。
⑪ 轮：车轮般的漩涡。
⑫ 徐：慢慢地。

其清而平者且十亩余，有树环焉，有泉悬焉①。

其上有居者，以予之亟游②也，一旦款门③来告曰："不胜官租、私券之委积④，既芟山⑤而更居⑥，愿以潭上田贸财以缓祸⑦。"

予乐而如其言。则崇其台⑧，延其槛⑨，行其泉，于高者而坠之潭⑩，有声潀然⑪。尤与中秋观月为宜⑫，于以见天之高、气之迥⑬。孰使予乐居夷⑭而忘故土者？非兹潭也欤？

柳宗元《钴鉧潭记》

---

① 有树环焉，有泉悬焉：有树环绕在潭上，有泉水从高处流入潭里。环，环绕。悬，自高处而下。

② 以予之亟（qì）游：因为我经常去游玩。以，因为。予，我。亟，经常，多次。

③ 款门：敲门。

④ 不胜官租、私券之委积：承受不了官家租税和私人债务的重压。不胜，承担不了。券，债务的借据。委积，累积的压力。

⑤ 芟（shān）山：割草开山。芟，割草。

⑥ 更居：搬迁居住的地方。

⑦ 贸财以缓祸：这里指解救税债之灾难。贸财，以物变卖换钱。缓祸，缓解目前灾难。

⑧ 崇其台：加高潭边的台沿。崇，加高。其，指示代词，这里指潭。

⑨ 延其槛：延长那里的栏杆。延，加长。槛，栏杆。

⑩ 行其泉，于高者坠之潭：引导那些高处的泉水，使之坠落到潭里。

⑪ 潀（cóng）然：水声淙淙的样子。

⑫ 尤与中秋观月为宜：尤其是在中秋晚上赏月更为适合。

⑬ 于以见天之高、气之迥：在这里可以看见天空的高远，感受到空气的清爽。于以，于此，在这里行。迥，遥远。

⑭ 居夷：住在夷人地区。

修身齐家治国平天下

孟子（约公元前372年—公元前289年），名轲，字子舆，是孔子之后、荀子之前的儒家学派的代表人物，与孔子并称"孔孟"。孟子宣扬"仁政"，最早提出"民贵君轻"思想。孟子的言论著作收录于《孟子》一书，记录了孟子的治国思想、政治策略（仁政、王霸之辨、民本、格君心之非，民为贵社稷次之君为轻）和政治行动，由孟子及其弟子（万章等）共同编撰而成。《孟子》文章以雄辩著称，大量使用排比句，气势非凡，可以用心感受，同时书中有不少词句成为历代传诵的经典警句，可以选取一句作为自己的座右铭。

孟子谓宋勾践曰："子好游乎？吾语子游。人知^①之，亦嚣嚣^②；人不知，亦嚣嚣。"

曰："何如斯可以嚣嚣矣？"

曰："尊德乐义，则可以嚣嚣矣。故士穷^③不失义，达不离道。穷不失义，故士得己焉；达不离道，故民不失望焉。古之人，得志，泽加于民；不得志，修身见于世。穷则独善其身，达则兼善天下。"

《孟子·尽心上》

孟子曰："民为贵，社稷^④次之，君为轻。是故得乎丘^⑤民而为天子，得乎天子

---

① 知：了解，赏识。

② 嚣嚣：悠然自得无所求的样子。

③ 穷：不得志，不显贵。

④ 社稷（jì）：社，土神。稷，谷神。古代帝王或诸侯建国时，都要立坛祭祀"社""稷"，所以，"社稷"又成为国家的代称。

⑤ 丘：众。

为诸侯，得乎诸侯为大夫。诸侯危社稷，则变置。牺牲①既成，粢盛既洁②，祭祖以时，然而旱干水溢，则变置社稷。

《孟子·尽心下》

鱼，我所欲③也；熊掌，亦我所欲也。二者不可得兼，舍鱼而取熊掌者也。生，亦我所欲也；义，亦我所欲也。二者不可得兼，舍生而取义者也。生亦我所欲，所欲有甚④于生者，故不为苟得⑤也；死亦我所恶，所恶有甚于死者，故患⑥有所不辟⑦也。如使人之所欲莫甚于生，则凡可以得生⑧者何不用也⑨？使人之所恶莫甚于死者，则凡可以辟患者何不为也？由是则生而有不用也，由是则可以辟患而有不为也。是故所欲有甚于生者，所恶有甚于死者。非独贤者有是心也，人皆有之，贤者能勿丧⑩耳。

一箪食，一豆⑪羹，得之则生，弗得则死。呼尔⑫而与之，行道之人⑬弗受；蹴⑭尔而与之，乞人不屑⑮也。万钟⑯则不辩礼义而受之，万钟于我何加焉！为宫室之美，妻

---

① 牺牲：供祭祀用的牛、羊、猪等祭品。

② 粢（zī）盛既洁：意思是说盛在祭器内的祭品已洁净了。

③ 欲：喜爱。

④ 甚：胜于。

⑤ 苟得：苟且取得，这里是"苟且偷生"的意思。

⑥ 患：祸患，灾难。

⑦ 辟：通"避"，躲避。

⑧ 得生：保全生命。

⑨ 何不用也：什么手段不可用呢？用，采用。

⑩ 勿丧：不丧失。丧，丧失。

⑪ 豆：古代一种木制的盛食物的器具。

⑫ 呼尔：呼喝（轻蔑地，对人不尊重）。《礼记·檀弓》记载，有一年齐国出现了严重的饥荒。黔敖在路边施粥，有个饥饿的人用衣袖蒙着脸走来。黔敖吆喝着让他吃粥。他说："我正因为不吃被轻蔑所给予得来的食物，才落得这个地步！"

⑬ 行道之人：（饥饿的）过路的行人。

⑭ 蹴：用脚踢。

⑮ 不屑：因轻视而不肯接受。

⑯ 万钟：这里指高位厚禄。钟，古代的一种量器，六斛四斗为一钟。

妾之奉，所识穷乏者得我①与？乡②为身死而不受，今为宫室之美为之；乡为身死而不受，今为妻妾之奉为之；乡为身死而不受，今为所识穷乏者得我而为之：是亦不可以已乎？此之谓失其本心③。

《孟子·告子上》

孟子曰："离娄④之明、公输子⑤之巧，不以规矩，不能成方圆；师旷⑥之聪，不以六律⑦，不能正五音⑧；尧舜之道，不以仁政，不能平治天下。今有仁心仁闻⑨而民不被其泽，不可法于后世者，不行先王之道也。故曰，徒善不足以为政，徒法不能以自行。《经》云：'不愆不忘，率由旧章⑩。'遵先王之法而过者，未之有也。圣人既竭目力焉，继之以规矩准绳，以为方圆平直，不可胜用也；既竭耳力焉，继之以六律正五音，不可胜用也；既竭心思焉，继之以不忍人之政，而仁覆天下矣。故曰，为高必因丘陵，为下必因川泽；为政不因先王之道，可谓智乎？是以惟仁者宜在高位。不仁而在高位，是播其恶于众也。上无道揆也，下无法守也，朝不信道，工不信度，君子犯义，小人犯刑，国之所存者幸也。故曰城郭不完，兵甲不多，非国之灾也；田野不辟，货财不聚，非国之害也。上无礼，下无学，贼民兴，丧无日

---

① 得我：感激我。得，通"德"，感激。
② 乡：通"向"，原先，从前。
③ 本心：本性。这里指人的羞恶之心。
④ 离娄：相传为黄帝时人，目力极强，能于百步之外望见秋毫之末。
⑤ 公输子：即公输班，鲁国人，所以又叫鲁班，古代著名的巧匠。约生活于鲁定公或者哀公的时代，年岁比孔子小，比墨子大。事迹见于《礼记》《战国策》《墨子》等书。
⑥ 师旷：春秋时晋国的乐师，古代极有名的音乐家。事迹见于《左传》《礼记》《国语》等。
⑦ 六律：中国古代将音律分为阴律、阳律两部分，各有六种音，六律即阳律的六音，分别是太簇、姑洗、获宾、夷则、无射、黄钟。
⑧ 五音：中国古代音阶名称，即宫、商、角、徵、羽，相当于简谱中的1、2、3、5、6这五音。
⑨ 闻：名声。
⑩ 不愆不忘，率由旧章：引自《诗经·大雅·假乐》，意思是不犯错不迷狂，遵循先祖旧典章。

矣。《诗》曰：'天之方蹶，无然泄泄^①。'泄泄犹沓沓也。事君无义，进退无礼，言则非^②先王之道者，犹沓沓也。故曰，责难于君谓之恭，陈善闭邪谓之敬，吾君不能谓之贼。"

《孟子·离娄上》

---

① 天之方蹶，无然泄泄：引自《诗经·大雅·板》，意思是上天正在降骚乱，不要多嘴又多言。

② 非：诋毁。

领导艺术论

　　《寡人之于国也》是《孟子·梁惠王上》中的一章，是表现孟子"仁政"思想的文章之一，贯穿全文的线索就是"民不加少"和"如何使民加多"。这篇文章论述了如何实行"仁政"，以"王道"统一天下的问题。孟子从衣食住行等基本生活需要出发，塑造了一个明君形象。正是从当时的背景考虑：战国时期，列国争雄，频繁的战争导致人口大批迁徙伤亡。而当时既无国籍制度，也无移民限制，百姓可以随意地去寻找自己心目中的乐土。假使你生活在战火纷飞的年代，你将如何选择？而孟子在这篇文章间接回答了自己的选择。

　　不违农时，谷不可胜食也；数罟不入洿池①，鱼鳖不可胜食也；斧斤②以时入山林，材木不可胜用也。谷与鱼鳖不可胜食，材木不可胜用，是使民养生③丧死④无憾也。养生丧死无憾，王道⑤之始也。

　　五亩之宅，树之以桑，五十者可以衣帛⑥矣；鸡豚狗彘⑦之畜⑧，无失其时，七十

---

① 数罟不入洿池：这是为了防止破坏鱼的生长和繁殖。数（cù），密。罟（gǔ），网。洿（wū），深。

② 斤：与斧相似，比斧小而刃横。

③ 养生：供养活着的人。

④ 丧死：为死了的人办丧事。

⑤ 王道：以仁义治天下，这是儒家的政治主张。与当时诸侯奉行的以武力统一天下的"霸道"相对。

⑥ 衣帛：穿上丝织品的衣服。衣，用作动词，穿。

⑦ 豚（tún）：小猪。彘（zhì）：猪。

⑧ 畜（xù）：畜养，饲养。

者可以食肉矣；百亩之田①，勿夺其时，数口之家可以无饥矣；谨②庠序③之教④，申⑤之以孝悌⑥之义，颁白⑦者不负戴⑧于道路矣。七十者衣帛食肉，黎民不饥不寒，然而不王⑨者，未之有⑩也。狗彘食人食⑪而不知检，涂⑫有饿莩⑬而不知发⑭；人死，则曰：'非我也，岁⑮也。'是何异于刺人而杀之，曰：'非我也，兵也。'王无罪⑯岁，斯⑰天下之民至焉。"

《孟子·梁惠王上》

---

① 百亩之田：古代实行井田制，一个男劳动力可分得耕田一百亩。

② 谨：谨慎，这里指认真从事。

③ 庠（xiáng）序：古代的乡学。《礼记·学记》："古之教者，家有塾，党有庠，术有序，国有学。"家，这里指"闾"，二十五户人共住一巷称为闾。塾，闾中的学校。党，五百户为党。庠，设在党中的学校。术，同"遂"，一万两千五百家为遂。序，设在遂中的学校。国，京城。学，大学。

④ 教：教化。

⑤ 申：反复陈述。

⑥ 孝悌（tì）：敬爱父母和兄长。

⑦ 颁白：头发花白。颁，通"斑"。

⑧ 负戴：负，背负着东西。戴，头顶着东西。

⑨ 王：这里用作动词，为王，称王，也就是使天下百姓归顺。

⑩ 未之有：未有之。之，指代"七十者衣帛食肉，黎民不饥不寒，然而不王者"。

⑪ 食人食：前一个"食"，动词，吃；后一个"食"，名词，指食物。

⑫ 涂：通"途"，道路。

⑬ 饿莩（piǎo）：饿死的人。莩，同"殍"，饿死的人。

⑭ 发：指打开粮仓，赈济百姓。

⑮ 岁：年岁，年成。

⑯ 罪：归咎，归罪。

⑰ 斯：则，那么。

荀子（约公元前313——前238），名况，赵国郇（今山西临猗县）人，战国时期的思想家、教育家、文学家，当时人们尊称他为荀卿，汉代因避宣帝讳，写作孙卿。早年曾游学于齐国，广泛接触各派学说。到过秦国、燕国，回过赵国。韩非、李斯都是他的学生。他因德高望重，曾三次被推为祭酒。晚年到楚国，春申君黄歇任命他为兰陵（今山东苍山）令。失官后家居著书，死后葬于兰陵。他是战国末期儒家学派中的大师。荀子在他的这篇《君道》中阐述了他理想中的一国之君的形象。一国之君，要先爱民、亲民、利民，才能使民爱君。国君是民望所在，他的行为好坏决定着民心向背，而民心决定着国家的存亡。所以若想国家强盛，国君必须在人民身上下功夫，在治理上下功夫，更要寻找有能力的贤人辅佐。

君者，民之原也；原清则流清，原浊则流浊。故有社稷者而不能爱民，不能利①民，而求民之亲爱己，不可得也。民不亲不爱，而求为己用，为己死，不可得也。民不为己用，不为己死，而求兵之劲，城之固，不可得也。兵不劲，城不固，而求敌之不至，不可得也。敌至而求无危削②，不灭亡，不可得也。危削灭亡之情，举积此矣，而求安乐，是狂生者③也。狂生者，不胥④时而落。故人主欲强固安乐，则莫若反⑤之民；欲附下一民，则莫若反之政；欲修政美俗，则莫若求其人。彼或蓄积而得之者不世绝。彼其人者，生乎今之世，而志乎古之道。以天下之王公莫好之也，然而是子独好之；以天下之民莫为之也，然而是子独为之。好之者贫，为之者穷⑥，

---

① 利：使……得利。
② 危削：危险削弱。
③ 狂生者：狂妄无知的人。
④ 胥：等待。
⑤ 反：通"返"，返回。
⑥ 穷：困厄。

然而是子犹将为之也，不为少顷辍^①焉。晓然独明于先王之所以得之，所以失之，知国之安危臧否，若别^②白黑。是其人也，大用之，则天下为一，诸侯为臣；小用之，则威行邻敌；纵不能用，使无去其疆域，则国终身无故。故君人者，爱民而安，好士而荣，两者无一焉而亡。诗曰："介人维藩，大师为垣^③。"此之谓也。

《荀子·君道》

---

① 辍：停止。
② 别：通"辨"，辨别。
③ 介人维藩，大师为垣：贤士就是那屏障，大众就是那围墙。

治国良方

> 孟子，是孔子之孙孔伋的再传弟子。他被加封为"亚圣公"，后世称为"亚圣"，其思想与孔子思想合称为孔孟之道。"如果国家太平无事，趁这时候寻欢作乐，怠惰傲慢，这是自找灾祸啊。祸与福，没有不是自己找来的。"除此之外，"生于忧患，死于安乐"同样出自孟子。居安思危融入治国之道，与国家存亡联系在一起。生存还是毁灭？这是个问题。

仁^①则荣，不仁则辱^②。今恶辱而居不仁，是犹恶湿而居下也。如恶之，莫如贵^③德而尊士。贤者在位，能者在职，国家闲暇。及是时，明其政刑，虽大国必畏之矣。诗云："迨天之未阴雨、彻彼桑土，绸缪牖户。今此下民，或敢侮予！"孔子曰："为此诗者，其知道乎！"能治其国家，谁敢侮之！今国家闲暇，及是时，般乐怠敖^④，是自求祸也。祸福无不自己求之者。诗云："永言配命。自求多福。"太甲曰："天作孽，犹可违；自作孽，不可活。"此之谓也。

《孟子·公孙丑上》

---

① 仁：实行仁政。
② 辱：遭受屈辱。
③ 贵：以……为贵。
④ 般乐怠敖：享乐腐化。

孟子劝谏梁惠王时，抓住了问题的本质，他说梁惠王发动战争其实最终是把不喜爱的强加在喜爱的人民上面，这是得不偿失的，如此，孟子思考问题的智慧表露无遗。"春秋无义战"，这既表达了孟子的历史观，也是其政治观的体现。传统儒家认为，"礼乐征伐自天子出"，这才是合乎义的，而春秋时代则是"礼崩乐坏""礼乐征伐自诸侯出"，所以没有合乎义的战争。以现代人的标准来看，衡量正义的战争和非正义战争的标准主要是看发动战争的人的目的是什么，而不是看由什么人来发动战争。就这一点来说，现代的观点与孟子这里所论似乎是不同的了。你可以尝试思考一下，这是为什么？

孟子曰："不仁哉，梁惠王也！仁者以其所爱及^①其所不爱，不仁者以其^②所不爱及其所爱。"

公孙丑问曰："何谓^③也？"

"梁惠王以土地之故^④，糜烂^⑤其民而战之，大败，将复^⑥之，恐不能胜，故^⑦驱其所爱子弟^⑧以殉^⑨之，是之谓以其所不爱及其所爱也。"

孟子曰："春秋无义战。彼善于此，则有之矣。征者，上伐下也，敌国^⑩不相征也。"

《孟子·尽心下》

① 及：推及。
② 其：代词，指代前面"仁者"。
③ 何谓：什么意思。
④ 故：缘故。
⑤ 糜烂：使……粉身碎骨。
⑥ 复：再一次。
⑦ 故：因此。
⑧ 子弟：人民。
⑨ 殉：献身，指上战场。
⑩ 敌国：指地位相等的国家。"敌"在这里是"相当"的意思。

唐太宗李世民（599—649），是唐朝第二个皇帝，更是中国历史上最有成就的开明君主之一。在他的统治下，唐朝出现了安定富强的政治局面，史称"贞观之治"。而他能够开创如此盛世，除了自身卓越的政治才能，更离不开他人的辅佐与帮助，其中便有因直言进谏，被后人称为"一代名相"的魏徵。《谏太宗十思疏》是魏徵于贞观十一年（637）写给唐太宗的奏章，意在劝谏太宗要居安思危，戒奢节俭。"十思"是指奏章的主要内容，即十条值得深思的情况。"疏"即"奏疏"，是古代臣下向君主议事进言的一种文体。

君人者，诚能见可欲①，则思知足以自戒；将有所作②，则思知止以安人；念高危③，则思谦冲而自牧④；惧满溢，则思江海下而百川⑤；乐盘游⑥，则思三驱⑦以为度；忧懈怠，则思慎始而敬终⑧；虑壅蔽⑨，则思虚心以纳下；想谗邪⑩，则思正身以黜恶⑪；恩所加，则思无因喜以谬赏；罚所及，则思无以怒而滥刑。总此十思，宏

---

① 见可欲：见到能引起（自己）喜好的东西。出自《老子》第三章"不见可欲，使民心不乱"。下文的"知足""知止"（知道适可而止），出自《老子》第四十四章"知足不辱""知止不殆"。

② 将有所作：将要兴建某建筑物。作，兴作，建筑。

③ 念高危：想到帝位高高在上。危，高。

④ 则思谦冲而自牧：就想到要谦虚并加强自我修养。冲，虚。牧，约束。

⑤ 江海下而百川：江海处于众多河流的下游。下，居……之下。

⑥ 盘游：打猎取乐。

⑦ 三驱：据说古代圣贤之君在打猎布网时只拦住三面而有意网开一面，从而体现圣人的"好生之仁"。另一种解释为田猎活动以一年三次为度。

⑧ 敬终：谨慎地把事情做完。

⑨ 虑壅（yōng）蔽：担心（言路）不通受蒙蔽。壅，堵塞。

⑩ 想谗邪：考虑到（朝中可能会出现）谗佞奸邪。谗，说人坏话，造谣中伤。邪，不正派。

⑪ 正身以黜（chù）恶：使自身端正（才能）罢黜奸邪。黜，排斥，罢免。

兹九德^①，简^②能而任之，择善而从之，则智者尽其谋，勇者竭其力，仁者播其惠，信者效^③其忠；文武争驰，君臣无事，可以尽豫游之乐，可以养松乔^④之寿，鸣琴垂拱^⑤，不言而化。何必劳神苦思，代下司职，役聪明之耳目，亏无为之大道哉？

魏徵《谏太宗十思疏》

① 宏兹九德：弘扬这九种美德。九德，指忠、信、敬、刚、柔、和、固、贞、顺。

② 简：选拔。

③ 效：献出。

④ 松乔：赤松子和王子乔，古代传说中的仙人。

⑤ 垂拱：垂衣拱手。比喻天下很轻易地就实现大治了。

人力与自然

本篇围绕天命与人力的矛盾关系，展开了一系列论证。在作者看来，天命超越人间所有道德、强权、功利之上，自为人力所不可企及。它看似无端无常，却与每个人的遭际息息相关，世间的寿夭、穷达、贵贱、贫富都由它来决定。

力谓命曰："若之功奚①若我哉？"命曰："汝奚功于物，而物欲比朕？"力曰："寿夭、穷达、贵贱、贫富，我力之所能也。"命曰："彭祖之智不出尧舜之上，而寿八百；颜渊之才不出众人之下，而寿十八。仲尼之德不出诸侯之下，而困于陈、蔡；殷纣之行不出三仁②之上，而居君位。季札无爵于吴，田恒专③有齐国。夷、齐④饿于首阳，季氏富于展禽⑤。若是汝力之所能，奈何寿彼而夭此，穷圣而达⑥逆，贱贤而贵愚，贫善而富恶邪？"力曰："若如若言，我固无功于物，而物若此邪，此则若之所制⑦邪？"命曰："既谓之命，奈何有制之者邪？朕直而推之，曲而任⑧之。自寿自夭，自穷自达，自贵自贱，自富自贫，朕岂能识之哉？朕岂能识之哉？"

《列子·力命》

① 奚：怎么，什么。
② 三仁：指微子、箕子、比干三人。
③ 专：专权。
④ 夷、齐：伯夷和叔齐。
⑤ 展禽：柳下惠。
⑥ 达：使……显达。
⑦ 所制：控制的效果。
⑧ 任：放任。

　　大禹（鲧禹）治水是古代的汉族神话传说故事，著名的上古大洪水传说。三皇五帝时期，黄河泛滥，鲧、禹父子二人受命于尧、舜二帝，任崇伯和夏伯，负责治水。大禹率领民众，与自然灾害中的洪水斗争，最终获得了胜利。面对滔滔洪水，大禹从鲧治水的失败中吸取教训，改变了"堵"的办法，对洪水进行疏导，体现出他具有带领人民战胜困难的聪明才智；大禹为了治理洪水，长年在外与民众一起奋战，置个人利益于不顾，"三过家门而不入"。大禹治水十三年，耗尽心血与体力，终于完成了治水的大业。

　　当尧之时，天下犹未平①。洪水横流②，泛滥于天下。草木畅茂③，禽兽繁殖，五谷不登④，禽兽逼⑤人。兽蹄鸟迹之道交⑥于中国。尧独忧之，举舜而敷治⑦焉。舜使益⑧掌⑨火，益烈山泽⑩而焚⑪之，禽兽逃匿。禹疏九河，瀹济漯⑫，而注诸海⑬；决汝汉⑭，排淮泗⑮，而注之江；然后中国可得而食也。当是时也，禹八年于外，三过其门而不入。

《孟子·滕文公上》

① 平：安定，治理好。
② 横流：不顺水道乱流。
③ 畅茂：茂盛。
④ 登：成熟。
⑤ 逼：同"逼"，这里是威胁的意思。
⑥ 交：纵横交错。
⑦ 敷治：分治。
⑧ 益：舜的臣子。
⑨ 掌：主管。
⑩ 烈山泽：在山泽中燃起大火。烈，放火，纵火。
⑪ 焚：烧。
⑫ 瀹：疏导。济漯：都是水名。
⑬ 注诸海：使九河和济、漯两条河的水流到海去。这里的"诸"是"之於"二字的合音。注，使……流入。
⑭ 决：打开缺口，引导水流。汝汉：都是水名。
⑮ 排：排除水道淤塞之处。淮泗：都是水名。

梦境还是现实？

世人皆知世外有桃源，桃源之中，人人和乐，平淡怡然，再无凡世之累。虽然人人遭遇的世事不同，但他们心中所构建的理想社会是相同的。所以有趣的是，汉唐皆有盛世，人们却更向往秦汉以前安宁简淡的生活。

唐朝开元年间，有秦时妇人避匿于一个没有压迫与战乱的山洞中，佛教东汉明帝时传入中国，妇人从未见过僧人，初见法朗，不免"惧愕"。但随即她们毫无顾忌地与误入洞中的僧人探讨佛理与世事。她们吃草根活着也不愿再回到战乱频繁的尘世中，因为口腹之苦怎抵得上离乱之痛呢！

唐开元①中，代州②都督③以五台多客僧，恐妖伪④事起，非有住持者，悉逐之。客僧惧逐，多权窜山谷。有法朗⑤者，深入雁门山。幽涧之中有石洞，容人出入。朗多赍⑥干粮，欲住此山，遂寻洞入。数百步渐阔，至平地，涉⑦流水，渡一岸，日月甚明。更⑧行二里，至草屋中，有妇人，并衣草叶，容色端丽。见僧惧愕⑨，问云："汝乃何人？"僧曰："我人也。"妇人笑云："宁⑩有人形骸如此？"僧曰："我事⑪佛。佛须摈落形骸⑫，故尔。"因问："佛是何者？"僧具言之。相顾笑曰："语甚有理。"复问："宗旨如何？"僧为讲《金刚经》。称善数四⑬。僧因问："此处是何世界？"妇人

① 开元：唐玄宗年号（713—741）。
② 代州：山西省代县。
③ 都督：中国古代军事长官的一种，兴于三国，其后发展成为地方军事长官。
④ 妖伪：犹妖讹，怪诞乖谬；指怪诞乖谬的行为。
⑤ 法朗：僧人的法号。
⑥ 赍（jī）：怀抱着，带着。
⑦ 涉：蹚水过河。
⑧ 更：又，再。
⑨ 愕：惊讶。
⑩ 宁：难道。
⑪ 事：奉事。
⑫ 摈落形骸：引申为剃光头，改变原来的样子。摈落，贬降，弃绝，落选。
⑬ 称善数四：一再说好。

云："我自秦人，随蒙恬①筑长城。恬多使妇人，我等不胜其弊②，逃窜至此。初食草根，得以不死。此来亦不知年岁，不复至人间。"遂留僧，以草根哺之，涩不可食。僧住此四十余日，暂辞，出人间求食。及至代州，备粮更去，则迷不知其所矣。

《太平广记·秦时妇人》

中国古代读书人的毕生理想是："修身，齐家，治国，平天下。"但由于社会境遇不同，古代读书人遇上官场动荡、政治黑暗的现实时，个人理想与社会现实会发生激烈冲突。有人选择随波逐流，也有人为追寻自由而选择隐居避世，即使身不由己，也会心向往之。刘晨、阮肇误入仙山，得遇仙女，被招为夫婿，仙女们言笑晏晏，二人欢欣无比，沉浸在欢乐的时光中无法自拔，可是时日一久，他们却怎么也止不住下山的心。

人们常说世事宛如一场大梦。梦境中的种种固然美好，但大梦醒来依旧茫然，不知今夕是何年。如果是你，会选择沉溺于梦境还是回归现实呢？

汉明帝永平五年③，剡县④刘晨、阮肇共入天台山⑤取谷皮⑥，迷不得返。经十三

① 蒙恬：秦代名将。秦始皇统一六国后，曾派他率领三十万士兵击退匈奴，并修筑长城。
② 弊：折磨，迫害。
③ 汉明帝永平五年：东汉明帝刘庄永平五年，为公元62年
④ 剡（shàn）县：今浙江省嵊县。西汉置剡县，治所在今浙江省嵊县西南，三国吴移至今嵊县治。五代时吴越国改名赡县，北宋初恢复原名。北宋宣和三年（1121）改名嵊县。
⑤ 天台山：位于浙江省东部，绵亘于东海之滨，东北—西南延伸，是甬江、曹娥江和灵江的分水岭。主峰华顶山，位于天台县城东北，海拔1110米，由花岗岩组成。天台山多悬崖、峭壁、奇峰、怪石、幽洞、飞瀑。瀑布以石梁瀑布最为著名。山上寺观林立，其中隋代敕建的国清寺，是佛教天台宗的发源地。气候暖湿，植被繁茂。盛产杉木、柑橘及各种药材。
⑥ 谷皮：楮（chǔ）树的皮，既可入药，亦可制桑皮纸。另一种观点认为：天台山是中药材的宝库，楮树皮作为药材并无突出疗效，谷皮应当指有"长生不老药"之誉的天台乌药。不过，说谷皮是一种药材，各方的看法比较一致。

日，粮食乏尽，饥馁^①殆死。遥望山上，有一桃树，大有子实，而绝岩邃涧^②，永无登路。攀援藤葛，乃得至上。各啖^③数枚，而饥止体充。复下山，持杯取水，欲盥^④漱。见芜菁^⑤叶从山腹流出，甚鲜新，复一杯流出，有胡麻^⑥饭糁^⑦。相谓曰："此知去人径不远。"

便共没水，逆流二三里，得度山出一大溪。溪边有二女子，姿质妙绝，见二人持杯出，便笑曰："刘、阮二郎，捉^⑧向^⑨所失流杯^⑩来。"晨、肇既不识之，缘二女便呼其姓，如似有旧^⑪，乃相见忻喜。问："来何晚邪？"因邀还家。

其家筒瓦^⑫屋，南壁及东壁下各有一大床，皆施绛罗帐^⑬，帐角悬铃，金银交错。床头各有十侍婢，敕云："刘、阮二郎，经涉山岨^⑭，向虽得琼实^⑮，犹尚虚弊^⑯，可

---

① 馁（něi）：饥饿。

② 绝岩邃涧：陡峭的山峰，幽深的山涧。涧，两山之间的流水。

③ 啖（dàn）：吃，或给别人吃。

④ 盥（guàn）：浇水洗手。

⑤ 芜菁（wú jīng）：又名"蔓菁"。十字花科，一二年生草本。直根肥大，呈球形或扁圆形，有甜味，颜色以白色为主。叶为绿色或微带紫色，花为黄色。根和叶可作蔬菜、鲜食，亦可制成腌菜食用。还可以用作饲料。

⑥ 胡麻：芝麻。

⑦ 糁（sǎn）：饭粒。今吴方言、江淮方言把饭粒称作"米糁""饭糁"。

⑧ 捉：拿。

⑨ 向：先前。

⑩ 流杯：在水流中漂流的杯子。亦称"流觞"或"曲水流觞"，这是古代一种饮酒赋诗的娱乐活动，最著名者见东晋王羲之《兰亭序》。《字源》对"曲水流殇"的解释是："在曲折水流中泛杯而饮，三月三日之酒宴。"源于古代"祓禊"或"修禊"的习俗，每年三月上巳日（三月初三日），古人都要临水沐浴，从而祓除不祥，除灾求福。从本文的内容看，在溪水中漂流的杯子里装的不是酒，而是饮食，看来这是古代女人的一种游戏。

⑪ 有旧：过去曾有交情，老相识。

⑫ 筒瓦：筒形的屋瓦。多用于宫殿、庙宇。

⑬ 绛（jiàng）罗帐：用绛色的罗制成的床帐。绛：大红色。罗：丝织物类名。用合股丝以纱罗组织织成。外观似平纹绸，质地轻薄，透气性好，手感滑爽，花纹雅致。

⑭ 山岨（jū）：同"砠"。带土的石山。《诗经·周南·卷耳》："陟彼砠矣。"

⑮ 琼实：精美的果实。琼：本义为美玉，用来形容精美的事物。实：果实，此处指桃子。

⑯ 虚弊：虚弱疲惫。

速作食。"食胡麻饭、山羊脯^①、牛肉，甚甘美。食毕行酒^②，有一群女来，各持五三桃子，笑而言："贺汝婿来！"酒酣^③作乐^④，刘、阮欣怖交并。至暮，令各就一帐宿，女往就之，言声清婉^⑤，令人忘忧。

十日后，欲求还去，女云："君已来是，宿福所牵^⑥，何复欲还邪？"遂停半年。气候草木是春时，百鸟啼鸣，更怀悲思，求归甚苦。女曰："罪牵君^⑦，当可如何？"遂呼前来女子，有三四十人，集会奏乐，共送刘、阮，指示还路。

既出，亲旧零落，邑屋改异，无复相识。问讯得七世孙，传闻上世入山，迷不得归。至晋太元八年^⑧，忽复去，不知何所。

刘义庆《幽明录·刘晨阮肇天台山遇仙记^⑨》

① 脯（fǔ）：干肉。
② 行酒：依次斟酒。如《史记·魏其武安侯列传》："灌夫不悦，起行酒，至武安，武安膝席曰：'不能满觞。'"
③ 酒酣：喝酒喝到沉酣愉快之时。《史记·廉颇蔺相如列传》："秦王饮酒酣。"
④ 作乐：行乐，进行娱乐活动。如东晋陶渊明《杂诗》之一：得欢当作乐，斗酒聚比邻。
⑤ 清婉：清脆婉转。
⑥ 宿福所牵：因为前世修来的福分，才使你到这里来的。
⑦ 罪牵君：罪孽牵缠着你，指回到尘世去受罪。
⑧ 晋太元八年：东晋孝武帝司马曜太元八年，为公元383年。刘晨、阮肇于东汉明帝刘庄永平五年（62）入天台山采药，到东晋孝武帝司马曜太元八年（383）再次离家，中间间隔了321年。
⑨ 本故事选自《幽明录》，原文无标题，现在的标题"刘晨阮肇天台山遇仙记"，是注译者郭南山先生新加的。《幽明录》，共二十卷，由南朝宋刘义庆撰，属魏晋六朝志怪小说。刘义庆（403—444），字季伯，南朝宋彭城（今江苏省徐州市）人。文学家。南朝宋武帝刘裕中弟长沙景王刘道怜之次子，刘裕少弟临川烈武王刘道规之嗣子，袭封临川王。曾先后任荆州刺史、江州刺史等地方官，在任期间谦虚、清廉，自始至终不接受任何礼物，政声颇佳。性简素，寡嗜欲，无浮淫之过，唯晚节奉养沙门，颇致费损。自幼才华出众，道德、文学堪称诸王之冠冕。召聚文学之士，编撰成中国思想文化古典名著《世说新语》。其著作还有《宣验书》等。

山水寄情

《始得西山宴游记》与《小石潭记》同属于柳宗元的《永州八记》，其中《始得西山宴游记》为《永州八记》中的第一篇。首先，这两篇题材都是散文；其次，描写对象都是永州的自然景观；最后，它们在情感上都抒发了作者柳宗元对奇山异水的赞美、对大自然鬼斧神工的惊叹，当然在这赞美的背后，也有疏通内心郁结、愤懑的希望。但是《始得西山宴游记》与《小石潭记》还是略有不同的，前者作为《永州八记》的开篇，交代了作者当时的境况，正面描写了他压抑、郁郁不得志的心情。而后者如果不提供写作背景，则很容易被当作普通的游记散文。

　　自余为僇人^①，居是州^②，恒^③惴栗^④。其隙^⑤也，则施施而行，漫漫而游^⑥。日与其徒^⑦上高山，入深林，穷^⑧回溪，幽泉怪石，无远不到。到则披草而坐，倾壶而醉。醉则更相枕以卧，卧而梦。意有所极，梦亦同趣^⑨。觉而起，起而归；以为凡是州之山水有异态者，皆我有也，而未始知西山之怪特。

---

① 僇人：同"戮人"，受过刑辱的人，罪人。作者因永贞革新失败，被贬为永州司马，故自称僇人。僇，通"戮"，耻辱。

② 是州：这个州，指永州。

③ 恒：常常。

④ 惴栗：恐惧不安。惴，恐惧。栗，发抖。此意为害怕政敌落井下石。

⑤ 隙：指空闲时间。

⑥ 施施而行：慢慢地行走。施施，慢步缓行的样子。漫漫而游：无拘无束地游。漫漫，不受拘束的样子。

⑦ 其徒：那些同伴。徒，同一类的人，指爱好游览的人。

⑧ 穷：走到尽头。

⑨ 意有所极，梦亦同趣：心里有向往的好境界，梦里也就有相同的乐趣。所极，所向往的境界。极，至，向往。

今年九月二十八日，因坐法华西亭，望西山，始^①指异之^②。遂命仆人过湘江，缘^③染溪，斫^④榛莽^⑤，焚茅茷^⑥，穷山之高而止^⑦。攀援而登，箕踞^⑧而遨^⑨，则凡数州之土壤^⑩，皆在衽席^⑪之下。其高下之势，岈然洼然^⑫，若垤若穴^⑬，尺寸千里^⑭，攒^⑮蹙^⑯累积^⑰，莫得遁隐。萦青缭白^⑱，外与天际^⑲，四望如一^⑳。然后知是山之特立^㉑，不与培塿^㉒为类。悠悠乎与颢气俱，而莫得其涯；洋洋乎与造物者游，而不知其所穷。引觞满酌，颓然就醉，不知日之入。苍然^㉓暮色，自远而至，至无所见，而犹不欲归。

---

① 始：才。

② 指异之：指着它觉得它奇特。指，指点。异，觉得……奇特。

③ 缘：沿着。

④ 斫：砍伐。

⑤ 榛莽：指杂乱丛生的荆棘灌木。

⑥ 茅茷：指长得繁密杂乱的野草。茷，草叶茂盛。

⑦ 穷山之高而止：一直砍除、焚烧到山的最高处才停止。穷，尽，指把榛莽、茅茷砍除、焚烧尽。

⑧ 箕踞：像簸箕一样地蹲坐着。指坐时随意伸开两腿，像个簸箕，是一种不拘礼节的坐法。正规坐法，屁股要压在脚后跟上，两腿不能伸直。箕，簸箕。踞，蹲坐。

⑨ 遨：游赏。

⑩ 土壤：土地，指地域。

⑪ 衽席：坐垫、席子。

⑫ 岈然：高山深邃的样子。岈，《广韵》："岈，蛤岈，山深之状。"洼然：深谷低洼的样子。"岈然"承"高"，"洼然"承"下"。

⑬ 垤：蚁封，即蚂蚁洞边的小土堆。"若垤"承"岈然"，"若穴"承"洼然"。

⑭ 尺寸千里：（从西山顶上望去）只有尺寸之远，实际上有千里之遥。

⑮ 攒：聚集在一起。

⑯ 蹙：紧缩在一起。

⑰ 累积：堆积。

⑱ 萦青缭白：青山萦回，白水缭绕。作者为了突出"萦""缭"景象，有意把主谓式变成动宾式。白，指山顶所见潇、湘二水。

⑲ 际：接近。

⑳ 四望如一：向四面望去都像一样的。

㉑ 特立：特别突出。

㉒ 培塿：小土堆。

㉓ 苍然：灰暗的样子，这里是形容傍晚的天色。

心凝形释，与万化冥合。然后知吾向之未始游，游于是①乎始。故为之文②以志③。是岁，元和四年也。

柳宗元《始得西山宴游记》

明代徐霞客的《蝴蝶泉》，也是一篇游记散文，该文通过方位顺序介绍了蝴蝶泉，但它在情感上与《小石潭记》完全不同。徐霞客是一位地理学家、文学家、旅行家，他访遍山川河流不是为了游玩或者抒发自己内心的愤懑、压抑，而是为了对祖国的地理、人文等进行综合考察与记录，他的情感是积极、乐观的。柳宗元则是被贬官至永州，他空有一番抱负而郁郁不得志，因此这两者的情感色彩有着很大的区别。

有树大合抱④，倚崖而耸立，下有泉，东向⑤漱⑥根窍而出，清冽可鉴⑦。

泉上大树，当四月初，即发花如蛱蝶，须翅栩然⑧，与生蝶⑨无异。又有真蝶千万，连须钩足，自树巅倒悬而下，及于泉面，缤纷络绎，五色焕然⑩。游人俱⑪从此月，群⑫而观之，过五月乃已⑬。

《徐霞客游记·滇游日记》（节选）

---

① 于是：从这里。

② 为之文：把这次西山之游写成文章。之，代指西山之游，是动词"为"的间接宾语。

③ 志：记载下来。

④ 合抱：张开两臂合围。多形容树木等的粗大。

⑤ 东向：向东。

⑥ 漱：用水清洗。泉水自树的根部流出，就好像在替树根梳洗一样。

⑦ 可鉴：可以当镜子照。

⑧ 须翅栩然：触须和翅膀都栩栩如生。

⑨ 生蝶：活的蝴蝶。

⑩ 焕然：光彩夺目的样子。

⑪ 俱：都。

⑫ 群：成群结队。

⑬ 已：停歇。

画扇判案

一代文豪苏东坡，诗文书画俱佳，为人机智幽默，为官爱民如子。在林语堂的《苏东坡传》中有这样的描述：苏东坡比中国其他的诗人更具有多面性天才的丰富感、变化感和幽默感，智能优异，心灵却像天真的小孩。"画扇判案"这则小故事不仅有助于我们了解苏东坡的书画在当时的影响，也能使我们从中看到他为政宽和，为人仁厚。

先生职临钱塘江日^①，有陈诉^②负^③绫绢二万不偿者。公呼至询之，云："某^④家以制扇为业，适^⑤父死，而又自今春已来，连雨天寒，所制不售^⑥，非故负之也。"公熟视久之，曰："姑^⑦取汝所制扇来，吾当为汝发市^⑧也。"须臾扇至，公取白团夹绢二十扇，就判笔^⑨随意作行书草圣^⑩及枯木竹石，顷刻而尽。即以付之曰："出

① 先生职临钱塘江日：苏东坡在杭州任职时。（苏轼曾两次在杭州任职，第一次是熙宁四年（1071）任通判（掌管诉讼）；第二次是元祐四年（1089）任杭州太守。本文此事应发生在任通判之时。

② 陈诉：状告。

③ 负：拖欠

④ 某：我。

⑤ 适：适值，恰好碰上。

⑥ 不售：卖不出去。

⑦ 姑：姑且，暂且。

⑧ 发市：开张。

⑨ 就判笔：顺手拿起判笔。判笔，判案用的笔。

⑩ 草圣：草书。

外速偿所负也。"其人抱扇泣谢而出。始逾^①府门，而好事者^②争以千钱取一扇，所持立尽，后至而不得者，至懊恨不胜而去^③。遂尽偿所逋^④，一郡称嗟，至有泣下者。

宋·何莲《春渚纪闻·东坡画扇》

---

① 逾：走出。

② 好事者：喜欢某种事业的人。

③ 去：离开。

④ 逋（bū）：拖欠。

微雕漫谈

微雕是肉眼难以看清的精微艺术，可分为平雕、浮雕、圆雕。微雕艺术，人们称为"神刻""微刻"等。微雕艺术在中国有着悠久的历史。早在三千多年前的殷代，锲刻在龟甲兽骨上的微小图案和文字，刀法苍劲，字体秀丽，既有篆刻艺术技巧，也讲究布局，可称为最早的微雕作品。唐、元、明、清诸代，微雕名家辈出，仍有遗作流传于世，艺术风格各有千秋。以果核为原材料进行雕刻是传统工艺中最具特点的一个门类，核雕所用之核主要以桃核、橄榄核为主，也用梅核、樱桃核，兼及核桃壳等。清代宋起凤的《核工记》记载，工匠将"姑苏城外寒山寺，夜半钟声到客船"的意境惟妙惟肖地呈现在桃坠之上，核上所刻画的人物，"愁苦、寒惧、凝思诸态"，更显《枫桥夜泊》的神韵。难怪宋起凤叹其"俱一一肖之"。

季弟①获桃坠②一枚，长五分许，横广四分。全核向背③皆山。山坳④插一城，雉⑤历历⑥可数。城颠⑦具层楼，楼门洞敞⑧。中有人，类⑨司更卒⑩，执枹鼓⑪，若寒

---

① 季弟：最小的弟弟。古代汉语中排行：伯（孟）、仲、叔、季。
② 桃坠：桃核做的坠子。坠：坠子，一种装饰物。
③ 向背：正面和背面。
④ 坳（āo）：洼下的地方。
⑤ 雉（zhì）：城墙上的垛子。
⑥ 历历：清清楚楚。
⑦ 颠：顶端。
⑧ 洞敞：大开。
⑨ 类：像。
⑩ 司更卒：更夫。司，管理。卒：士兵。
⑪ 执枹（fú）鼓：拿着鼓槌敲鼓。执：拿。枹：鼓槌。鼓：敲（动词）。

冻不胜者。枕①山麓一寺，老松隐蔽三章②。松下凿双户，可开阖。户内一僧，侧首倾听；户虚掩，如应门③；洞开，如④延纳⑤状，左右度之无不宜。松外东来一衲⑥，负卷帙⑦跰跰行，若为佛事⑧夜归者。对⑨林一小陀⑩，似闻足音仆仆⑪前。核侧出浮屠七级⑫，距滩半黍⑬。近滩维⑭一小舟。篷窗短舫间，有客凭几假寐，形若渐寤然。舟尾一小童，拥炉嘘火⑮，盖供客茗⑯饮也。舣舟⑰处当寺阴，高阜钟阁踞焉⑱。叩钟者貌爽爽⑲自得，睡足余兴乃尔⑳。山顶月晦半规㉑，杂㉒疏星数点。下则波纹涨起，作潮来候㉓。取诗"姑苏城外寒山寺，夜半钟声到客船㉔"之句。

---

① 枕：临，靠近。

② 章：棵。

③ 应门：应声开门。

④ 如：到……去，参加。

⑤ 延纳：邀请（人）进门。

⑥ 衲（nà）：和尚穿的衣服，这里指代和尚。

⑦ 卷帙（zhì）：书卷，这里指佛经。

⑧ 佛事：给人做佛教仪式（动词）。

⑨ 对：并峙。

⑩ 小陀（tuó）：小和尚。

⑪ 仆仆：奔走劳顿的样子。

⑫ 浮屠七级：七层宝塔。

⑬ 半黍：半分长。

⑭ 维：用绳拴着，系。

⑮ 嘘火：吹火。

⑯ 茗：茶。

⑰ 舣（yǐ）舟：停船靠岸。

⑱ 高阜钟阁踞焉：高高的土山上有一个钟阁蹲在那里。阜（fù），土山。踞，蹲。

⑲ 爽爽：高明卓越清楚的样子。

⑳ 睡足徐兴乃尔：睡足以后慢慢起身之状。兴，起身。乃尔，如此这般。

㉑ 月晦（huì）半规：月亮昏暗呈半圆形。半规，半圆。

㉒ 杂：夹杂。

㉓ 候：征兆。

㉔ 姑苏城外寒山寺，夜半钟声到客船：唐朝张继《枫桥夜泊》诗句。

计人凡^①七：僧四，客一，童一，卒一。宫室器具凡九：城一，楼一，招提^②一，浮屠一，舟一，阁一，炉灶一，钟鼓各一。景凡七：山、水、林木、滩石四，星、月、灯火三。而人事^③如传更，报晓，侯门，夜归，隐^④几，煎茶，统为六，各殊致意^⑤，且并其愁苦、寒惧、凝思诸态，俱一一肖^⑥之。

语云："纳^⑦须弥^⑧于芥子^⑨。"殆谓是欤^⑩！

清·宋起凤《核工记》

①凡：总共。
②招提：寺。本义是四方，僧为四方僧，住处为招提僧坊。
③人事：人之所为，人的活动。
④隐：凭，靠。
⑤各殊致意：情态各不相同。殊致，不同的情趣。
⑥肖（xiào）：模仿。
⑦纳：容纳。
⑧须弥：佛经里的高山。
⑨芥子：芥菜子，比喻微小的地方。
⑩殆谓是欤：大概说的就是这种情形吧。是，此，这种情形。

淡泊名利

　　楚王请庄子去做官，庄子以神龟自喻，表明自己的心志。神龟宁可在泥巴里面摇尾巴，也不愿意被人把龟甲扒下供奉在神庙中。而庄子一心只想逍遥于山野，不愿意做官。由此可见庄子鲜明的性格特征和他无意于功名利禄的清高品质。

　　庄子钓于濮水。楚王使大夫二人往先焉，曰："愿以境内累矣①！"庄子持竿不顾，曰："吾闻楚有神龟，死已三千岁矣。王巾笥②而藏之庙堂之上。此龟者，宁其死为留骨而贵乎？宁其生而曳③尾于涂中乎？"二大夫曰："宁生而曳尾涂中。"庄子曰："往矣！吾将曳尾于涂中。"

《庄子·秋水》

　　上古有位贤人叫许由，他品格端方，淡泊名利。帝尧对他非常尊重，不仅多次向他请教处世为君之道，甚至想要把首领之位禅让给他，但许由不仅不接受，还逃到颍水之滨的箕山脚下隐居。后来，尧又想委任他做九州长，结果不等传达的人说完，许由就忙不迭地跑到颍水边去洗耳朵，表示不愿意让这种世俗的声音玷污了自己的清听。如此洁身自好的人，怕是旷世难得！

---

① 愿以境内累（lèi）矣：希望把国内政事托付于你，劳累你了。
② 巾笥：用丝麻和竹器包裹。
③ 曳：拖着。

　　许由，字武仲，阳城槐里人也。为人据义履方^①，邪席^②不坐，邪膳^③不食。后隐于沛泽^④之中。尧让天下于许由，曰："日月出矣而爝火^⑤不息，其于光也不亦难乎！时雨降矣而犹浸灌^⑥，其于泽也不亦劳乎！夫子立^⑦而天下治，而我犹尸^⑧之，吾自视缺然^⑨，请致天下^⑩。"许由曰："子治天下，天下既已治也，而我犹代子，吾将为名乎？名者，实之宾也^⑪，吾将为宾乎？鹪鹩巢于深林，不过一枝。偃鼠饮河，不过满腹。归休乎君，予无所用天下为。庖人虽不治庖，尸祝^⑫不越樽俎^⑬而代之矣！"不受而逃去。啮缺遇许由，曰："子将奚之？"曰："将逃尧。"曰："奚谓邪？"曰："夫尧知贤人之利天下也，而不知其贼^⑭天下也。夫唯外乎贤者知之矣！"由于是遁耕于中岳颍水之阳，箕山之下，终身无经天下色。尧又召为九州长，由不欲闻之，洗耳于颍水滨。时其友巢父牵犊欲饮之，见由洗耳，问其故。对曰："尧欲召我为九州长，恶闻其声，是故洗耳。"

晋·皇甫谧《高士传·许由》

---

① 据义履方：依据义而为人处世且行为端正。

② 邪席：不规正的坐席，谓坐席铺得不端正。

③ 邪膳：不合标准的膳食。

④ 沛泽：大泽。沛，多水草的低洼地。

⑤ 爝（jué）火：小火。

⑥ 浸灌：浸润渐渍，即灌溉。

⑦ 立：通"位"，此处指为天子。

⑧ 尸：主。

⑨ 缺然：犹歉然，惭愧。

⑩ 致天下：把天下让还给你。

⑪ 名者，实之宾也：名是实的宾位，意谓名与实是密切相连的，得名而必得其实。

⑫ 尸祝：对神主掌祝的人，即主祭的人。

⑬ 樽（zūn）俎（zǔ）：樽，酒器；俎，肉器。樽俎，指厨房之事。

⑭ 贼：害。

哲思

李商隐曾在《锦瑟》一诗中提及，"庄生晓梦迷蝴蝶，望帝春心托杜鹃"，借以言人生如梦，往事如烟之意。如此浪漫的思想情感和丰富的人生哲学思考，正是出自战国时期著名的思想家、哲学家和文学家庄周。因为庄周的想象力极为丰富，语言运用自如，灵活多变，能把一些微妙难言的哲理说得引人入胜，所以他在中国哲学思想史上留下了绚彩的一笔。

"齐生死，一物我"是庄周哲学中一个重要的哲学命题：外部事物都会与自身交合，万事最后都要合而为一。在本文中，庄子运用浪漫的想象力和美妙的文笔，通过对梦中变化为蝴蝶和梦醒后蝴蝶复化为己的描述与探讨，提出了人不可能确切地区分真实与虚幻和生死物化的观点。故事虽然极其短小，但由于其中渗透了庄子诗化哲学的精义，成为庄子诗化哲学的代表。

昔者庄周梦为胡蝶，栩栩然胡蝶也，自喻①适志②与，不知周也。俄然觉③，则蘧蘧然④周也。不知周之梦为胡蝶与，胡蝶之梦为周与？周与胡蝶，则必有分⑤矣。此之谓物化⑥。

《庄子·齐物论》

---

①喻：通"愉"，愉快。

②适志：合乎心意，心情愉快。

③觉（jué）：醒来。

④蘧（qú）蘧然：惊动的样子。一说僵直的样子。

⑤分：区分、区别。

⑥物化：事物自身的变化。此处意思为，外部事物都会与自身交合，即，万事万物最后都是要合而为一的。

诡辩

公孙龙是战国时期赵国人，曾经做过平原君的门客，是名家的代表人物，其主要著作《公孙龙子》中最重要的篇目之一便是《白马论》。他在这篇文章中提出了"白马非马"的论点。"白马非马"的理论源自公孙龙在牵一匹白马出关时被守关人员阻止，按照惯例，关吏无法对马匹放行，他便以"白马非马"的命题与之辩论。守关的人辩不过他，公孙龙便牵着马出关去了。据说，在公孙龙提出"白马非马"的理论后，孔子的六世孙，大名鼎鼎并自诩聪明的孔穿，为了驳倒他的主张，甚至找上门去辩论，结果被公孙龙反驳得哑口无言。而"白马非马"的诡辩论至今仍是众多哲学家特别是先秦哲学家争论和探讨最多的问题之一。

"白马非马，可乎？"

曰："可。"

曰："何哉？"

曰："马者，所以命①形也；白者所以命色也。命色者非命形也。故曰'白马非马'。"

曰："有白马，不可谓无马也。不可谓无马者，非马也？有白马为有马，白之非马，何也？"

曰："求马，黄、黑马皆可致②；求③白马，黄、黑马不可致。使白马乃马也，是所求一④也。所求一者，白者不异马也。所求不异，如黄、黑马有可有不可，何也？可与不可，其相非，明。故黄、黑马一也，而可以应有马，而不可以应有白马，是白马之非马，审矣！"

公孙龙《白马论》（节选）

①命：命名，规定。

②致：满足要求。

③求：要求，求取。

④一：同样的。

天下为公

《礼运》对我国思想文化建设有着重要的、积极的推进作用,对于其他国家来说也不无借鉴意义。"大道之行""天下为公"是孔子对大同世界的最为理想的"仁道"思想的体现和描述。天下是人民的天下,国家政权应该传给具有大智大德之人,应该"选贤与能"。

今大道既隐①,天下为家②。各亲其亲,各子③其子,货力④为己。大人⑤世及以为礼,城郭沟池以为固⑥。礼义以为纪,以正君臣,以笃⑦父子,以睦兄弟,以和夫妇,以设制度,以立田里,以贤勇知,以功为己。故谋用是作⑧,而兵由此起。禹、汤、文、武、成王、周公,由此其⑨选也。此六君子者,未有不谨于礼者也。以著其义,以考⑩其信,著有过,刑仁讲让,示民有常。如有不由此者,在埶者⑪去,众以为殃⑫。是谓小康。

《礼记·礼运》

---

① 隐:消失不见。
② 家:私家的,私人的。
③ 子:疼爱。
④ 货力:财务和出力。
⑤ 大人:指高位的人,诸侯天子们的权力,这里泛指高位,官职。
⑥ 固:防守设施,坚固的防守。.
⑦ 笃:厚实,结实。
⑧ 故谋用是作:此句是说因此奸诈之心由此产生。
⑨ 此其:指是按照礼义的标准。
⑩ 考:考察,推求,研究。
⑪ 在埶者:在位的人,有权势者。
⑫ 殃:祸害。

行法之道

　　依法治国是建设理想社会的根本之道，这是韩非先生阐述的法家的主张。这一主张与儒家需要人人"行大道"的理想道路有较大的出入。

　　法家思想中，立法的核心就是赏罚分明、恩惠威严并重。赏，足以劝善；罚，足以治乱；恩，足以尊上；威，足以胜暴。可对于法治而言，实现了"立法"，是否就万事大吉了呢？韩非子的答案是否定的。"立法"之后的关键更在于"守法"，就是遵守、维护法制的长期过程。

　　其实，"立法"仅是个短暂的开头，"守法"却是个艰险重重的漫长过程。法家主张法制的思想极具实践性和可行性，因此我们秉持的治国思想，也吸收融合了法家的精华之处。

　　圣王之立法也，其赏足以劝善，其威足以胜暴，其备^①足以必完法。治世之臣，功多者位尊，力极者赏厚，情尽者名立。善之生如春，恶之死如秋，故民劝极力而乐尽情，此之谓上下相得。上下相得，故能使用力者自极于权衡，而务至于任鄙^②；战士出死，而愿为贲^③、育^④；守道者皆怀金石之心，以死子胥^⑤之节。用力者为任鄙，战如贲、育，中为金石，则君人者高枕而守已完矣。

《韩非子·守道》

---

① 备：《左传·襄公十一年》："居安思危，思则有备，有备无患。"这里用为准备、预备之意。

② 任鄙：人名。秦武王时期的大力士。

③ 贲（bēn）：即孟贲。战国时期卫国人，当时著名的勇士。《孟子·公孙丑上》："若是，则夫子过孟贲远矣。"

④ 育：即夏育。春秋时期卫国人，传说能力举千钧。

⑤ 伍子胥：春秋末期吴国大夫、军事家。

人能尽其才而百事兴

赤壁之战后，刘备占有了荆州和附近诸郡，孙权力量也日益壮大，三国鼎立局面已基本形成。曹操要实现统一天下的理想，阻力非常大。于是他在建安十五年（210），以迫切的心情，写了这道求贤令，希望有更多的"贤人君子"和他一起"共治天下"。

自古受命及中兴之君①，曷②尝不得贤人君子与之共治天下者乎？及其得贤也，曾不出闾巷③，岂幸相遇哉？上之人求取之耳。今天下尚未定，此特求贤之急时也。

"孟公绰为赵、魏老则优，不可以为滕、薛大夫④。"若必廉士而后可用，则齐桓⑤其何以霸世！今天下得无有被褐怀玉而钓于渭滨者⑥乎？又得无有盗嫂受金⑦而未

---

① 受命：古代把开国即帝位说成是受天命。这里指开国。中兴：由衰败而重新复兴。

② 曷（hé）尝：何曾，哪有。

③ 曾：乃、往往。闾（lú）巷：里巷。

④ 孟公绰为赵、魏老则优：见《论语·宪问》，是孔子的话。孟公绰：鲁国人，性寡欲，廉洁有德。赵、魏：晋国赵氏与魏氏两家，世为晋卿，封邑比小国还大得多，后与韩三家分晋。老：家老，家臣，私家奴仆的头领。优：有余。滕、薛：两个小诸侯国，均在今山东境内。"孟公绰为赵、魏老则优，不可以为滕、薛大夫"这句是说，孟公绰寡欲廉洁而缺乏才能，作为大贵族家臣头领是好的，作为小国的官员是不行的。

⑤ 齐桓：齐桓公，姓姜，名小白，任用管仲，使齐国强大，成为五霸之首。但管仲并不廉洁，早年和鲍叔做买卖，他多取利金；后为齐相，生活奢侈。这句说齐桓公如果一定要用廉士，则不能用管仲，也就不能称霸于世了。

⑥ 被褐（hè）：穿着粗麻的黑色短衣。被褐怀玉比喻怀才不遇流于困顿，语见《老子》。这句指姜尚（字子牙），殷商末年钓于渭水岸边，被周文王访到，尊为国师，治理国家，使国家兴盛起来，最后佐周武王灭了商朝。

⑦ 盗嫂受金：指陈平。汉高祖的谋臣陈平曾经和嫂子私通，又曾接受贿赂。魏无知了解他是个人才，就推荐给刘邦。刘邦问他有无此事，魏说，你问的是"行"，我荐的是"才"，当前最需人才，盗嫂受金算什么！后刘邦重用陈平，建功立业。

遇无知者乎？

二三子其佐我明扬仄陋^①，唯才是举^②，吾得而用之。

三国·曹操《求贤令^③》

韩愈的杂说共有四篇，分别是《龙说》《医说》《崔山君传》《马说》。《龙说》和《马说》两篇杂文在立意和写作手法上具有相似之处。《马说》的写作时间早于《龙说》，当时韩愈初登仕途，但不得志，于是写了这篇文章，将人才比作千里马，表达了愤世嫉俗之意、怀才不遇的感慨与愤懑之情。《龙说》也写于韩愈仕途不顺之时，同样采用了借物喻人和托物言志的手法，将龙比作明君，云比作贤臣，通过阐说龙和云的相互作用，来论说明君和贤臣的相互关系，即明君要依靠贤臣建功立业，贤臣又要仰仗明君的任用才能荷重行远，如此才能相得益彰。《龙说》和《马说》具有相似的写作背景，也都运用了托物言志的手法，表达了作者对朝廷能够选贤任能的期望。

龙嘘气成云^④，云固^⑤弗灵于龙也。然龙乘是气，茫洋穷^⑥乎玄间，薄^⑦日月，伏

---

① 二三子：诸位，你们，指臣僚下属。佐：帮助。明扬仄（zè）陋：发现推举那些埋没在下层贱业中的人才。
② 唯才是举：只要有才能，就举荐上来。
③ 令：是一种文体名称，是皇帝或大官向文武官员或民众发布的一种告谕文字。
④ 龙嘘气成云：指龙呼出的气变为云，古代的一种传说。
⑤ 固：本来。
⑥ 穷：尽，到达。
⑦ 薄：接近。

光景^①，感^②震电，神^③变化，水下土^④，汩陵谷^⑤，云亦灵怪矣哉！

云，龙之所能使为灵也。若龙之灵，则非云之所能使为灵也。然龙弗得云，无以神其灵矣^⑥，失其所凭依^⑦，信^⑧不可欤！异哉^⑨！其所凭依，乃其所自为也。

《易》曰："云从龙^⑩。"既曰龙，云从之矣。

唐·韩愈《龙说》

---

① 伏光景：遮住日月的光芒，隐藏起影子。伏，遮蔽，隐藏。景，同"影"。

② 感：通"撼"，撼动。

③ 神：变化莫测。

④ 水下土：云化为雨，润泽大地万物。

⑤ 汩陵谷：淹没大山深谷。汩，本指水流的样子，此处作动词，淹没。

⑥ 无以神其灵矣：其玄妙神通是无法施展的。

⑦ 凭依：依托。

⑧ 信：的确，实在。

⑨ 异哉：真奇怪。

⑩ 云从龙：《周易·乾卦·文言》："云从龙，风从虎，圣人作而万物睹。"从，跟随。

屈身不屈道

王禹偁(chēng)(954—1001),字元之,济州钜野(今山东菏泽市巨野县)人。北宋著名的白体诗人、散文家、史学家。他是北宋诗文革新运动的先驱,也是政治改革派的先驱,一生都在为革除弊政而斗争,因而多次遭到贬谪。淳化二年(991),在任大理评事时,王禹偁因替徐铉雪洗罪名而得罪皇帝,被贬为商州团练副使。至道元年(995),王禹偁任翰林学士,又因为在太祖皇后宋氏丧礼一事上直言无忌,触怒了最高当权者,被贬为滁州知州。

等到真宗即位,他又加入到撰写《太祖实录》的工作中,但因直书史事而引起了宰相的不满,再遭谗谤,降为黄州知州。此篇便作于他被贬黄州期间。那时正值中秋佳节,身在黄州的王禹偁于竹楼赏月抚昔之际,有感而发,奋笔写下了这篇文章。表面上看,本文极力渲染谪居之乐,把省工廉价的竹楼描绘得幽趣盎然,实际上则是含蓄地表现出作者愤懑不平的心情,展现出他在遭贬之后恬淡的生活态度以及居陋自持的情操志趣。此时,"小竹楼"成了他"屈身"而"不屈道"的精神象征,而充满声色的豪华楼景便成了居高位、甘堕落的奸佞的代称,两相比较,作者的取舍态度是十分明确的。

阅读本文时,要注意体会小竹楼所蕴含的艺术魅力与人生哲理,体会作者"不屈道"的崇高人格。

黄冈之地多竹,大者如椽①。竹工破之,刳②去其节,用代陶瓦③。比屋皆然④,以其价廉而工省也。

---

① 椽(chuán):装于屋顶以支撑屋顶盖材料的木条。
② 刳(kū):剖、削。
③ 陶瓦:用泥土烧成的瓦。
④ 比屋皆然:那些屋子都是这样。

子城①西北隅,雉堞②圮毁,蓁莽③荒秽,因作小楼二间,与月波楼通④。远吞⑤山光,平挹江濑⑥,幽阒⑦辽敻⑧,不可具状。夏宜急雨,有瀑布声;冬宜密雪,有碎玉声。宜鼓琴,琴调虚畅;宜咏诗,诗韵清绝;宜围棋,子声丁丁然;宜投壶,矢声铮铮然:皆竹楼之所助也。

公退⑨之暇,被鹤氅⑩,戴华阳巾⑪,手执《周易》一卷,焚香默坐,销遣世虑。江山之外,第见风帆沙鸟、烟云竹树而已。待其酒力醒,茶烟⑫歇,送夕阳,迎素月,亦谪⑬居之胜概⑭也。

彼齐云、落星⑮,高则高矣!井干、丽谯,华则华矣!止于贮妓女,藏歌舞,非骚人之事,吾所不取。

吾闻竹工云:"竹之为瓦,仅十稔⑯,若重覆之,得二十稔。"噫!吾以至道乙

---

① 子城:大城所附属的小城,即内城或附在城垣上的瓮城或月城。
② 雉堞(zhì dié):古代城墙上掩护守城人用的矮墙,也泛指城墙。
③ 蓁莽(zhēn mǎng):杂乱丛生的草木。
④ 通:相连。
⑤ 吞:眺望。
⑥ 平挹江濑:平视江波。江濑:江滩上的急流。
⑦ 幽阒(qù):指环境的清幽寂静。阒:寂静。
⑧ 辽敻(xiòng):写视野的辽阔绵远。敻:远。
⑨ 公退:公事完毕,回来。
⑩ 鹤氅(chǎng):鹤氅是汉服中的一种。仙鹤是道教常用的图案,世称成仙为"羽化登天"。氅:用鸟类的羽毛缝制成的外衣。
⑪ 华阳巾:道士所戴的一种帽子。
⑫ 茶烟:指烹茶炉火的烟气。
⑬ 谪:封建王朝官吏贬官或降职远调。
⑭ 概:状况,这里指生活状况。
⑮ 齐云、落星:齐云、落星及下文井干、丽谯都是楼名。
⑯ 稔:年,古代谷一熟为年。

未岁①，自翰林出滁上②；丙申，移广陵；丁酉，又入西掖③。戊戌岁除日④，有齐安之命⑤。己亥闰三月，到郡⑥。四年之间，奔走不暇；未知明年又在何处！岂惧竹楼之易朽乎？幸后之人与我同志，嗣而葺之⑦，庶⑧斯楼之不朽也。

咸平二年八月十五日记。

北宋·王禹偁《黄州新建小竹楼记》

① 吾以至道乙未岁：我在至道乙未年。
② 自翰林出滁上：由翰林学士被贬到滁州。
③ 西掖（yè）：中书或中书省的别称。
④ 除日：除夕。
⑤ 有齐安之命：奉命调到齐安。
⑥ 郡：齐安郡。
⑦ 嗣而葺之：接着修整它。
⑧ 庶：希望。

为己立心，为民立命

欧阳修（1007—1072），字永叔，号醉翁、六一居士，汉族，吉州永丰（今江西省吉安市永丰县）人。北宋政治家、文学家，"唐宋八大家"之一。欧阳修是宋代文学史上最早开创一代文风的文坛领袖，领导了北宋诗文革新运动，继承并发展了韩愈的古文理论。

"庆历新政"是中国宋代仁宗庆历年间进行的一场政治改革。庆历年间，范仲淹与富弼等人针对当时官僚队伍庞大、行政效率低、人民生活困苦等内忧外患的现状提出了"明黜陟，抑侥幸，精贡举，择官长，均公田，厚农桑，修武备，减徭役，覃恩信，重命令"的改革主张，但因为触犯了贵族官僚的利益，遭到阻碍，不久后便失败。

当时欧阳修任河北都转运按察使，闻此，便上《论杜衍范仲淹等罢政事状》极力为四人辩诬，于是触怒了新政的反对派，被贬至滁州。在滁州，欧阳修没有因为被贬而一蹶不振，而是随遇而安，履父母官之责，并颇具政绩。他在政事之暇，颇喜寻幽访胜，辟地筑亭，《醉翁亭记》和此篇《丰乐亭记》便在此期间而作。在这篇《丰乐亭记》中，我们可以看到他的为臣之真、为士之达，这滁州之游是一次赏景，也是一次寄情，更是一次人生的立命。

修既治滁之明年，夏，始饮滁水而甘。问诸滁人，得于州南百步之近。其上则丰山，耸然而特立；下则幽谷，窈然而深藏；中有清泉，滃然^①而仰出。俯仰^②左右，顾而乐之。于是疏泉凿石，辟地以为亭，而与滁人往游其间。

---

① 滃（wěng）然：水势盛大的样子。
② 俯仰：这里为环顾的意思。

滁于五代干戈之际，用武之地也。昔太祖皇帝，尝以周师破李景兵十五万于清流山下，生擒其皇甫辉、姚凤于滁东门之外，遂以平滁。修尝考其山川，按^①其图记，升高以望清流之关，欲求辉、凤就擒之所。而故老皆无在也，盖天下之平久矣。自唐失其政，海内分裂，豪杰并起而争，所在为敌国者，何可胜数？及宋受天命，圣人出而四海一。向之凭恃险阻，铲削消磨，百年之间，漠然徒见山高而水清。欲问其事，而遗老^②尽矣！

今滁介江淮之间，舟车商贾、四方宾客之所不至，民生不见外事，而安于畎亩衣食，以乐生送死。而孰知上之功德，休养生息，涵煦于百年之深也。

修之来此，乐其地僻而事简，又爱其俗之安闲。既得斯泉于山谷之间，乃日与滁人仰而望山，俯而听泉。掇幽芳^③而荫乔木^④，风霜冰雪，刻露^⑤清秀，四时之景，无不可爱。又幸其民乐其岁物之丰成，而喜与予游也。因为本^⑥其山川，道其风俗之美，使民知所以安此丰年之乐者，幸生无事之时也。

夫宣上恩德，以与民共乐，刺史之事也。遂书以名其亭焉。

北宋·欧阳修《丰乐亭记^⑦》

---

① 按：查核。
② 遗老：经历过那些事的人。
③ 掇幽芳：采摘幽香的花朵。这里意为欣赏清秀而芬芳的风景。掇（duō）：拾取，采取。
④ 荫乔木：在大树下乘凉。
⑤ 刻露：清晰地显露。
⑥ 本：根据。
⑦ 丰乐亭：在今安徽滁县城西丰山北，为欧阳修被贬滁州后建造的。苏轼曾将《丰乐亭记》书刻于碑。《舆地纪胜》："淮南路滁州：丰乐亭，在幽谷寺。庆历中，太守欧阳修建。"清《一统志》："安徽滁州丰乐亭在州西南琅琊山幽谷泉上。欧阳修建，自为记，苏轼书，刻石。"

田园的召唤

《六一居士传》是欧阳修晚年的一篇自传型散文，自述了他晚年读书、弹琴、下棋、饮酒的闲逸生活。在《五柳先生传》中，陶渊明也描述了自己远离官场后读书、喝酒、写文章的生活。这两篇文章都是文人对自己晚年退隐生活的自述，都传达了对官仕生活的厌倦，展现了不慕荣利的品格。但是，这二者彰显的超脱程度是不同的。欧阳修年轻时意气风发、豪情满怀，积极参与改革运动。在文学上，他团结、提携一大批优秀文人，倡导"古文"运动，得到了当时文学界的肯定。但是仕途屡屡受挫，接连遭到贬谪，参政热情逐渐减少，渐生退隐之意。欧阳修晚年被重新起用，官位也很高，欣慰之余，却滋生了对官场的厌倦，对改革的态度也逐渐转向消极。

写这篇文章时，欧阳修已六十三岁，早已疲于政事，再加上与王安石政见不和，所以他改任蔡州知州后便过起了隐退的生活。而陶渊明的人生经历却与欧阳修大相径庭。陶渊明二十九岁时出仕，此后十余年反复往返于田园与官场之间，渐渐厌倦了官宦生活。中年时期他便辞官归家，正式开始了自己的归隐生活。整体来看，欧阳修的思想是入世的，他一生都在官场，虽然屡遭贬谪，但仍自信自己的治国之能，所以入世之心大于退隐之心。陶渊明的思想是出世的，他淡泊名利，虽涉足官场，但早早绝尘而去，其超然避世的态度显而易见，退隐之心远大于入世之心。

六一居士初谪滁山①，自号醉翁。既老而衰且病，将退休于颍水之上，则又更号六一居士。

---

① 初谪滁山：庆历六年（1046），欧阳修被贬为滁州知州，时年四十岁。

　　客有问曰："六一，何谓也？"居士曰："吾家藏书一万卷，集录三代^①以来金石遗文一千卷，有琴一张，有棋一局，而常置酒一壶。"客曰："是为五一尔，奈何？"居士曰："以吾一翁，老于此五物之间，是岂不为六一乎？"客笑曰："子欲逃名^②者乎？而屡易其号。此庄生所诮^③畏影而走乎日中者也；余将见子疾走大喘渴死，而名不得逃也。"居士曰："吾因知名之不可逃，然亦知夫不必逃也；吾为此名，聊以志^④吾之乐尔。"客曰："其乐如何？"居士曰："吾之乐可胜道哉！方其得意于五物也，太山在前而不见，疾雷破柱而不惊；虽响九奏^⑤于洞庭之野，阅大战于涿鹿之原^⑥，未足喻其乐且适也。然常患不得极吾乐于其间者，世事之为吾累者众也。其大者有二焉，轩裳圭组^⑦劳^⑧吾形于外，忧患思虑劳吾心于内，使吾形不病而已悴，心未老而先衰，尚何暇于五物哉？虽然，吾自乞其身^⑨于朝者三年矣，一日^⑩天子恻然哀之，赐其骸骨^⑪，使得与此五物偕返于田庐，庶几^⑫偿其夙愿焉。此吾之所以志也。"客复笑曰："子知轩裳圭组之累其形，而不知五物之累其心乎？"居士曰："不然。累于彼者已劳矣，又多忧；累于此者既佚^⑬矣，幸无患。吾其何择哉？"于是与客俱起，握手大笑曰："置之^⑭，区区不足较也。"

　　已而叹曰："夫士少而仕，老而休，盖有不待七十者矣。吾素慕之，宜去一也。

---

① 三代：指夏商周。

② 逃名：避名声而不居。

③ 诮：讥笑。

④ 志：记，标记。

⑤ 九奏：即"九韶"，虞舜时的音乐。

⑥ 阅大战于涿鹿之原：《史记·五帝本纪》记黄帝与蚩尤战于涿鹿之野，遂擒杀蚩尤。

⑦ 轩裳圭组：分指古代大臣所乘车驾、所着服饰、所执玉板、所佩印绶，总指官场事物。

⑧ 劳：形容词使动用法，使……劳累。

⑨ 乞其身：要求退休。

⑩ 一日：一旦，终有一天。

⑪ 赐其骸骨：比喻皇帝同意其告老退休。

⑫ 庶几：大概，差不多；或许可以。

⑬ 佚：安逸，安乐。

⑭ 佚：安逸，安乐。

吾尝用于时①矣，而讫无称②焉，宜去二也。壮犹如此，今既老且病矣，乃以难强之筋骸，贪过分之荣禄，是将违其素志而自食其言，宜去三也。吾负③三宜去，虽无五物，其去宜矣，复何道哉！"

熙宁三年九月七日，六一居士自传。

北宋·欧阳修《六一居士传》

晋安帝元兴二年（403），权臣桓玄篡晋，自称楚帝。元兴三年（404），另一个军阀刘裕起兵讨桓，打进东晋都城建康。至义熙元年（405），刘裕完全操纵了东晋王朝的军政大权。伴随着这些篡夺而来的，是数不清的屠杀异己和不义战争。

陶渊明（365—427），字元亮，后更名潜，天性酷爱自由，而当时官场风气又极为腐败，谄上骄下，胡作非为，廉耻扫地。一个正直的士人，在当时的政治社会中难有立足之地，更难以实现理想抱负。经历十三年曲折的仕途后，陶渊明终于彻底认清了这一点，并最终归隐。这篇抒情小赋就是陶渊明脱离仕途回归田园的宣言。归去来兮，是田园的召唤，也是诗人本性的召唤。

归去来兮④，田园将芜胡不归？既自以心为形役⑤，奚惆怅而独悲？悟已往之不

---

① 用于时：指出仕。
② 无称：没有值得称道的政绩。
③ 负：具有。
④ 归去来兮：意思是"回去吧"。来，助词，无义。兮，语气词。
⑤ 以心为形役：让心神为形体所役使。意思是本心不愿出仕，但为了免于饥寒，违背本意做了官。心，意愿。形，形体，指身体。役，奴役。

谏^①，知来者之可追^②。实迷途其未远^③，觉今是而昨非。舟遥遥以轻飏^④，风飘飘而吹衣。问征夫^⑤以前路，恨晨光之熹微。

乃瞻衡宇，载欣载奔^⑥。僮仆欢迎，稚子候门。三径就荒，松菊犹存。携幼入室，有酒盈樽。引壶觞以自酌，眄庭柯以怡颜^⑦。倚南窗以寄傲，审容膝之易安^⑧。园日涉以成趣^⑨，门虽设而常关。策扶老以流憩^⑩，时矫首而遐观。云无心以出岫^⑪，鸟倦飞而知还。景翳翳以将入，抚孤松而盘桓。

归去来兮，请息交以绝游^⑫。世与我而相违，复驾言兮焉求^⑬？悦亲戚之情话^⑭，乐琴书以消忧。农人告余以春及，将有事于西畴^⑮。或命巾车^⑯，或棹孤舟。既窈窕以寻壑^⑰，亦崎岖而经丘。木欣欣以向荣，泉涓涓而始流。善万物之得时，感吾生之

---

① 悟已往之不谏：觉悟到过去做错了的事（指出仕）已经不能改正。谏，谏止，劝止。

② 知来者之可追：知道未来的事（指归隐）还可以挽救。追，挽救，补救。

③ 实：确实。迷途：做官。其：大概。

④ 舟遥遥以轻飏（yáng）：船在水面上轻轻地飘荡着前进。遥遥，摇摆不定的样子。以，而。飏，飞扬，形容船行驶轻快的样子。

⑤ 征夫：行人而非征兵之人。

⑥ 乃瞻衡宇，载欣载奔：看见自己家的房子，心中欣喜，奔跑过去。瞻，远望。衡宇，简陋的房子。

⑦ 引：拿来。眄（miǎn）庭柯以怡颜：看看院子里的树木，觉得很愉快。眄，斜看。这里是"随便看看"的意思。柯，树枝。以，为了。怡颜，使面容现出愉快神色。

⑧ 审容膝之易安：觉得住在简陋的小屋里也非常舒服。审，觉察。容膝，只能容下双膝的小屋，极言其狭小。

⑨ 园日涉以成趣：天天到园里行走，自成一种乐趣。涉，涉足，走到。

⑩ 策扶老以流憩（qì）：拄着拐杖出去走走，随时随地休息。策，拄着。扶老，手杖。憩，休息。流憩，游息，就是没有固定的地方，到处走走歇歇。

⑪ 云无心以出岫（xiù）：云气自然而然地从山里冒出。无心，无意地。岫，有洞穴的山，这里泛指山峰。

⑫ 请息交以绝游：息交，停止与人交往，断绝交游。意思是不再同官场有任何瓜葛。

⑬ 驾言兮焉求：这里指驾车出游去追求想要的东西。驾，驾车。言，助词。

⑭ 情话：知心话。

⑮ 将有事于西畴：西边田野里要开始耕种了。有事，指耕种之事。事，这里指农事。畴，田地。

⑯ 巾车：有车帷的小车。

⑰ 既窈窕以寻壑：经过幽深曲折的山谷。窈窕，幽深曲折的样子。壑，山沟。

行休^①。

　　已矣乎！寓形宇内复几时？曷不委心任去留^②？胡为乎遑遑欲何之^③？富贵非吾愿，帝乡不可期^④。怀良辰以孤往^⑤，或植杖而耘耔。登东皋以舒啸，临清流而赋诗。聊乘化以归尽^⑥，乐夫天命复奚疑^⑦！

东晋·陶渊明《归去来兮辞》

---

① 善万物之得时，感吾生之行休：美慕自然界万物一到春天便及时生长茂盛，感叹自己的一生行将结束。善，欢喜，美慕。行休，行将结束。

② 寓形宇内复几时？曷不委心任去留：活在世上能有多久？何不顺从自己的心愿，管它什么生与死呢？寓形，寄生。宇内，天地之间。曷，何。委心，随心所欲。去留，指生死。

③ 胡为乎遑遑欲何之：为什么心神不定，想到哪里去呢？遑遑，不安的样子。之，往。

④ 帝乡不可期：仙境到不了。帝乡，仙乡，神仙居住的地方。期，希望，企及。

⑤ 怀良辰以孤往：爱惜美好的时光，独自外出。怀，留恋、爱惜。良辰，指上文所说万物得时的春天。孤往，独自外出。

⑥ 聊乘化以归尽：姑且顺其自然走完生命的路程。聊，姑且。乘化，随顺大自然的运转变化。归尽，到死。尽，指死亡。

⑦ 乐夫天命复奚疑：乐安天命，还有什么可疑虑的呢？复，还有。疑，疑虑。

新时代的开启

本文出自《水浒传》第五十回，当时宋江当上了梁山的二把手，急需建立自己的威信，而此时祝家庄正好送上门来。于是在宋江的极力坚持下，晁盖也不好多驳这位二哥的面子，何况聪明的老三吴用也表态支持宋江的建议。于是梁山组织的第一次对外大行动开始了。

"智取生辰纲"是《水浒传》的第十六回，它在全书中的地位十分重要，在此之前，小说主要描写了鲁智深、林冲等个别英雄人物的抗争。"智取生辰纲"则是起义农民的集体行动，是梁山泊英雄聚义的开始。"三打祝家庄"，对梁山来说是个重要里程碑，是梁山组织大规模对外暴力行动的起点。"智取生辰纲"可以说是晁盖时代的开端，而"三打祝家庄"是一个转折点，预示着晁盖时代向宋江时代过渡，一个新的时代即将开始。阅读本文，可以看看一个新时代的缔造者——宋江是如何带领梁山好汉攻打祝家庄的，思考吴用是用了什么计谋攻破祝家庄的，他的计谋又是如何体现"知己知彼，百战不殆"这一战略思想的。

且说孙立却把旗号上改换作登州兵马提辖孙立，领了一行人马，都来到祝家庄后门前。庄上墙里望见是登州旗号，报入庄里去。栾廷玉听得是登州孙提辖到来相望，说与祝氏三杰道："这孙提辖是我弟兄，自幼与他同师学艺。今日不知如何到此？"带了二十余人马，开了庄门，放下吊桥，出来迎接。孙立一行人都下了马。众人讲礼已罢，栾廷玉问道："贤弟在登州守把[①]，如何到此？"孙立答道："叫兵府行下文书，对调我来此间郓州守把城池，提防梁山泊强寇，便道经过，闻知仁兄在此祝家庄，特来相探。本待从前门来。因见村口庄前，俱屯下许多军马，不敢过

————————————
① 守把：把守或防守。

来。特地寻觅村里，从小路问道庄后，人来拜望仁兄。"栾廷玉道："便是这几时，连日与梁山泊强寇厮杀，已拿得他几个头领在庄里了。只要捉了宋江贼首，一并解官。天幸今得贤弟来此间镇守，正如锦上添花，旱苗得雨。"孙立笑道："小弟不才，且看相助捉拿这厮们，成全兄长之功。"栾廷玉大喜。当下都引一行人进庄里来。再拽起了吊桥，关上了庄门。孙立一行人安顿车仗人马，更换衣裳，都出前厅来相见。祝朝奉与祝龙、祝虎、祝彪三杰，都相见了，一家儿都在厅前相接。栾廷玉引孙立等上到厅上相见。讲礼已罢，便对祝朝奉说道："我这个贤弟孙立，绰号病尉迟，任登州兵马提辖。今奉总兵府对调他来镇守此间郓州。"祝朝奉道："老夫亦是治下①。"孙立道："卑小之职，何足道哉！早晚也要望朝奉提携指教。"祝氏三杰相请众位尊坐②。孙立动问道："连日相杀，征阵劳神。"祝龙答道："也未见胜败。众位尊兄鞍马劳神不易。"孙立便叫顾大嫂引了栾大娘子叔伯姆两个，去后堂拜见宅眷。唤过孙新、解珍、解宝参见了，说道："这三个是我兄弟。"指着乐和便道："这位是此间郓州差来取的公吏。"指着邹渊、邹润道："这两个是登州送来的军官。"祝朝奉并三子虽是聪明，却见他又有老小，并许多行李车仗人马，又是栾廷玉教师的兄弟，那里有疑心。只顾杀牛宰马，做筵席管待众人，且饮酒食。

过了一两日，到第三日，庄兵报道："宋江又调军马杀奔庄上来了。"祝彪道："我自去上马拿此贼。"便出庄门，放下吊桥，引一百余骑马军杀将出来。

早迎见一彪军马，约有五百来人。当先拥出那个头领，弯弓插箭，拍马轮枪，乃是小李广花荣。祝彪见了，跃马挺枪，向前来斗。花荣也纵马来战祝彪。两个在独龙冈前，约斗了十数合，不分胜败。花荣卖了个破绽，拨回马便走，引他赶来。

祝彪正待要纵马追去，背后有认得的，说道："将军休要去赶，恐防暗器。此人深好弓箭。"祝彪听罢，便勒转马来不赶，领回人马，投庄上来，拽起吊桥。看花荣时，也引军马回去了。祝彪直到厅前下马，进后堂来饮酒。孙立动问道："小将军今日拿得甚贼？"祝彪道："这厮们伙里，有个什么小李广花荣，枪法好生了得。

①治下：所管辖的范围以及属下的吏民，统治之下。
②尊坐：敬词。请别人坐下来。

斗了五十余合，那厮走了。我却待要赶去追他，军人们道：'那厮好弓箭。'因此各自收兵回来。"孙立道："来日看小弟不才，拿他几个。"当日筵席上，叫乐和唱曲，众人皆喜。至晚席散，又歇了一夜。

到第四日午牌，忽有庄兵报道："宋江军马又来在庄前了。"当下祝龙、祝虎、祝彪三子，都披挂了，出到庄前门外，远远地望见，早听得鸣锣擂鼓，纳喊摇旗，对面早摆成阵势。这里祝朝奉坐在庄门上，左边栾廷玉，右边孙提辖，祝家三杰并孙立带来的许多人伴，都摆在两边。早见宋江阵上豹子头林冲，高声叫骂。祝龙焦燥，喝叫放下吊桥，绰①枪上马，引一二百人马，大喊一声，直奔林冲阵上。庄门下擂起鼓来。两边各把弓弩射住阵脚。林冲挺起丈八蛇矛，和祝龙交战。连斗到三十余合，不分胜败。两边鸣锣，各回了马。祝虎大怒，提刀上马，跑到阵前，高声大叫宋江决战。说言未了，宋江阵上早有一将出马，乃是没遮拦穆弘，来战祝虎。两个斗了三十余合，又没胜败。祝彪见了大怒，便绰枪飞身上马，引二百余骑，奔到阵前。宋江队里，病关索杨雄，一骑马，一条枪，飞抢出来战祝彪。孙立看见两队儿在阵前厮杀，心中忍耐不住，便唤孙新："取我的鞭枪来，就将我的衣甲、头盔、袍袄把来！"披挂了，牵过自己马来。这骑马号乌骓马，备上鞍子，扣了三条肚带，腕上悬了虎眼钢鞭，绰枪上马。祝家庄上一声锣响，孙立出马在阵前。宋江阵上林冲、穆弘、杨雄都勒住马，立于阵前。孙立早跑马出来，说道："看小可捉这厮们。"孙立把马兜住，喝问道："你那贼兵阵上，有好厮杀的，出来与吾决战。"宋江阵内，銮铃响处，一骑马跑将出来。众人看时，乃是拼命三石秀，来战孙立。两马相交，双枪并举，四条臂膊纵横，八只马蹄撩乱。两个斗到五十合，孙立卖个破绽，让石秀一枪搠②入来，虚闪一个过，把石秀轻轻的从马上捉过来，直挟到庄前撇下，喝道："把来缚了。"祝家三子，把宋江军马一搅，都赶散了。

三子收军，回到门楼下，见了孙立，众皆拱手钦伏。孙立便问道："共是捉得几个贼人？"祝朝奉道："起初先捉得一个时迁，次后拿得一个细作杨林，又捉得

① 绰（chāo）：抓取。
② 搠（shuò）：戳、刺。

一个黄信。扈家庄一丈青捉得一个王矮虎。阵上拿得两个，秦明、邓飞。今番将军又捉得这个石秀。这厮正是烧了我店屋的。共是七个了。"孙立道："一个也不要坏他。快做七辆囚车装了，与些酒饭，将养身体，休教饿损了他，不好看。他日拿了宋江，一并解上东京去，教天下传名说这个祝家庄三杰。"祝朝奉谢道："多幸得提辖相助，想是这梁山泊当灭了。"邀请孙立到后堂筵宴。石秀自把囚车装了。

看官听说，石秀的武艺不低似孙立。要赚①祝家庄人，故意教孙立捉了，使他庄上人一发信他。孙立又暗暗地使邹渊、邹润、乐和去后房里，把门户都看了出入的路数②。杨林、邓飞见了邹渊、邹润，心中暗喜。乐和张看得没人，便透个消息与众人知了。顾大嫂与乐大娘子在里面，已看了房户出入的门径。

至第五日，孙立等众人都在庄上闲行。当日辰牌③时候，早饭已罢，只见庄兵报道："今日宋江分兵做四路，来打本庄。"孙立道："分十路待怎地！你手下人且不要慌，早作准备便了。先安排些挠钩套索，须要活捉，拿死的也不算。"庄上人都披挂了。祝朝奉亲自也引着一班儿上门楼来。看时，见正东上一彪④人马，当先一个头领，乃是豹子头林冲，背后便是李俊、阮小二，约有五百以上人马在此。正西上，又有五百来人马，当先一个头领，乃是小李广花荣，随背后是张横、张顺。正南门楼上望时，也有五百来人马，当先三个头领，乃是没遮拦穆弘、病关索杨雄、黑旋风李逵。四面都是兵马，战鼓齐鸣，喊声大举。栾廷玉听了道："今日这厮们厮杀，不可轻敌。我引了一队人马出后门，杀这正西北上的人马。"祝龙道："我出前门杀这正东上的人马贼兵。"祝虎道："我也出后门杀那正南上的人马。"祝彪道："我也出前门捉宋江，是要紧的贼首。"祝朝奉大喜，都赏了酒，各人上马，尽带了三百余骑，奔出庄门。其余的都守庄院门楼前呐喊。此时邹渊、邹润已藏了大斧，只守在监门左侧。解珍、解宝藏了暗器，不离后门。孙新、乐和已守定前门左右。

---

① 赚：诳骗；欺哄。

② 路数：道路；路径。

③ 辰牌：辰刻。上午七时至九时。

④ 彪：旧小说、戏曲里用于队伍。

顾大嫂先拨人兵保护乐大娘子，却自拿了两把双刀，在堂前蹅，只听风声，便乃下手。

　　且说祝家庄上擂了三通战鼓，放了一个炮，把前后门都开，放下吊桥，一齐杀将出来。四路军兵出了门，四下里分投去厮杀。临后，孙立带了十数个军兵，立在吊桥上门里。孙新便把原带来的旗号插起在门楼上。乐和便提着枪，直唱将入来。邹渊、邹润听得乐和唱，便忽哨了几声，轮动大斧，早把守监房的庄兵砍翻了数十个，便开了陷车，放出七只大虫来。各各寻了器械，一声喊起，顾大嫂掣出两把刀，直奔入房里。把应有妇人，一刀一个，尽都杀了。祝朝奉见头势不好了，却待要投井时，早被石秀一刀剁翻，割了首级。那十数个好汉，分投来杀庄兵。后门头解珍、解宝，便去马草堆里放起把火，黑焰冲天而起。四路人马见庄上火起，并力向前。祝虎见庄里火起，先奔回来。孙立守在吊桥上，大喝一声："你那厮那里去？"拦住吊桥。祝虎省口，便拨转马头，再奔宋江阵上来。这里吕方、郭盛两戟齐举，早把祝虎和人连马，搠翻在地。众军乱上，剁做肉泥。前军四散奔走。孙立、孙新迎接宋公明入庄。且说东路祝龙斗林冲不住，飞马望庄后而来。到得吊桥边，见后门头解珍、解宝把庄客的尸首，一个个揎将下来火焰里。祝龙急回马望①北而走。猛然撞着黑旋风，踊身便到，轮动双斧，早砍翻马脚。

　　祝龙措手不及，倒撞下来。被李逵只一斧，把头劈翻在地。祝彪见庄兵走来报知，不敢回，直望扈家庄投奔。被扈成叫庄客捉了，绑缚下，正解将来见宋江。恰好遇着李逵，只一斧砍翻祝彪头来。庄客都四散走了。李逵再轮起双斧，便看着扈成砍来。扈成见局面不好，拍马落荒而走，弃家逃命，投延安府去了。后来中兴内，也做了个军官武将。且说李逵正杀得手顺，直抢入扈家庄里，把扈太公一门老幼，尽数杀了，不留一个。叫小喽罗牵了有的马匹，把庄里一应有的财赋，捎搭②有四五十驮，将庄院门一把火烧了。却回来献纳。

　　　　《水浒传》第五十回《吴学究双用连环计　宋公明三打祝家庄》（节选）

────────────────

① 望：向，对着。
② 捎搭：装载。

知己知彼，百战不殆

　　《孙子兵法》是中国古典军事文化遗产中的璀璨瑰宝，是中国优秀文化传统的重要组成部分。这部著作总结了春秋以前战争胜负的许多经验，具有朴素辩证法的观点，是兵家必读之书。作者为春秋末年的齐国人孙武（公元前545—公元前470）。

　　本文出自《孙子·谋攻篇》。"知己知彼，百战不殆"，可谓孙子兵法最光辉的军事思想，它始终贯穿于《孙子兵法》之中。何谓"知己"，知胜有五，对自身条件的严格审查和分析，这样才能做好客观的分析，才能知道我方的军事优势何在，以此进行谋略和战术安排。何谓"知彼"，知彼即对敌方的力量能进行深入的了解，分析敌人的优势和劣势，以做到避强击弱，因敌谋略，采取不同的应战方案。所谓"知己知彼"即为了"运筹于帷幄之中"，以"决胜于千里之外"。"智取生辰纲"中吴用所用的计谋生动地诠释了"知己知彼，百战不殆"的精妙内涵。吴用是在了解杨志的性格特点并分析自身优势的基础上有针对性地制定出计谋，因此晁盖等人才能成功地夺取生辰纲。阅读本文时，可以初步了解"知己知彼，百战不殆"这一战略思想，并思考它所蕴含的丰富内涵。

　　孙子曰：夫用兵之法，全国①为上，破国次之；全军为上，破军次之；全旅为上，破旅次之；全卒为上，破卒次之；全伍为上，破伍次之②。是故百战百胜，非善之善者也；不战而屈人之兵，善之善者也。

　　故上兵伐谋③，其次伐交，其次伐兵，其下攻城。攻城之法，为不得已。修橹轒辒④，具器械，三月而后成，距堙，又三月而后已。将不胜其忿而蚁附⑤之，杀士卒

---

① 全国：指完整地占有别国的领土。全，完整、完全，这里作动词，指完全地占有。
② 军：春秋时期的军队编制，每军为12500人。旅：春秋时期军队的编制，每旅为500人。卒：春秋时期军队的编制，每卒为100人。伍：春秋时期军队的编制，每伍为100人。
③ 上兵伐谋：上，上等最好的。兵，指用兵方法。伐，攻击。谋，计谋。
④ 修橹：修，建造。橹，一种用藤草制成的大盾牌；一种用桃木制成四周用牛皮遮蔽的大型攻城战车。轒辒（fén wēn）：古代的战车。用于攻城。
⑤ 蚁附：蚁，蚂蚁。附，依附。

三分之一而城不拔者，此攻之灾也。

故善用兵者，屈人之兵而非战也，拔人之城而非攻也，毁人之国而非久①也，必以全争于天下②，故兵不顿③，而利可全，此谋攻④之法也。

故用兵之法，十则围之⑤，五则攻之，倍则分之，敌则能战之，少则能逃之，不若则能避之。故小敌之坚⑥，大敌之擒⑦也。

夫将者，国⑧之辅也，辅周则国必强，辅隙则国必弱。

故君之所以患于军者三：不知军之不可以进而谓之进，不知军之不可以退而谓之退，是谓縻军⑨。不知三军之事而同三军之政⑩者，则军士惑矣。不知三军之权而同三军之任，则军士疑矣。三军既惑且疑，则诸侯之难至矣。是谓乱军引胜。

故知胜有五：知可以战与不可以战者胜，识⑪众寡⑫之用者胜，上下同欲⑬者胜，以虞⑭待不虞者胜，将能⑮而君不御⑯者胜。此五者，知胜之道也。

故曰：知彼知己，百战不殆⑰；不知彼而知己，一胜一负；不知彼不知己，每战必败。

《孙子兵法·谋攻篇》

————————————

① 久：这里指旷日持久的战争。
② 必以全争于天下：这里指的是对敌国的全国、全军、全旅、全卒、全伍的胜利。
③ 顿：通"钝"，疲惫、挫折。
④ 谋攻：用计谋进行攻伐。
⑤ 十则围之：十，这里指的是十倍。围，包围。
⑥ 坚：坚固，引申为硬拼。
⑦ 大敌之擒：战争中兵力强大的一方。
⑧ 国：这里指国君。
⑨ 縻军：縻，羁縻。指束缚军队的行动。
⑩ 三军之政：三军，指我国古代作战设置的上、中、下或左、中、右三军，亦可泛指军队。政，指政务。
⑪ 识：懂。
⑫ 众寡：指兵力多少。
⑬ 同欲：意愿一致，指齐心协力。
⑭ 虞：有准备。
⑮ 能：有才能。
⑯ 御：原意为驾御，这里指牵制、制约。
⑰ 殆：危险、失败。

铁血柔情

历史上人们对曹操的评价莫衷一是。罗贯中的《三国演义》以尊刘贬曹为核心，将曹操塑造成一个自私忌才、奸诈残酷的奸雄形象。曹操杀死杨修，其奸猾老练的御下之道可见一斑。然而《三国演义》作为文学作品，其中包含作者罗贯中的个人感情以及对千百年来传闻的穿凿附会，文学色彩明显，不合历史事实之处在所难免。曹操的性格极为矛盾，有狠毒、睚眦必报的一面，也有温情的一面，曹操愧对丁夫人，就表现出他对亲人温情的一面，这是一种毫无功利的情感流露。

陈寿的《三国志》为正史，比较客观地刻画了曹操的形象，对曹操做出了很高的评价。写作目的和观察角度不同，曹操形象在不同时代被赋予不同的文化色彩。这时候，我们需要思考一个问题：如何评价曹操其人和小说中的曹操形象？希望同学们将《三国演义》与《三国志》进行对比阅读，从客观的角度评价曹操这一人物形象，这不仅有助于加深对曹操文学形象和历史形象的理解和认识，也有助于我们以慎重的态度和辩证思维进一步研究、评价历史小说中的人物形象。

太祖始有丁夫人①，又刘夫人②生子修③及清河长公主。刘早终，丁养子修。子修亡于穰，丁常言："将我儿杀之，都不复念！"遂哭泣无节④。太祖忿⑤之，遣归家，

---

① 丁夫人：曹操的正室，曹操长子曹昂的养母。因养子之死与曹操决裂，后来两人离异。丁夫人去世后，葬在许都城南。

② 刘夫人：刘氏，曹操的妻妾，生有曹昂、曹铄和清河长公主。不久病亡，长子曹昂由正室丁夫人抚养。

③ 子修：曹昂，曹操的嫡长子，字子修，建安二年（197）年随曹操出征张绣，因张绣突然袭击，曹昂为救曹操负责断后，与大将典韦一同战死于宛城。魏文帝黄初二年（221），追封丰悼公，黄初五年（224）又进一步被追封为丰悼王。太和三年（229）年改谥愍王。

④ 节：节制。

⑤ 忿：生气，愤怒。

欲其意折 ①。后太祖就见之，夫人方织，外人传云"公至"，夫人踞机如故。太祖到，抚其背曰："顾我共载 ② 归乎！"夫人不顾，又不应。太祖却行 ③，立于户外，复云："得无尚可邪 ④！"遂不应，太祖曰："真诀 ⑤ 矣。"遂与绝，欲其家嫁之，其家不敢。

初，丁夫人既为嫡，加有子修，丁视后母子不足 ⑥。后为继室 ⑦，不念旧恶，因太祖出行，常四时使人馈遗，又私迎之，延以正坐而己下之 ⑧，迎来送去，有如昔日。丁谢曰："废放之人，夫人何能常尔邪！"其后丁亡，后请太祖殡葬，许之，乃葬许城南。后太祖病困，自虑不起，叹曰："我前后行意，于心未曾有所负也。假令死而有灵，子修若问'我母所在'，我将何辞以答！"

裴松之注《三国志》引《魏略》

汉末，天下大乱，雄豪并起，而袁绍虎视四州，强盛莫敌。太祖运筹演谋，鞭挞宇内 ⑨，揽申、商之法术 ⑩，该韩、白之奇策 ⑪，官方授材 ⑫，各因其器，矫情任

---

① 欲其意折：指想让她屈服。

② 载：动词，坐车。

③ 却行：准备离开。

④ 得无：莫不是。整句话的意思是，真的不行吗？

⑤ 诀：诀别。

⑥ 足：作形容词，满足。这里指对卞夫人和其子女态度恶劣。

⑦ 继室：原配死后，侍妾扶正称继室。建安二十四年（219）卞夫人成为王后。卞氏（武宣卞皇后），本为倡家，后为曹操所喜爱，之后又因丁氏的离异、刘氏之亡，就让卞氏做了正室，生有曹丕、曹植、曹彰、曹熊四子。

⑧ 延以正坐而己下之：意为还像以前那样，卞夫人自己坐下位而丁夫人坐正位。

⑨ 鞭挞宇内：喻以武力征服天下。鞭挞，鞭打。

⑩ 能：有才能。

⑪ 能：有才能。

⑫ 能：有才能。

算^①，不念旧恶，终能总御皇机^②，克成洪业者，惟其明略最优也。抑^③可谓非常之人，超世之杰矣。

《三国志·魏书·武帝纪》

---

① 矫情：掩饰真情。任算：施用计谋。
② 皇机：皇朝大权。
③ 抑：语气词。

此非智勇名将也

杨修作为曹操的谋臣，为人恃才放旷，数犯曹操之忌而执迷不悟，尤其参与夺嫡之争更是犯了古代皇室权力之争中的大忌，最终使得曹操恶之杀之。杨修可以说是聪明反被聪明误，而在《三国演义》中，同样有类似的人物存在。三国曹魏中期的大司马曹休自恃智谋超群、精通军事，后被吴国鄱阳太守周鲂剪发诈降，军队损失惨重，从此曹休一蹶不振，郁郁而终。他们的故事不免令人唏嘘，也给我们以启示：纵为才俊，也要懂得审时度势，切忌恃才傲物，锋芒毕露，忘乎所以。

却说献计者，乃尚书孙资也。曹睿问曰："卿有何妙计？"资奏曰："昔太祖武皇帝收张鲁时，危而后济 [1]；常对群臣曰：'南郑之地，真为天狱 [2]。'中斜谷道为五百里石穴，非用武之地。今若尽起天下之兵伐蜀，则东吴又将入寇。不如以现在之兵，分命大将据守险要，养精蓄锐。不过数年，中国日盛，吴、蜀二国必自相残害：那时图之，岂非胜算？乞陛下裁之。"睿乃问司马懿曰："此论若何？"懿奏曰："孙尚书所言极当。"睿从之，命懿分拨诸将守把险要，留郭淮、张郃守长安。大赏三军，驾回洛阳。

却说孔明回到汉中，计点军士，只少赵云、邓芝，心中甚忧；乃令关兴、张苞，各引一军接应。二人正欲起身，忽报赵云、邓芝到来，并不曾折一人一骑；辎重等器，亦无遗失。孔明大喜，亲引诸将出迎。赵云慌忙下马伏地曰："败军之将，何劳丞相远接？"孔明急扶起，执手而言曰："是吾不识贤愚，以致如此！各处兵将败损，惟子龙不折一人一骑，何也？"邓芝告曰："某引兵先行，子龙独自断后，斩将立功，敌人惊怕，因此军资什物，不曾遗弃。"孔明曰："真将军也！"遂取金五十

---

[1] 危而后济：到了十分危险的时候再给予救助。危：危险，危急；济：接济。
[2] 天狱：天然的牢狱。形容地势险恶，出入都极为困难。

斤以赠赵云，又取绢一万匹赏云部卒。云辞曰："三军无尺寸之功，某等俱各有罪；若反受赏，乃丞相赏罚不明也。且请寄库，候今冬赐与诸军未迟。"孔明叹曰："先帝在日，常称子龙之德，今果如此！"乃倍加钦敬。

忽报马谡、王平、魏延、高翔至。孔明先唤王平入帐，责之曰："吾令汝同马谡守街亭，汝何不谏之，致使失事？"平曰："某再三相劝，要在当道筑土城，安营守把。参军大怒不从，某因此自引五千军离山十里下寨。魏兵骤至，把山四面围合，某引兵冲杀十余次，皆不能入。次日土崩瓦解，降者无数。某孤军难立，故投魏文长求救。半途又被魏兵困在山谷之中，某奋死杀出。比及归寨，早被魏兵占了。及投列柳城时，路逢高翔，遂分兵三路去劫魏寨，指望克复街亭。因见街亭并无伏路军，以此心疑。登高望之，只见魏延、高翔被魏兵围住，某即杀入重围，救出二将，就同参军并在一处。某恐失却阳平关，因此急来回守。非某之不谏也。丞相不信，可问各部将校。"孔明喝退，又唤马谡入帐。谡自缚跪于帐前。孔明变色曰："汝自幼饱读兵书，熟谙战法。吾累次丁宁告戒：街亭是吾根本。汝以全家之命，领此重任。汝若早听王平之言，岂有此祸？今败军折将，失地陷城，皆汝之过也！若不明正军律，何以服众？汝今犯法，休得怨吾。汝死之后，汝之家小，吾按月给与禄粮，汝不必挂心。"叱左右推出斩之。谡泣曰："丞相视某如子，某以丞相为父。某之死罪，实已难逃；愿丞相思舜帝殛鲧用禹①之义，某虽死亦无恨于九泉！"言讫大哭。孔明挥泪曰："吾与汝义同兄弟，汝之子即吾之子也，不必多嘱。"左右推出马谡于辕门之外，将斩。参军蒋琬自成都至，见武士欲斩马谡，大惊，高叫："留人！"入见孔明曰："昔楚杀得臣而文公喜②。今天下未定，而戮智谋之臣，岂不可惜乎？"孔明流涕而答曰："昔孙武所以能制胜于天下者，用法明也。今四方分争，兵戈方始，若复废法，何以讨贼耶？合当斩之。"须臾，武士献马谡首级于阶下。孔明大哭不已。蒋琬问曰："今幼常得罪，既正军法，丞相何故哭耶？"孔明曰："吾非为马谡而哭。吾想先帝在

---

① 舜帝殛鲧用禹：相传鲧治水失败，舜帝杀鲧，又用鲧的儿子禹去治水，终成大功。
② 楚杀得臣而文公喜：成得臣是楚国的大将，由于对晋战争失利，回国被迫自杀。晋文公听到这个消息，大为高兴。

白帝城临危之时，曾嘱吾曰："马谡言过其实，不可大用。"今果应此言。乃深恨己之不明，追思先帝之言，因此痛哭耳！"大小将士，无不流涕。马谡亡年三十九岁，时建兴六年夏五月也。后人有诗曰：

失守街亭罪不轻，堪嗟马谡枉谈兵。辕门斩首严军法，拭泪犹思先帝明。

却说孔明斩了马谡，将首级遍示各营已毕，用线缝在尸上，具棺葬之，自修祭文享祀；将谡家小加意抚恤，按月给与禄米。于是孔明自作表文，令蒋琬申奏后主，请自贬丞相之职。琬回成都，入见后主，进上孔明表章。后主拆视之。表曰：

臣本庸才，叨窃非据，亲秉旄钺，以励三军。不能训章明法，临事而惧，至有街亭违命之阙，箕谷不戒之失。咎皆在臣，授任无方。臣明不知人，恤事多暗。《春秋》责帅，臣职是当。请自贬三等，以督厥咎。臣不胜惭愧，俯伏待命！

后主览毕曰："胜负兵家常事，丞相何出此言？"侍中费祎奏曰："臣闻治国者，必以奉法为重。法若不行，何以服人？丞相败绩，自行贬降，正其宜也。"后主从之，乃诏贬孔明为右将军，行丞相事，照旧总督军马，就命费祎赍诏到汉中。孔明受诏贬降讫，祎恐孔明羞赧，乃贺曰："蜀中之民，知丞相初拔四县，深以为喜。"孔明变色曰："是何言也！得而复失，与不得同。公以此贺我，实足使我愧赧耳。"祎又曰："近闻丞相得姜维，天子甚喜。"孔明怒曰："兵败师还，不曾夺得寸土，此吾之大罪也。量得一姜维，于魏何损？"祎又曰："丞相现统雄师数十万，可再伐魏乎？"孔明曰："昔大军屯于祁山、箕谷之时，我兵多于贼兵，而不能破贼，反为贼所破：此病不在兵之多寡，在主将耳。今欲减兵省将，明罚思过，较变通之道于将来；如其不然，虽兵多何用？自今以后，诸人有远虑于国者，但勤攻吾之阙，责吾之短，则事可定，贼可灭，功可翘足而待矣。"费祎诸将皆服其论。费祎自回成都。孔明在汉中，惜军爱民，励兵讲武，置造攻城渡水之器，聚积粮草，预备战筏，以为后图。细作探知，报入洛阳。

魏主曹睿闻知，即召司马懿商议收川之策。懿曰："蜀未可攻也。方今天道亢炎，蜀兵必不出；若我军深入其地，彼守其险要，急切难下。"睿曰："倘蜀兵再来入寇，如之奈何？"懿曰："臣已算定今番诸葛亮必效韩信暗度陈仓^①之计。臣举一人往陈仓道口，筑城守御，万无一失：此人身长九尺，猿臂善射，深有谋略。若诸葛亮入寇，此人足可当之。"睿大喜，问曰："此何人也？"懿奏曰："乃太原人，姓郝，名昭，字伯道，现为杂号将军，镇守河西。"

睿从之，加郝昭为镇西将军，命守把陈仓道口，遣使持诏去讫。忽报扬州司马大都督曹休上表，说东吴鄱阳太守周鲂，愿以郡来降，密遣人陈言七事，说东吴可破，乞早发兵取之。睿就御床上展开，与司马懿同观。懿奏曰："此言极有理，吴当灭矣！臣愿引一军往助曹休。"忽班中一人进曰："吴人之言，反覆不一，未可深信。周鲂智谋之士，必不肯降，此特诱兵之诡计也。"众视之，乃建威将军贾逵也。懿曰："此言亦不可不听，机会亦不可错失。"魏主曰："仲达可与贾逵同助曹休。"二人领命去讫。于是曹休引大军径取皖城；贾逵引前将军满宠、东莞太守胡质，径取阳城，直向东关；司马懿引本部军径取江陵。

却说吴主孙权，在武昌东关，会多官商议曰："今有鄱阳太守周鲂密表，奏称魏扬州都督曹休有入寇之意。今鲂诈施诡计，暗陈七事，引诱魏兵深入重地，可设伏兵擒之。今魏兵分三路而来，诸卿有何高见？"顾雍进曰："此大任非陆伯言不敢当也。"权大喜，乃召陆逊，封为辅国大将军、平北都元帅，统御林大兵，摄行王事；授以白旄黄钺，文武百官，皆听约束。权亲自与逊执鞭。逊领命谢恩毕，乃保二人为左右都督，分兵以迎三道。权问何人。逊曰："奋威将军朱桓，绥南将军全琮，二人可为辅佐。"权从之，即命朱桓为左都督，全琮为右都督，于是陆逊总率江南八十一州并荆湖之众七十余万，令朱桓在左，全琮在右。逊自居中，三路进兵。朱桓献策曰："曹休以亲见任，非智勇之将也。今听周鲂诱言，深入重地，元帅以兵击之，曹休必败。败后必走两条路：左乃夹石，右乃挂车。此二条路，皆山僻小径，最为险峻。某愿与全子璜各引一军，伏于山险，先以柴木大石塞断其路，曹休可擒矣。若擒了曹休，便长驱直进，唾手而得寿春，以窥许、洛，此万世一时也。"逊曰："此

---

① 暗度陈仓：陈仓，地名，在今陕西省境。刘邦将进兵攻打项羽，韩信设计——表面上去找修栈道的道路，以转移对方的注意力；暗中却将兵马偷过陈仓。

非善策，吾自有妙用。"于是朱桓怀不平而退。逊令诸葛瑾等拒守江陵，以敌司马懿。诸路俱各调拨停当。

却说曹休兵临皖城，周鲂来迎，径到曹休帐下。休问曰："近得足下之书，所陈七事，深为有理，奏闻天子，故起大军三路进发。若得江东之地，足下之功不小。有人言足下多谋，诚恐所言不实。吾料足下必不欺我。"周鲂大哭，急掣从人所佩剑欲自刎。休急止之。鲂仗剑而言曰："吾所陈七事，恨不能吐出心肝。今反生疑，必有吴人使反间之计也。若听其言，吾必死矣。吾之忠心，惟天可表！"言讫，又欲自刎。曹休大惊，慌忙抱住曰："吾戏言耳，足下何故如此！"鲂乃用剑割发掷于地曰："吾以忠心待公，公以吾为戏，吾割父母所遗之发，以表此心！"曹休乃深信之，设宴相待。席罢，周鲂辞去。忽报建威将军贾逵来见，休令入，问曰："汝此来何为？"逵曰："某料东吴之兵，必尽屯于皖城。都督不可轻进，待某两下夹攻，贼兵可破矣。"休怒曰："汝欲夺吾功耶？"逵曰："又闻周鲂截发为誓，此乃诈也，昔要离断臂，刺杀庆忌。未可深信。"休大怒曰："吾正欲进兵，汝何出此言以慢军心！"叱左右推出斩之。众将告曰："未及进兵，先斩大将，于军不利。且乞暂免。"休从之，将贾逵兵留在寨中调用，自引一军来取东关。时周鲂听知贾逵削去兵权，暗喜曰："曹休若用贾逵之言，则东吴败矣！今天使我成功也！"即遣人密到皖城，报知陆逊。逊唤诸将听令曰："前面石亭，虽是山路，足可埋伏。早先去占石亭阔处，布成阵势，以待魏军。"遂令徐盛为先锋，引兵前进。

却说曹休命周鲂引兵而进，正行间，休问曰："前至何处？"鲂曰："前面石亭也，堪以屯兵。"休从之，遂率大军并车仗等器，尽赴石亭驻扎。次日，哨马报道："前面吴兵不知多少，据住山口。"休大惊曰："周鲂言无兵，为何有准备？"急寻鲂问之。人报周鲂引数十人，不知何处去了。休大悔曰："吾中贼之计矣！虽然如此，亦不足惧！"遂令大将张普为先锋，引数千兵来与吴兵交战。两阵对圆，张普出马骂曰："贼将早降！"徐盛出马相迎。战无数合，普抵敌不住，勒马收兵，回见曹休，言徐盛勇不可当。休曰："吾当以奇兵胜之。"就令张普引二万军伏于石亭之南，又令薛乔引二万军伏于石亭之北。"明日吾自引一千兵搦战，却佯输诈败，诱到北山之前，放炮为号，三面夹攻，必获大胜。"二将受计，各引二万军到晚埋伏去了。

却说陆逊唤朱桓、全琮分付曰："汝二人各引三万军，从石亭山路抄到曹休寨后，放火为号；吾亲率大军从中路而进，可擒曹休也。"当日黄昏，二将受计引兵而进。二更时分，朱桓引一军正抄到魏寨后，迎着张普伏兵。普不知是吴兵，径来问时，被朱桓一刀斩于马下。魏兵便走。桓令后军放火。全琮引一军抄到魏寨后，正撞在薛乔阵里，就那里大杀一阵。薛乔败走，魏兵大损，奔回本寨。后面朱桓、全琮两路杀来。曹休寨中大乱，自相冲击。休慌上马，望夹石道奔走。徐盛引大队军马，从正路杀来。魏兵死者不可胜数，逃命者尽弃衣甲。曹休大惊，在夹石道中奋力奔走。忽见一彪军从小路冲出，为首大将，乃贾逵也。休惊慌少息，自愧曰："吾不用公言，果遭此败！"逵曰："都督可速出此道。若被吴兵以木石塞断，吾等皆危矣！"于是曹休骤马而行，贾逵断后。逵于林木盛茂处，及险峻小径，多设旌旗以为疑兵。及至徐盛赶到，见山坡下闪出旗角，疑有埋伏，不敢追赶，收兵而回。因此救了曹休。司马懿听知休败，亦引兵退去。

却说陆逊正望捷音，须臾，徐盛、朱桓、全琮皆到。所得车仗、牛马、驴骡、军资、器械，不计其数，降兵数万余人。逊大喜，即同太守周鲂并诸将班师还吴。吴主孙权，领文武官僚出武昌城迎接，以御盖覆逊而入。诸将尽皆升赏。权见周鲂无发，慰劳曰："卿断发成此大事，功名当书于竹帛也。"即封周鲂为关内侯；大设筵会，劳军庆贺。陆逊奏曰："今曹休大败，魏已丧胆，可修国书，遣使入川，教诸葛亮进兵攻之。"权从其言，遂遣使赍书入川去。正是：只因东国能施计，致令西川又动兵。

《三国演义》第九十六回《孔明挥泪斩马谡　周鲂断发赚曹休》

诗者，吟咏情性也

《香菱学诗》一文中，香菱向黛玉请教如何作诗，黛玉道："第一立意要紧。若意趣真了，连词句不用修饰，自是好的，这叫做'不以词害意'。"这正是曹雪芹借黛玉之口表达的对于作诗的看法。而在严羽的《沧浪诗话》中，同样也包含着他对学诗作诗的一些见解。两者的观点相近，但都有各自独到之处，可以相互补充。

　　夫学诗者以识为主，入门须正，立志须高，以汉魏晋盛唐为师，不作开元天宝以下人物。若自退屈，即有下劣诗魔入其肺腑之间，由立志之不高也。行有未至，可加工力；路头一差，愈骛愈远，由入门之不正也。故曰：学其上，仅得其中；学其中，斯为下矣。又曰：见过于师，仅堪传授；见与师齐，减师半德也。工夫须从上做下，不可从下做上，先须熟读《楚辞》，朝夕讽咏，以为之本；及读古诗十九首、乐府四篇、李陵苏武汉魏五言，皆须熟读，即以李杜二集枕藉观之，如今人之治经。然后博取盛唐名家酝酿胸中，久之自然悟入。虽学之不至，亦不失正路。

　　……

　　夫诗有别材，非关书也；诗有别趣，非关理也。然非多读书、多穷理，则不能极其至，所谓不涉理路、不落言筌者，上也。诗者，吟咏情性也。盛唐诸人惟在兴趣，羚羊挂角，无迹可求。故其妙处，透彻玲珑，不可凑泊，如空中之音、相中之色、水中之月、镜中之象，言有尽而意无穷。近代诸公乃作奇特解会，遂以文字为诗，以才学为诗，以议论为诗，夫岂不工？终非古人之诗也。盖于一唱三叹之音有所歉焉。且其作多务使事，不问兴致，用字必有来历，押韵必有出处，读之反覆终篇，不知着到何在，其末流甚者，叫噪怒张，殊乖忠厚之风，殆以骂詈为诗，诗而至此，可谓一厄也。

......

　　学诗有三节：其初不识好恶，连篇累牍，肆笔而成；既识羞愧，始生畏缩，成之极难；及其透彻，则七纵八横，信手拈来，头头是道矣。看诗须着金刚眼睛，庶不眩于旁门小法（禅家有金刚眼睛之说）。辨家数如辨苍白，方可言诗（荆公评文章，先体制而后文之工拙）。诗之是非不必争，试以己诗置之古人诗中，与识者观之而不能辨，则真古人矣。

南宋·严羽《沧浪诗话》

妙玉沏茶

"根并荷花一茎香，平生遭际实堪伤。"香菱本为官宦人家的小姐，聪慧灵秀，一朝被拐，孤苦伶仃，沦落为奴仆。在大观园中，喜得黛玉授诗，香菱为学诗茶饭不思，苦心孤诣终于梦中得诗。香菱之美，尽表于一"痴"字之中。

"太高人愈妒，过洁世同嫌。"妙玉原也是仕宦人家小姐，因自小多病，故出家带发修行，虽入空门，但也难逃尘缘二字。妙玉性爱洁，"老妪只污得一杯，见而勿用"①。其出尘之癖，趋于极致，世人少有能入其眼者。香菱之美，在于其"痴"，而妙玉之节，则尽在其"癖"。

当下贾母等吃过茶，又带了刘姥姥至栊翠庵来。妙玉忙接了进去。至院中，只见花木繁盛。贾母笑道："到底是他们修行的人没事常常修理，比别处的越发好看。"一面说，一面便往东禅堂②来。妙玉笑往里让。贾母道："我们才都吃了酒肉，你这里头有菩萨，冲了罪过。我们这里坐坐，把你的好茶拿来我们吃一杯就去了。"妙玉听了，忙去烹了茶来。

宝玉留神看他怎么行事。只见妙玉亲自捧了一个海棠花式雕漆填金云龙献寿的小茶盘，里面放一个成窑③五彩泥金小盖钟④，奉与贾母。贾母道："我不吃六安茶⑤。"妙玉笑说："知道。这是老君眉⑥。"贾母接了，又问是什么水，妙玉笑回：

① 引自《脂砚斋重评石头记》第七十七回。
② 禅堂：尤言佛堂，僧尼参禅礼佛的地方。
③ 成窑：指明代成华年间官窑所出的瓷器，以五彩者为上。
④ 盖钟：有盖的小杯。钟，同"盅"。
⑤ 六安：产于安徽六安市。明代屠隆《考槃余事》中写到六安茶"品亦精，入药最效。但不善炒，不能发香，而味苦，茶之本性实佳"。
⑥ 老君眉：湖南洞庭湖君山所产的白毫银针茶，精选嫩芽制成，满布毫毛，香气高爽，其味甘醇，形如长眉，故名"老君眉"。

"是旧年蠲①的雨水。"贾母便吃了半盏，便笑着递与刘姥姥，说："你尝尝这个茶。"刘姥姥接来一口吃尽，笑道："好是好，就只淡些，再熬浓些更好了。"贾母众人都笑起来。然后众人都是一色官窑脱胎填白盖碗②。

那妙玉便把宝钗和黛玉的衣襟一拉，二人随他出去。宝玉悄悄的随后跟了来。只见妙玉让他二人在耳房内，宝钗坐在榻上，黛玉便坐在妙玉的蒲团上。妙玉自向风炉上煽滚了水，另泡一壶茶。宝玉便走了进来，笑道："偏你们吃梯己茶呢。"二人都笑道："你又赶了来餐③茶吃。这里并没你的。"妙玉刚要去取杯，只见道婆收了上面的茶盏来。妙玉忙命："将那成窑的茶杯别收了，搁在外头去罢。"宝玉会意，知为刘姥姥吃了，他嫌脏不要了。

又见妙玉另拿出两只杯来。一个傍边有一耳，杯上镌着"瓟斝④"三个隶字，后有一行小真字是"晋王恺珍玩⑤"，又有"宋元丰五年四月眉山苏轼见于秘府⑥"一行小字。妙玉便斟了一斝，递与宝钗。那一只形似钵而小，也有三个垂珠篆字⑦，镌着"杏犀㸱⑧"。妙玉斟了一㸱与黛玉。仍将前番自己常日吃茶的那只绿玉斗来斟与宝玉。

宝玉笑道："常言'世法平等'⑨，他两个就用那样古玩奇珍，我就是个俗器了。"妙玉道："这是俗器？不是我说狂话，只怕你家里未必找的出这么一个俗器来呢。"宝玉笑道："俗说'随乡入乡'，到了你这里，自然把那金玉珠宝一概贬为俗器了。"妙玉听如此说，十分欢喜，遂又寻出一只九曲十环一百二十节蟠⑩虬整雕竹根的一个

---

① 蠲（juān）：通"涓"，清洁。这里是密闭封存使之澄清的意思。
② 官窑脱胎填白盖碗：一种名贵的青瓷盖碗。脱胎：凸印团花，刷以深浅不一的豆青色玛瑙釉，光润明亮，视之若无胎骨，故称"脱胎"，始制于宋代汝州青器窑，后来的官窑亦有仿制品。
③ 餐（cí）：本当作"觊"，窃视之意，引申为伺机讨要，沾光、揩油。
④ 瓟斝（banpáo）：瓟瓟均葫芦类。斝（jiǎ）：饮器。
⑤ 王恺：晋代著名的富豪，喜蓄珍奇宝物。这里所谓的"王恺珍玩"和下文"苏轼见于秘府"等语，乃小说家言，意在写其珍贵。
⑥ 秘府：又称秘阁，古代宫廷中藏图书秘珍的地方。
⑦ 垂珠篆字：相传为汉郎中曹喜所创，笔画断续成小点，犹如串串垂珠或点点轻露，故名。
⑧ 杏犀㸱（qiáo）：犀牛角做成的饮器。
⑨ 世法平等：佛家语。即平等地对待世间的一切事物。
⑩ 蟠：盘曲。

大盉①出来，笑道："就剩了这一个，你可吃的了这一海？②"宝玉喜的忙道："吃的了。"
妙玉笑道："你虽吃的了，也没这些茶糟蹋。岂不闻一杯为品，二杯即是解渴的蠢
物，三杯便是饮牛饮骡了。你吃这一海，便成什么？"说的宝钗、黛玉、宝玉都笑
了。妙玉执壶，只向海内斟了约有一杯。宝玉细细吃了，果觉轻浮③无比，赏赞不绝。
妙玉正色道："你这遭吃的茶，是托他两个的福。独你来了，我是不能给你吃的。"
宝玉笑道："我深知道的。我也不领你的情，只谢他二人便是了。"妙玉听了，方说：
"这话明白。"

黛玉因问道："这也是旧年的雨水？"妙玉冷笑道："你这么个人，竟是大俗人，
连水也尝不出来。这是五年前我在玄墓④蟠香寺住着，收的梅花上的雪，共得了那鬼
脸青⑤的花磁瓮一瓮，总舍不得吃，埋在地下。今年夏天才开了，我只吃过一回，这
是第二回了。你怎么尝不出来？隔年蠲的雨水，那有这样轻浮，如何吃得！"黛玉
知他天性怪僻，不好多话，亦不好多坐，吃过茶，便约着宝钗走了出来。

宝玉也随出来，和妙玉陪笑道："那茶杯虽然脏了，白撂了岂不可惜。依我说，
不如就给那贫婆子罢，他卖了也可以度日。你道可使得？"妙玉听了，想了一想，
点头说道："这也罢了。幸而那杯子是我没吃过的；若我吃过的，我就砸碎了也不
能给他。你要给他，我也不管，我只交给你，快拿了去罢。"宝玉笑道："自然如此。
你那里和他说话授受去，越发连你也脏了。只交与我就是了。"妙玉便命人拿来，
递与宝玉。宝玉接了，又道："等我们出去了，我叫几个小幺儿来，河里打几桶水
来洗地，如何？"妙玉笑道："这更好了。只是你嘱咐他们抬了水，只搁在山门外
头墙根下，别进门来。"宝玉道："这是自然的。"说着，便袖了那杯出来，递与
贾母房中小丫头拿着，说："明日刘姥姥家去，给他带去罢。"交代明白，贾母已
经出来要回去。妙玉亦不甚留，送出山门，回身便将门闭了。不在话下。

曹雪芹《红楼梦》第四十一回《栊翠庵茶品梅花雪 怡红院劫遇母蝗虫》（节选）

———————————

① 盉（hǎi）：大杯。
② 海：这里指容量大的器皿。今尤称大碗为海碗。
③ 轻浮：言茶味不凡。
④ 玄墓：山名，在今江苏吴县。相传东晋郁泰玄葬此，故名。
⑤ 鬼脸青：一种釉色深青的瓷。

尽心知性

儒家的生死观通常是以人生观为基础，将人之生死统一于人格的完善之中。儒家甚少谈及死亡，更多的是在探讨如何生活才能更好地去履行个人的道德义务，实现道德理想，从而达到儒家所期望的理想的道德人格。孟子作为先秦儒家的代表人物，分别从"仁""义""孝"等角度谈论过人的生死。本文将通过孟子对于天命的初步探讨，更加深入地理解孟子的思想主张，也使得我们对儒家思想，尤其是对儒家生死观中所表达出来的"生勤勉、死安息"的人生态度有更进一步的了解。

孟子曰："尽其心者，知其性也。知其性，则知天矣。存其心，养其性，所以事天也。夭寿①不贰，修身以俟之，所以立命也。"

孟子曰："莫非命也，顺受其正；是故知命者不立乎岩墙②之下。尽其道而死者，正命也；桎梏③死者，非正命也。"

孟子曰："求则得之，舍则失之；是求有益于得也，求在我者也。求之有道，得之有命，是求无益于得也，求在外者也。"

《孟子·尽心上》

---

① 夭寿：短命与长寿。
② 岩墙：就要倾塌的墙。
③ 桎梏：拘禁犯人的刑具。

欲起则祸至

韩非（约公元前280—公元前233），出生于战国末期韩国的都城新郑的一个贵族之家，是中国古代著名的思想家和哲学家，师从荀子，后创立了法家学说，是法家思想的集大成者，世人尊称他为韩非子或韩子越。他作为客居秦国的法家代表人物，备受嬴政赏识，却也因此遭到李斯等人的嫉妒，最终被投入监狱中毒而死。

韩非的思想深邃而超前，他将老子的辩证法、朴素唯物主义融于法家学说之中，所以历史上素有"道生法"一说，而韩非子也被誉为"得老子精髓最多的二人之一"（另一人为庄周），在他的著作《韩非子》中，《解老》《喻老》二篇也是对道家经典《老子》的重要注解与阐释著作。在此篇中，他从《老子》中所讲的人之本欲出发，分析其弊，并以此来劝慰世人。

人有欲，则计会①乱；计会乱，而有欲甚；有欲甚，则邪心胜；邪心胜，则事经绝②；事经绝，则祸难生。由是观之，祸难生于邪心，邪心诱于可欲。可欲之类，进③则教良民为奸，退④则令善人有祸。奸起，则上侵弱君；祸至，则民人多伤。然则可欲之类，上侵弱君而下伤人民。夫上侵弱君而下伤人民者，大罪也。故曰："祸莫大于可欲。"是以圣人不引五色，不淫于声乐；明君贱玩好而去淫丽。

《韩非子·解老》

---

① 会（kuài）：计。
② 经：通"径"。陈奇猷《韩非子集释》："径绝，不按理而行之谓。"
③ 进：进用，引申为提倡。
④ 退：屏退，引申为禁止。

巧言利导

《战国策》一书反映了战国时代的社会风貌，也详细记录了当时谋臣策士的言论和事迹。这些谏客长于说理，善于论辩，他们的言论大胆自由，展示了言语的力量。唐雎是置生死于度外的爱国志士，辩驳了秦王借迁移之名行灭国之实的企图，最终不辱使命。《东周欲为稻》记载了苏秦出使西周游说，成功令西周开水放闸，使东周得以灌溉稻田的历史事件。苏子分析事物的根本，直指对方的要害和关切，句句迎合西周君的心思和利益，使对方心悦诚服，落入苏子的整体战略安排之中。说话需要技巧，让我们去感受这一时期谋臣策士游说谈判的语言艺术。

东周欲为①稻，西周不下水②，东周患③之。苏子④谓东周君曰："臣请使西周下水，可乎？"乃往见西周之君曰："君之谋过矣！今不下水，所以富东周也。今其民皆种麦，无他种矣。君若欲害之，不若⑤一为下水，以病⑥其所种。下水，东周必复种稻；种稻而复夺之。若是，则东周之民可令一仰⑦西周而受命于君矣。"西周君曰："善。"遂下水。苏子亦得两国之金也。

《战国策·东周策·东周欲为稻》

---

① 为：动词，种植。
② 下水：指往下流水。西周居于河流的上游，东周居于河流的下游。
③ 患：忧虑。
④ 苏子：即苏秦。
⑤ 不若：不如。
⑥ 病：败，坏。
⑦ 一仰：都仰仗。一，都，一切。仰，"有望于上则仰"，指仰仗、依靠。

忠勇之士

　　面对秦王的盛怒，唐雎不畏强暴，并以"士之怒"驳斥秦王，专诸、聂政、要离，加上荆轲，此四人正是春秋战国时期的四大刺客。在这一时期，有不少刺客为了国家利益不顾生死，试图行刺君主。在春秋战国早期，也有这么一位置生死于度外的刺客，通过劫持齐桓公，保卫了鲁国的领地。这群刚烈的刺客，令游侠精神得以彰显。

　　曹沫者，鲁人也，以勇力事①鲁庄公。庄公好力。曹沫为鲁将，与齐战，三败北②。鲁庄公惧，乃③献遂邑之地以和④。犹复以为将。齐桓公许与鲁会于柯而盟⑤。

　　桓公于庄公既盟于坛上，曹沫执匕首劫齐桓公，桓公左右莫⑥敢动，而问曰："子将何欲？"曹沫曰："齐强鲁弱，而大国侵鲁亦以甚矣。今鲁城坏即压齐境⑦，君其图⑧之。"桓公乃许尽归鲁之侵地⑨。既以言，曹沫投其匕首，下坛，北面就群臣之位，颜色不变，辞⑩令如故。桓公怒，欲倍其约⑪。管仲曰："不可。夫贪小利以自快，弃信于诸侯，失天下之援，不如与之。"于是桓公乃遂割鲁侵地。曹沫三战所亡⑫地尽复予鲁。

《史记·刺客列传·曹沫传》

① 事：为……做事。
② 三：此指多次。败北：战败而逃。北，败逃。
③ 乃：于是。
④ 遂邑：鲁国的地名。和：求和。
⑤ 盟：结盟。
⑥ 左右：指齐桓公身边的人。莫：没有人。
⑦ 今鲁城坏即压齐境：齐国已经侵占到鲁国的城下了。
⑧ 图：考虑。
⑨ 尽：所有。侵地：被侵占的领土。
⑩ 辞：言语。
⑪ 倍：通"背"，背弃。约：约定。
⑫ 亡：丢失。

失败的英雄

侠之大者，为国为民。若说古代的刺客，无人不知荆轲；若说历史上有名的刺杀案，非"荆轲刺秦"莫属！那么荆轲为什么要刺秦？又为什么失败？他刺秦失败又为何会被传颂至今？真正的勇士不在于杀人，而在于关键时刻能捐躯赴义。荆轲刺秦虽然以失败告终，但是一直被后人传颂，因为荆轲身上彰显了我们这个古老民族的一种血性、刚毅与勇决。

荆轲刺秦王

秦将王翦破赵，虏赵王，尽收其地，进兵北略地，至燕南界。

太子丹恐惧，乃请荆卿曰："秦兵旦暮渡易水，则虽欲长侍足下，岂可得哉？"荆卿曰："微太子言，臣愿得谒之，今行而无信，则秦未可亲也。夫今樊将军，秦王购之金千斤，邑万家。诚能得樊将军首，与燕督亢之地图献秦王，秦王必说见臣，臣乃得有以报太子。"太子曰："樊将军以穷困来归丹，丹不忍以己之私，而伤长者之意，愿足下更虑之！"

荆轲知太子不忍，乃遂私见樊於期，曰："秦之遇将军，可谓深矣。父母宗族，皆为戮没。今闻购将军之首，金千斤，邑万家，将奈何？"樊将军仰天太息流涕曰："吾每念，常痛于骨髓，顾计不知所出耳！"轲曰："今有一言，可以解燕国之患，而报将军之仇者，何如？"樊於期乃前曰："为之奈何？"荆轲曰："愿得将军之首以献秦，秦王必喜而善见臣。臣左手把其袖，而右手揕其胸，然则将军之仇报，而燕国见陵之耻除矣。将军岂有意乎？"樊於期偏袒扼腕而进曰："此臣日夜切齿拊心也,乃今得闻教!"遂自刭。

太子闻之,驰往,伏尸而哭,极哀。既已,无可奈何,乃遂收盛樊於期之首,函封之。

于是太子预求天下之利匕首,得赵人徐夫人之匕首,取之百金,使工以药淬之。以试人,血濡缕,人无不立死者。乃为装遣荆轲。

燕国有勇士秦武阳,年十二,杀人,人不敢与忤视。乃令秦武阳为副。

荆轲有所待,欲与俱,其人居远未来,而为留待。

顷之未发,太子迟之,疑其有改悔,乃复请之曰:"日以尽矣,荆卿岂无意哉?丹请先遣秦武阳!"荆轲怒,叱太子曰:"今日往而不反者,竖子也!今提一匕首入不测之强秦,仆所以留者,待吾客与俱。今太子迟之,请辞决矣!"遂发。

太子及宾客知其事者,皆白衣冠以送之。至易水上,既祖,取道。高渐离击筑,荆轲和而歌,为变徵之声,士皆垂泪涕泣。又前而为歌曰:"风萧萧兮易水寒,壮士一去兮不复还!"复为慷慨羽声,士皆瞋目,发尽上指冠。于是荆轲遂就车而去,终已不顾。

既至秦,持千金之资币物,厚遗秦王宠臣中庶子蒙嘉。

嘉为先言于秦王曰:"燕王诚振怖大王之威,不敢兴兵以拒大王,愿举国为内臣,比诸侯之列,给贡职如郡县,而得奉守先王之宗庙。恐惧不敢自陈,谨斩樊於期头,及献燕之督亢之地图,函封,燕王拜送于庭,使使以闻大王。唯大王命之。"

秦王闻之,大喜。乃朝服,设九宾,见燕使者咸阳宫。

荆轲奉樊於期头函,而秦武阳奉地图匣,以次进。至陛下,秦武阳色变振恐,群臣怪之,荆轲顾笑武阳,前为谢曰:"北蛮夷之鄙人,未尝见天子,故振慑,愿大王少假借之,使毕使于前。"秦王谓轲曰:"起,取武阳所持图!"

轲既取图奉之,发图,图穷而匕首见。因左手把秦王之袖,而右手持匕首揕之。未至身,秦王惊,自引而起,绝袖。拔剑,剑长,操其室。时恐急,剑坚,故不可立拔。

荆轲逐秦王,秦王还柱而走。群臣惊愕,卒起不意,尽失其度。而秦法,群臣侍殿上者,不得持尺兵;诸郎中执兵,皆陈殿下,非有诏不得上。方急时,不及召下兵,

以故荆轲逐 秦王，而卒惶急无以击轲，而乃以手共搏之。

是时，侍医夏无且以其所奉药囊提轲。秦王方还柱走，卒惶急不知所为。左右乃曰："王负剑！王负剑！"遂拔以击荆轲，断其左股。荆轲废，乃引其匕首提秦王，不中，中柱。秦王复击轲，被八创。

轲自知事不就，倚柱而笑，箕踞以骂曰："事所以不成者，乃欲以生劫之，必得约契以报太子也。"

左右既前，斩荆轲。秦王目眩良久。

刘向《战国策》

勤而业精

祖莹，范阳遒（qiú）县（今河北涞水县）人。北魏大臣，著名文学家。自幼喜欢读书，八岁背诵《诗》《书》。因才能超众，受到北魏孝文帝召见，为彭城王府参军。历任散骑侍郎，迁国子祭酒，领黄门侍郎、幽州大中正，监起居注。后除秘书监，以参议律历，赐爵容城县子。以功迁仪同三司，进爵文安县伯。天平二年（535），薨，追赠尚书左仆射、司徒公、冀州刺史。

《三字经》曾说："莹八岁，能咏诗；泌七岁，能赋棋。彼颖悟，人称奇，尔幼学，当效之。"其中的"莹八岁，能咏诗"，就是指祖莹。祖莹并非天生就是智者，德怀特曾说："所谓天才，就是努力的力量。"祖莹通过常人难以承受的努力换来自己汗水凝结的果实，我们或许没有过目不忘的天赋，可是我们却可以进行不断的重复，或许赶路的时间长些，或许路途本身弯曲一些，可是只要我们不驻足，一点点向前，即使是蜗牛也能到达顶点。

祖莹字元珍，范阳遒人也。父季真，位中书侍郎，钜鹿太守。

莹年八岁能诵《诗》《书》，十二为中书学生，好学耽①书，以昼继夜，父母恐②其成疾，禁之不能止。常密于灰中藏火，驱逐僮仆，父母寝睡之后，燃火读书，以衣被蔽塞窗户，恐漏光明，为家人所觉。由是③声誉甚盛，内外亲属呼为圣小儿。尤好属④文，中书监高允每叹曰："此子才器，非诸生所及，终当远至。"时中书博士张天龙讲《尚书》，选为都讲。生徒悉⑤集，莹夜读劳倦，不觉天晓，催讲既切，

---

① 耽：迷恋，沉溺。

② 恐：担心。

③ 由是：因此。

④ 属（zhǔ）：撰著。

⑤ 悉：全，都。

遂误持同房生赵郡李孝怡《曲礼》卷上座。博士严毅，不敢复还，乃置《礼》于前，诵《尚书》三篇，不遗一字。讲罢，孝怡异之，向博士说，举学尽惊。后高祖闻之，召入令诵五经章句，并陈大义，帝嗟赏之。以才名拜[1]太学学士。

《北史·列传第三十五》

---

[1] 拜：授予官职。

人生在勤，不索何获

> 王冕（1287—1359），字元章，号"煮石山农"，亦号"食中翁""梅花屋主"等，浙江诸暨枫桥人，元朝著名画家、诗人、篆刻家。
>
> 有一句老话说得好："书山有路勤为径，学海无涯苦作舟。"这篇《王冕传》便展示了王冕早年好学、求学的经历。王冕作为一个出身农家的孩子，经过自己的苦学，终于成为学识渊博的儒者。让我们一起在文章中感受王冕的勤奋好学，并以此来勉励自己。

王冕者，诸暨①人，七八岁时，父命牧牛陇②上，窃入学舍听诸生诵书，听已，辄③默记，暮归，忘其牛。或牵牛来责蹊田④，父怒，挞⑤之。已而复如初。母曰："儿痴如此，曷⑥不听⑦其所为？"冕因去，依⑧僧寺以居。夜潜出，坐佛膝上，执策⑨映长明灯读之，琅琅达旦⑩。佛像多土偶，狞恶可怖⑪，冕小儿恬⑫若不见。安阳韩性⑬闻而异之，录为弟子，学遂为通儒。性卒，门人事冕如事性。

《王冕传》（节选）

---

① 诸暨：今浙江省诸暨市。
② 陇：通"垄"，田垄。
③ 辄：总是，常常。
④ 蹊田：践踏田地，指踩坏了庄稼。蹊，践踏。
⑤ 挞：鞭打。
⑥ 曷：通"何"，为什么。
⑦ 听：听取，听凭，任凭其。
⑧ 依：依靠，托身。
⑨ 执策：拿着书卷。
⑩ 琅琅达旦：晚上读书一直读到天亮。旦，清晨。达旦，熬夜到天明。
⑪ 狞恶可怖：狰狞凶恶，令人害怕。
⑫ 恬：心神安适。
⑬ 韩性：字明善，绍兴（今属浙江）人，其先居安阳（今属河南）。元代学者，曾被举为教官，不赴。卒后谥庄节先生。著有《礼记说》等书。

悲喜中举事

> 范进看见自己终于中举的报帖时，喜不自禁地昏倒了，醒来后又是拍又是笑，竟然疯了大半。而本篇小说节选中的周进命运也与范进类似，他甚至到六十多岁也没能中举。当失意落魄的他见到考试院中的"号板"时，竟然悲愁上涌，放声大哭，又是昏倒，又是满地打滚，吐出大口鲜血。这样的疯魔癫狂，当然有小说的夸张成分在其中，但是通过这样一种极具刺激性的描写，表现了科举制度对士人们的影响。从极具社会使命感的儒家士人，到《世说新语》中具有魏晋风度的士人，再到为考痴狂的明清士子，"士"形象的变迁，活脱脱是一出人间悲喜剧。

那年却失了馆①，在家日食艰难。一日，他②姊丈③金有余来看他，劝道："老舅，莫怪我说你。这读书求功名的事，料想也是难了。人生世上，难得的是这碗现成饭，只管'稂不稂莠不莠④'的到几时？我如今同了几个大本钱的人到省城去买卖，差一个记帐的人，你不如同我们去走走。你又孤身一人，在客伙内，还是少了你吃的，穿的？"周进听了这话，自己想："'瘫子掉在井里，捞起也是坐。'有甚亏负我？"随即应允了。

金有余择个吉日，同一伙客人起身，来到省城杂货行里住下。周进无事闲着，街上走走。看见纷纷的工匠都说是修理贡院⑤。周进跟到贡院门口，想挨进去看，被看门的大鞭子打了出来。晚间向姊夫说，要去看看。金有余只得用了几个小钱，一

---

① 失了馆：这里指周进先前担任私塾先生的工作，因为他人的恶意中伤等误会而丢了饭碗，失去了糊口的唯一途径。

② 他：指周进。

③ 姊丈：姐夫。

④ 稂（láng）不稂莠（yǒu）不莠：指既不像稂，也不像莠。比喻不成材，没出息。稂、莠：都是形状像禾苗而妨碍禾苗生长的杂草。

⑤ 贡院：是古代会试的考场，即开科取士的地方。

伙客人都也同了去看；又央及行主人领着。行主人走进头门，用了钱的并无拦阻。到了龙门下，行主人指道："周客人，这是相公①们进的门了。"进去两边号房门，行主人指道："这是天字号了，你自进去看看。"周进一进了号，见两块号板②摆得齐齐整整，不觉眼睛里一阵酸酸的，长叹一声，一头撞在号板上，直僵僵不醒人事。只因这一死，有分教③：

累年蹭蹬④，忽然际会风云⑤；终岁凄凉，竟得高悬月旦⑥。

未知周进性命如何，且听下回分解。

话说周进在省城要看贡院，金有余见他真切，只得用几个小钱同他去看。不想才到天字号，就撞死在地下。众人多慌了，只道一时中了恶⑦。行主人道："想是这贡院里久没有人到，阴气重了，故此周客人中了恶。"金有余道："贤东⑧，我扶着他，你且去到做工的那里借口开水来灌他一灌。"行主人应诺，取了水来，三四个客人一齐扶着，灌了下去，喉咙里咯咯的响了一声，吐出一口稠涎来。众人道："好了。"扶着立了起来。周进看着号板，又是一头撞将去。这回不死了，放声大哭起来。众人劝着不住。金有余道："你看，这不是疯了么？好好到贡院来耍，你家又不死了人，为甚么这号啕痛哭是的？"周进也不听见，只管伏着号板哭个不住；一号哭过，又哭到二号、三号；满地打滚，哭了又哭，哭的众人心里都凄惨起来。金有余见不是事，同行主人，一左一右，架着他的膀子。他那里肯起来，哭了一阵，又是一阵，

①相公：即秀才。明清两代，专门用来称府、州、县的学员。
②号板：科举考试时，号子中供生员答卷兼睡觉用的木板。
③有分教：亦作"有分交"。旧小说段终的套语，并提示情节的发展。这里以上是《儒林外史》第二回的内容节选，"且听下回分解"后面是第三回的内容。
④蹭蹬（cèng dèng）：指困顿失意，倒霉倒运。
⑤际会风云：风云，本谓风云各有所从；际会，遇合。像风云那样遇合。比喻有才能之士遭逢时运。亦作"风云际会"
⑥高悬月旦：《后汉书．许劭传》："初，劭与靖（许靖）俱有高名，好共核论乡党人物，每月辄更其品题，故汝南俗有'月旦评'焉。"后以"高悬月旦"比喻主持考试。
⑦中了恶：得暴病。
⑧贤东：对他人主人的敬称。

直哭到口里吐出鲜血来。众人七手八脚将他扛抬了出来，在贡院前一个茶棚子里坐下，劝他吃了一碗茶，犹自索鼻涕，弹眼泪，伤心不止。内中一个客人道："周客人有甚心事？为甚到了这里，这等大哭起来？却是哭得利害。"金有余道："列位老客有所不知。我这舍舅，本来原不是生意人。因他苦读了几十年的书，秀才也不曾做得一个，今日看见贡院，就不觉伤心起来。"自因这一句话道着周进的真心事，于是不顾众人，又放声大哭起来。又一个客人道："论这事，只该怪我们金老客。周相父既是斯文人，为甚么带他出来做这样的事？"金有余道："也只为赤贫之士，又无馆做，没奈何上了这一条路。"又一个客人道："看令舅这个光景，毕竟胸中才学是好的；因没有人识得他，所以受屈到此田地。"金有余道："他才学是有的，怎奈时运不济！"那客人道："监生①也可以进场。周相公既有才学，何不捐他一个监进场？中了，也不枉了今日这一番心事。"金有余道："我也是这般想。只是那里有这一注银子？"此时周进哭的住了。那客人道："这也不难。现放着我这几个兄弟在此，每人拿出几十两银子借与周相公纳监②进场。若中了做官，那在我们这几两银子。就是周相公不还，我们走江湖的人，那里不破掉了几两银子！何况这是好事。你众位意下如何？"众人一齐道："君子成人之美。"又道："见义不为，是为无勇。俺们有甚么不肯？只不知周相公可肯俯就③？"周进道："若得如此，便是重生父母，我周进变驴变马，也要报效！"爬到地下，就磕了几个头。众人还下礼去。金有余也称谢了众人。又吃了几碗茶，周进再不哭了，同众人说说笑笑，回到行里。

次日，四位客人果然备了二百两银子，交与金有余。一切多的使费，都是金有余包办。周进又谢了众人和金有余。行主人替周进备一席酒，请了众位。金有余将着银

---

① 监生：是国子监学生的简称。国子监是明清两代的最高学府，照规定必须贡生或荫生才有资格入监读书。所谓荫生即依靠父祖的官位而取得入监的官僚子弟，此种荫生亦称荫监。监生也可以用钱捐到的，这种监生，通称例监，亦称捐监。

② 纳监：明清科举时代富家子弟纳资为监生。

③ 俯就：降格相就，屈尊下从。

子，上了藩库^①，讨出库收来。正值宗师来省录遗^②，周进就录了个贡监^③首卷。到了八月初八日进头场，见了自己哭的所在，不觉喜出望外。自古道："人逢喜事精神爽"，那七篇文字，做的花团锦簇一般。出了场，仍旧住在行里。金有余同那几个客人还不曾买完了货。直到发榜那日，巍然中了。众人各各欢喜，一齐回到汶上县^④。拜县父母、学师，典史^⑤拿晚生帖子上门来贺，汶上县的人，不是亲的也来认亲，不相与^⑥的也来认相与。忙了个把月。申祥甫听见这事，在薛家集敛了分子，买了四只鸡，五十个蛋和些炒米、欢团^⑦之类，亲自上县来贺喜。周进留他吃了酒饭去。荀老爹贺礼是不消说了。看看上京会试^⑧，盘费、衣服，都是金有余替他设处^⑨。到京会试，又中了进士^⑩，殿在三甲，授了部属^⑪。荏苒三年，升了御史，钦点广东学道^⑫。

《儒林外史》第二回、第三回（节选）

---

① 藩库：清代布政司所属的粮钱储库。

② 录遗：明朝科举考试制度，凡生员参加科考、录科未取，或未参加科考、录科者，可在乡试前补考一次，名为录遗。经录遗录取者亦可参加乡试。

③ 贡监：贡监科举制度中监生名目之一。明清时代以贡生资格入国子监读书的称贡监。

④ 汶上县：周进家乡。

⑤ 典史：中国古代官名，元始置，明清沿置。设于州县，为县令的佐杂官，不入品阶，即"未入流"。

⑥ 相与：相处，相交往。

⑦ 欢团：安徽皖南地区（包括宣城、芜湖等地）的甜品小食。由糯米炒熟烘干膨化后制成，成形的欢团是网球大小的正圆形炒米团，传统欢团上会用特殊的红色染料染印上双喜或其他吉祥喜庆纹样。

⑧ 会试：会试是中国古代科举制度中的中央考试。应考者为各省的举人。

⑨ 设处：安排，处置。

⑩ 进士：元明清时，进士经殿试后，及第者皆赐出身，称进士。且分为三甲：一甲三人，赐进士及第；二、三甲，分赐进士出身、同进士出身。

⑪ 部属：指中央六部各司署的属官。

⑫ 学道：即学政，为古代学官名。提督学政，主管一省教育科举，简称学政，俗称学台，是由朝廷委派到各省主持院试、岁科两试，并督察各地学官和生员的官员。

"一代文人有厄"

科举制度对士人的伤害毋庸置疑，在《儒林外史》第一回中，吴敬梓借王冕观星相这一情节，说出一句"一代文人有厄"的话，即带着作者对科举制度摧毁士人信仰的判断。而这一现象，也与士人们将个人的人生价值与入朝为官相挂钩有关。本文中的王冕却仿佛跳脱出了俗世的评价体系，对功名利禄浑然不在意，甚至在他人邀请他做官时，也是多番逃避。他既不屑于阿附权势，也不愿意追逐富贵金钱，这样的高洁洒脱，确实是个"看得破的"人。

弹指间，过了半年光景。济南府里有几个俗财主，也爱王冕的画，时常要买；又自己不来，遣几个粗夯①小厮，动不动大呼小叫，闹的王冕不得安稳。王冕心不耐烦，就画了一条大牛贴在那里；又题几句诗在上，含着讥刺。也怕从此有口舌，正思量搬移一个地方。

那日清早，才坐在那里，只见许多男女，啼啼哭哭，在街上过。也有挑着锅的，也有箩担内挑着孩子的，一个个面黄肌瘦，衣裳褴褛。过去一阵，又是一阵，把街上都塞满了。也有坐在地上就化钱的。问其所以，都是黄河沿上的州县，被河水决了。田庐房舍，尽行漂没。这是些逃荒的百姓，官府又不管，只得四散觅食。王冕见此光景，过意不去，叹了一口气道："河水北流，天下自此将大乱了。我还在这里做甚么！"将些散碎银子，收拾好了，拴束行李，仍旧回家。入了浙江境，才打听得危素已还朝了，时知县也升任去了；因此放心回家，拜见母亲。看见母亲康健如常，心中欢喜。母亲又向他说秦老许多好处。他慌忙打开行李，取出一匹茧绸，一包耿饼②，拿过去拜谢了秦老。秦老又备酒与他洗尘。自此，王冕依旧吟诗作画，奉养母亲。

①粗夯（hāng）：即粗笨。
②耿饼：又称曹州镜面柿，是山东菏泽地方传统名点。

又过了六年，母亲老病卧床。王冕百方延医调治^①，总不见效。一日，母亲吩咐王冕道："我眼见得不济事了。但这几年来，人都在我耳根前说你的学问有了，该劝你出去作官，作官怕不是荣宗耀祖的事！我看见那些作官的都不得有甚好收场！况你的性情高傲，倘若弄出祸来，反为不美。我儿可听我的遗言，将来娶妻生子，守着我的坟墓，不要出去作官。我死了，口眼也闭！"王冕哭着应诺。他母亲淹淹一息，归天去了。王冕擗踊^②哀号，哭得那邻舍之人，无不落泪。又亏秦老一力帮衬^③，制备衣衾棺椁^④。王冕负土成坟^⑤，三年苫块^⑥，不必细说。

到了服阕^⑦之后，不过一年有余，天下就大乱了。方国珍据了浙江，张士诚据了苏州，陈友谅据了湖广，都是些草窃的英雄。只有太祖皇帝起兵滁阳，得了金陵，立为吴王，乃是王者之师；提兵破了方国珍，号令全浙，乡村镇市，并无骚扰。

一日，日中时分，王冕正从母亲坟上拜扫回来，只见十几骑马竟投他村里来。为头一人，头戴武巾，身穿团花战袍，白净面皮，三绺髭须^⑧，真有龙凤之表。那人到门首下了马，向王冕施礼道："动问一声，那里是王冕先生家？"王冕道："小人王冕，这里便是寒舍。"那人喜道："如此甚妙，特来晋谒。"吩咐从人都下了马，屯在外边，把马都系在湖边柳树上。那人独和王冕携手进到屋里，分宾主施礼坐下。王冕道："不敢拜问尊官尊姓大名？因甚降临这乡僻所在？"那人道："我姓朱，先在江南起兵，号滁阳王；而今据有金陵，称为吴王的便是。因平方国珍到此，特来拜访先生。"王冕道："乡民肉眼不识，原来就是王爷。但乡民一介愚人，怎敢劳王爷贵步？"吴王道："孤是一个粗卤汉子，今得见先生儒者气像，不觉功利之

---

① 延医调治：请医生来看病。

② 擗踊：亦作"辟踊"。擗，用手拍胸。踊，以脚顿地。形容极度悲哀。

③ 帮衬：指帮助。

④ 棺椁（guǒ）：棺材和套棺（古代套于棺外的大棺），泛指棺材。

⑤ 负土成坟：背土筑坟。古代认为是一种孝义的行为。

⑥ 苫（shān）块："寝苫枕块"的略语。苫，草席；块，土块。古礼，居父母之丧，孝子以草荐为席，土块为枕。

⑦ 服阕：守丧期满除服。阕，终了。

⑧ 髭（zī）须：胡子。唇上曰髭，唇下为须。

见顿消。孤在江南，即慕大名，今来拜访，要先生指示：浙人久反之后，何以能服其心？"王冕道："大王是高明远见的，不消乡民多说。若以仁义服人，何人不服，岂但浙江？若以兵力服人，浙人虽弱，恐亦义不受辱。不见方国珍么？"吴王叹息，点头称善。两人促膝谈到日暮。那些从者都带有干粮。王冕自到厨下烙了一斤面饼，炒了一盘韭菜，自捧出来，陪着。吴王吃了，称谢教诲，上马去了。这日，秦老进城回来，问及此事。王冕也不曾说就是吴王，只说是军中一个将官，向年在山东相识的，故此来看我一看。说着就罢了。

　　不数年间，吴王削平祸乱，定鼎应天，天下一统，建国号大明，年号洪武。乡村人，各各安居乐业。到了洪武四年，秦老又进城里，回来向王冕道："危老爷已自问了罪，发在和州去了。我带了一本邸抄①来与你看。"王冕接过来看，才晓得危素归降②之后，妄自尊大，在太祖③面前自称老臣。太祖大怒，发往和州守余阙墓④去了。此一条之后，便是礼部议定取士之法：三年一科，用五经、四书、八股文。王冕指与秦老看，道："这个法却定的不好！将来读书人既有此一条荣身之路，把那文行出处都看得轻了。"说着，天色晚了下来。此时正是初夏，天时乍热。秦老在打麦场上放下一张桌子，两人小饮。须臾，东方月上，照耀得如同万顷玻璃一般。那些眠鸥宿鹭，阒然⑤无声。王冕左手持杯，右手指着天上的星，向秦老道："你看贯索犯文昌⑥，一代文人有厄！"话犹未了，忽然起一阵怪风，刮得树木都飕飕的响。水面上的禽鸟，格格惊起了许多。王冕同秦老吓的将衣袖蒙了脸。少顷，风声略定，睁眼看时，只见天上纷纷有百十个小星，都坠向东南角上去了。王冕道："天可怜见，降下这一伙星君去维持文运，我们是不及见了！"当夜收拾家伙，各自歇息。

①邸抄：用于通报的一种公告性新闻，是专门用于朝廷传知朝政的文书和政治情报的新闻文抄。
②归降：投降。
③太祖：指明太祖朱元璋。
④余阙墓：位于安徽省安庆市西门外大观亭旧址。
⑤阒（qù）然：形容寂静无声的样子。
⑥贯索犯文昌：贯索、文昌都是我国古代星相学中名词。其中，贯索是牢狱之星，文昌是文魁之星。贯索犯文昌，即天下文运将要遭劫难的意思。

自此以后，时常有人传说，朝廷行文到浙江布政司，要征聘王冕出来做官。初时不在意里，后来渐渐说的多了，王冕并不通知秦老，私自收拾，连夜逃往会稽山中。半年之后，朝廷果然遣一员官，捧着诏书，带领许多人，将着彩缎表里①，来到秦老门首，见秦老八十多岁，须鬓皓然，手扶拄杖。那官与他施礼。秦老让到草堂坐下。那官问道："王冕先生就在这庄上么？而今皇恩授他咨议参军之职，下官特地捧诏而来。"秦老道："他虽是这里人，只是久矣不知去向了。"秦老献过了茶，领那官员走到王冕家，推开了门，见蟏蛸②满室，蓬蒿满径，知是果然去得久了。那官咨嗟③叹息了一回，仍旧捧诏回旨去了。

王冕隐居在会稽山中，并不自言姓名；后来得病去世，山邻敛些钱财，葬于会稽山下。是年，秦老亦寿终于家。可笑近来文人学士，说着王冕，都称他做王参军！究竟王冕何曾做过一日官？所以表白一番。这不过是个楔子④，下面还有正文。

《儒林外史》第一回《说楔子敷陈大义 借名流隐括全文》（节选）

---

① 表里：泛指衣料。
② 蟏蛸（xiāo shāo）：一种蜘蛛。身体细长，脚很长。多在室内墙壁间结网。
③ 咨嗟：叹息。
④ 楔（xiē）子：戏曲、小说的引子。一般放在篇首，用以点明、补充正文，或者说引出正文或是为正文做铺垫。

相时而动

　　《贾诩论战》记叙张绣的谋士贾诩对张绣两次用兵的判断及战争胜负结果的证明，充分展示了贾诩的军事才能。同时，贾诩对战争的论述还告诉我们：只有对主观和客观的条件做全面的分析，才能做出正确的判断与决策。

　　太祖①比②征之，一朝③引军退，绣④自追之。诩⑤谓绣曰："不可追也，追必败。"绣不从，进兵交战，大败而还。诩谓绣曰："促⑥更追之，更战必胜。"绣谢⑦曰："不用公言，以至于此。今已败，奈何复追？"诩曰："兵势有变，亟⑧往必利。"绣信之，遂收散卒赴追，大战，果以胜还。

　　绣问诩曰："绣以精兵追退军，而公曰必败；退以败卒击胜兵，而公曰必克。悉如公言，何其反而皆验也？"诩曰："此易知耳。将军虽善用兵，非曹公敌也。军虽新退，曹公必自断后；追兵虽精，将既不敌，彼士亦锐，故知必败。曹公攻将军无失策⑨，力未尽而退，必国内有故；已破将军，必轻军速进，纵留诸将断后，诸将虽勇，亦非将军敌，故虽用败兵而战必胜也。"绣乃服。

《三国志·魏书·贾诩传》

---

① 太祖：指曹操。

② 比：连续。

③ 朝（zhāo）：早晨。

④ 绣：张绣，东汉末年的军阀。

⑤ 诩（xǔ）：贾诩，东汉末年著名的谋士。后投靠曹操。

⑥ 促：赶快。

⑦ 谢：婉言拒绝。

⑧ 亟（jí）：赶紧。

⑨ 失策：错误的策略。

真仁义，还是假道学

公元前638年，宋、楚两国为争夺中原霸权，在泓水边发生战争。当时郑国亲近楚国，宋襄公为了削弱楚国，出兵攻打郑国。楚国出兵攻宋救郑，就爆发了这次战争。当时的形势是楚强宋弱。战争开始时，形势对宋军有利，可宋襄公死抱住所谓君子"不乘人之危"的迂腐教条不放，拒绝接受子鱼的正确意见，以致贻误战机，惨遭失败。可现如今，人们对宋襄公当年的行为评价不再单一：赞美者认为他仁义有信，具有贵族精神；批评者认为他虚伪残暴，是假道学的典型。那么，你是如何看待他的呢？

宋公及楚人战于泓。宋人既成列，楚人未既[①]济。司马[②]曰："彼众我寡，及其未既济也，请击之。"公曰："不可。"既济而未成列，又以告。公曰："未可。"既陈而后击之，宋师败绩。公伤股，门官歼焉。国人皆咎公。公曰："君子不重[③]伤，不禽二毛[④]。古之为军也，不以阻隘也。寡人虽亡国之余[⑤]，不鼓不成列。"

子鱼曰："君未知战。勍敌[⑥]之人，隘而不列，天赞我也。阻而古鼓之，不亦可乎？犹有惧焉。且令之勍者，皆吾敌也。虽及胡耇[⑦]，获则取之，何有于二毛？明耻、教战，求杀敌也。伤未及死，如何勿重？若爱重伤，则如勿伤；爱其二毛，则如服焉。三军以利用也，金鼓以声气也。利而用之，阻隘可也。声盛致志，鼓儳[⑧]可也。"

《左传》

①既：尽。

②司马：统帅军队的高级长官，指子鱼。

③重(chóng)：重复，再次。

④二毛：头发斑白的人。

⑤亡国之余：亡国者的后代。宋襄公是商朝的后代，商亡于周。

⑥勍(qíng)敌：强敌。

⑦胡耇(gǒu)：很老的人。

⑧儳(chán)：杂乱不整齐，此指不成阵势的军队。

劝谏的艺术

《战国策》为西汉刘向所编纂。作为一部重要的历史著作，它的重点并不局限于全面地反映当时的历史面貌，还放在了游说之士的谋略劝解上，专门记录了战国时代谋臣策士纵横捭阖的斗争及其有关的谋议或说辞。他们长于论辩、善于说理，他们的语言闪烁着智慧的光芒，内容精辟、形式巧妙、极具感染力，给人留下了深刻的印象。

在这篇文章中，庄辛针对楚襄王淫逸侈靡、不顾国政而进谏，而这样的劝谏如果处理不好必遭杀身之祸。庄辛并没有急于去指责楚襄王的昏庸，反而运用四种譬喻，由小到大，逐渐过渡到楚襄王的身上，指出其所作所为，正把自己置于危险境地。从生物到人类，由小到大，一层深似一层，一步紧似一步，深刻有力，使得襄王不能不为之变色，浑身发抖。形象而生动的比喻，严密而自然的逻辑推理，形象生动，说理充分，说服力强。

臣闻鄙语曰："见兔而顾犬，未为晚也；亡羊而补牢，未为迟也。"臣闻昔汤、武以百里昌，桀、纣以天下亡。今楚国虽小，绝长续短，犹以数千里，岂特百里哉？

王独不见夫蜻蛉①乎？六足四翼，飞翔乎天地之间，俛啄蚊虻而食之，仰承甘露而饮之，自以为无患，与人无争也。不知夫五尺童子，方将调饴②胶丝，加③己乎四仞④之上，而下为蝼蚁食也。

夫蜻蛉其小者也，黄雀因是以⑤。俯噣白粒⑥，仰栖茂树，鼓翅奋翼。自以为无患，与人无争也；不知夫公子王孙，左挟弹，右摄丸，将加己乎十仞之上，以其类

---

① 蜻蛉：蜻蜓。
② 饴：糖浆，黏汁。
③ 加：加害。
④ 仞：八尺，或说七尺。
⑤ 因是以：仍然是这样啊。即不以蜻蜓为鉴。因，犹。是，此。以，通"已"，语助词。
⑥ 噣：同"啄"。白粒：米。

为招^①。昼游乎茂树，夕调乎酸咸^②，倏忽之间，坠于公子之手。

夫雀其小者也，黄鹄^③因是以。游于江海，淹乎大沼，俯喙（鳝）鲤，仰啮菱衡^④，奋其六翮^⑤，而凌清风，飘摇乎高翔，自以为无患，与人无争也。不知夫射者，方将修其砮卢^⑥，治其矰缴^⑦，将加己乎百仞之上。被礛磻^⑧，引微缴，折清风而抎^⑨矣。故昼游乎江河，夕调乎鼎鼐^⑩。

夫黄鹄其小者也，蔡灵侯^⑪之事因是以。南游乎高陂，北陵乎巫山，饮茹溪^⑫之流，食湘波之鱼，左抱幼妾，右拥嬖女，与之驰骋乎高蔡^⑬之中，而不以国家为事。不知夫子发^⑭方受命乎宣王，系己以朱丝而见之也。

蔡圣侯之事其小者也，君王之事因是以。左州侯，右夏侯，辇从鄢陵君与寿陵君，饭封禄之粟，而戴方府之金，与之驰骋乎云梦之中，而不以天下国家为事。不知夫穰侯^⑮方受命乎秦王^⑯，填黾塞^⑰之内，而投己乎黾塞之外。

《战国策·楚策四^⑱》

———————————

① 类：同类。招：招诱，即靶子，自身成为射击的目标。
② 调乎酸咸：用酸咸调味，指被烹煮。
③ 黄鹄：俗名天鹅。
④ 衡：通"蘅"，水草。
⑤ 六翮（hé）：翅膀。翮，本指羽毛的茎，代指鸟翼。
⑥ 砮（bō）卢：石键。即石制箭头。卢：上了黑漆的弓。
⑦ 矰（zēng）缴（zhuó）：捕鸟的用具。
⑧ 被：遭，受。礛：锋利。磻：同"砮"，石镞。
⑨ 抎（yǔn）：同"陨"，坠落。
⑩ 鼐（nài）：大鼎。
⑪ 蔡灵侯：蔡国的国君，名班，公元前53年被楚灵王诱杀。蔡国在今河南省上蔡县。
⑫ 茹溪：源出巫山，在重庆市巫山县以北。
⑬ 高蔡：上蔡。
⑭ 子发：楚大夫。
⑮ 穰侯：魏冉，秦昭王舅父封于穰。
⑯ 秦王：指秦昭王。
⑰ 黾塞：在今河南信阳市西南平靖关，当时是楚国北部的要塞。黾塞之内指楚国境内，黾塞之外指秦国。
⑱ 该文节选自《战国策·楚策四》。庄辛，楚臣，楚庄王的后代。楚襄王，即楚顷襄王，名横，怀王之子，怀王被骗死在秦国，襄王继位，"淫逸侈靡，不顾国政"，庄辛于是进谏。幸臣：君主宠爱的臣子。

夏朝末代国君夏桀昏庸无道，建酒池，造肉林，百姓怨声载道，民不聊生。关龙逢没有根据君王的性格，委婉劝谏，而是选择直言进谏，直接指出夏桀挥霍无度、杀人如麻，惹得龙颜大怒，不仅没有达到成功劝谏的效果，还使自己丢了性命。

桀为酒池，可以运舟，糟丘①足以望十里；而牛饮者三千人。关龙逢进谏曰："古之人君，身行礼义，爱民节财，故国安而身寿。今君用财若无穷，杀人若恐弗胜，君若弗革，天殃必降，而诛必至矣。君其革之！"立而不去朝。桀因而杀之。君子闻之曰："天之命矣！"《诗》曰："昊天大怃，予慎无辜②！"

《韩诗外传》

---

① 糟丘：酒糟堆得像山一样。糟，酒糟。

② 昊天大怃，予慎无辜：苍天不察太疏忽，但我的确是无辜的。这句话用在这里是在感叹关龙逢死得太无辜了。

无侵之义

本文与《陈涉世家》同出于司马迁的《史记》。本纪属中国古代纪传体史书中的帝王传记。但也有例外，如吕雉、项羽本不是帝王，却也被列入了本纪记录的范围。陈涉在少年时曾发出"燕雀安知鸿鹄之志哉？"的感慨，富有远大的志向与抱负。他虽起于微末，却毅然奋起领导起义，反抗暴秦之统治。他有勇气、有谋略敢于反抗命运，但最后却因被背叛而死。相比较之下，同是起于微末的刘邦，在陈涉之后，同样把握时机，揭竿而起，最后却取得了真正的成功。两人的经历相似，但最终却有着不同的结局，导致两人不同结局的原因究竟是什么？

高祖①，沛丰邑中阳里人，姓刘氏，字季。父曰太公，母曰刘媪②。

高祖为人，隆准而龙颜③，美须髯④，左股有七十二黑子⑤。仁而爱人，喜施⑥，意豁如⑦也。常有大度，不事家人⑧生产作业。及壮，试为吏，为泗水亭长，廷中吏无所不狎侮⑨，好酒及色⑩。

---

① 高祖：刘邦死后，他的子孙和臣民因他是汉的第一代始祖，曾尊称其为高皇帝，一般习惯称他为高祖。《汉书·高帝纪上》张晏注："法无高，以为功最高而为汉帝之太祖，故特起名焉。"

② 太公、媪（ǎo）：古代对于老年男子和老年女子的尊称，等于说老太爷、老太太。

③ 隆准：高鼻梁。准，鼻梁。龙颜：像龙一样的面貌。后代谀称皇帝的面貌为"龙颜"。

④ 须髯：胡子。髯，两颊上的胡须。

⑤ 股：大腿。黑子：黑痣。

⑥ 施：施舍，布施。

⑦ 豁如：豁达豪放的样子。

⑧ 事：从事，参加。家人：平常人家。

⑨ 廷：官署。狎：亲近而不庄重，轻侮。侮：欺负、侮弄。

⑩ 色：指女色。

高祖常繇^①咸阳，纵观^②，观秦皇帝^③，喟然太息曰："嗟乎，大丈夫当如此也！"

……

高祖以亭长为县送徒^④郦山，徒多道亡^⑤。自度比至^⑥皆亡之，到丰西泽中，止饮，夜乃解纵^⑦所送徒。曰："公等^⑧皆去，吾亦从此逝^⑨矣！"徒中壮士愿从者十余人。高祖被酒^⑩，夜径^⑪泽中，令一人行前。行前者还报曰："前有大蛇当径^⑫，愿还。"高祖醉，曰："壮士行，何畏！"乃前，拔剑击斩蛇。蛇遂分为两，径开。行数里，醉，因卧。后人来至蛇所^⑬，有一老妪夜哭。人问何哭，妪曰："人杀吾子，故哭之。"人曰："妪子何为见杀？"妪曰："吾，白帝^⑭子也，化为蛇，当道，今为赤帝子斩之，故哭。"人乃以妪为不诚^⑮，欲告之^⑯，妪因忽不见。后人至，高祖觉^⑰。后人告高祖，高祖乃心独喜，自负。诸从者日益畏之。

……

汉元年十月，沛公兵遂先诸侯至霸上。秦王子婴素车白马^⑱，系颈以组^⑲，封皇帝

---

① 繇：通"徭"，服徭役。
② 纵观：意思是任人随意观看。《会注考证》引杨慎曰："当时车驾出则禁观者，此时则纵民观。"
③ 秦皇帝：指秦始皇。
④ 徒：壮丁，民伕。
⑤ 道亡：半路逃跑。
⑥ 比至：等到到了（郦山）。
⑦ 解纵：解放，放走。纵，放。
⑧ 公等：你们这班人。公，对对方的尊称。
⑨ 逝：走，离去。这里指逃亡。
⑩ 被酒：带有几分酒意。被，加。
⑪ 径：小路。这里是取道小路、抄小道的意思。
⑫ 当径：横在小径当中。
⑬ 所：处，处所。
⑭ 白帝：五天帝之一，西方之神。后文中的"赤帝"也是五天帝之一，是南方之神。
⑮ 诚：真实，诚实。
⑯ 欲告之：想要打她。告，《索隐》："《汉书》作'苦'，谓欲困苦辱之。一本或作'笞'。《说文》：'笞，击也。'"本注释按"笞"译出。
⑰ 觉：醒，睡醒。
⑱ 素车白马：白车白马，是用于凶丧的车马。
⑲ 组：丝带。

玺符节①，降轵道②旁。诸将或言诛秦王。沛公曰："始怀王遣我，固以能宽容；且人已服降，又杀之，不祥。"乃以秦王属吏③，遂西入咸阳。欲止宫休舍④，樊哙、张良谏，乃封秦重宝财物府库⑤，还军霸上。召诸县父老豪桀曰："父老苦秦苛法久矣，诽谤者族，偶语者弃市⑥。吾与诸侯约，先入关者王之，吾当王关中。与父老约，法三章耳⑦：杀人者死，伤人及盗抵罪⑧。余悉除去秦法⑨。诸吏人皆案堵如故⑩。凡⑪吾所以来，为父老除害，非有所侵暴，无恐⑫！且吾所以还军霸上，待诸侯至而定约束⑬耳。"乃使人与秦吏行县乡邑，告谕之。秦人大喜，争持牛羊酒食献飨⑭军士。沛公又让不受，曰："仓粟多，非乏，不欲费人⑮。"人又益喜，唯恐沛公不为秦王。

……

正月⑯，诸侯及将相相与⑰共请尊汉王为皇帝。汉王曰："吾闻帝贤者有也，空言

---

① 封：封闭，封起来。玺：即玉玺，天子之印。符节：古代朝廷用作信物的凭证，用以传达命令或征兵调将。符，用竹木或金属制成，上书文字，剖分为二，双方各持一半，使用时两半相合以验真假。一般做成虎形，也称虎符，用以征调兵将。节，以竹制成，用以证明身份，使臣持之。

② 轵道：亭名，在今陕西西安市东北。

③ 属吏：交付给吏人。属，交付，托付。

④ 止宫休舍：停留在宫中休息。

⑤ 府库：仓库，藏财物的地方。

⑥ 诽谤：指批评朝政之得失。"诽""谤"都是指责别人过失，诽为背后指责，谤为公开指责。偶语：相对私语。《集解》引臣瓒曰："《始皇本纪》曰'偶语经书者弃市'。"弃市：处死刑。古代处犯人死刑，多在街市上执行，表示与众共弃。《索引》："按：《礼》云'刑人于市，与众弃之'。"

⑦ 法三章耳：意思是法律只有三个条目。即下两句所说对杀人、伤人及抢劫者判罪。这是相对秦法来说比较简约的法律。章，条目。

⑧ 抵罪：当罪。《集解》引李斐："伤人有曲直，盗臧有多少，罪名不可豫（预先）定，故凡言抵罪，未知抵何罪也。"

⑨ 悉除去秦法：全部废除秦朝的法律。

⑩ 案堵如故：一切照常，和原先一样。案堵，同"安堵"，安居，安定。堵，墙。

⑪ 凡：表示总括，有总起来说的意思。

⑫ 无恐：不要惊恐。无，同"毋"，不要。

⑬ 定约束：制定规矩、制度。约束，规约。

⑭ 飨：用酒食款待人。

⑮ 费人：让别人花费。费，花费，破费。

⑯ 正月，当时用秦历，以建亥之月（阴历十月）为岁首，这里正月是汉五年的第四个月。

⑰ 相与：一块儿，共同。

虚语，非所守^①也，吾不敢当^②帝位。"群臣皆曰："大王起微细^③，诛暴逆，平定四海，有功者辄裂地^④而封为王侯。大王不尊号，皆疑不信^⑤。臣等以死守^⑥之。"汉王三让，不得已，曰："诸君必以为便^⑦，便国家。"甲午^⑧，乃即皇帝位氾水之阳^⑨。

……

高祖还归，过沛，留。置酒沛宫，悉召故人父老子弟纵酒^⑩，发沛中儿得百二十人，教之歌。酒酣^⑪，高祖击筑^⑫，自为歌诗曰："大风起兮云飞扬，威加海内兮归故乡，安得猛士兮守四方！"令儿皆和习之^⑬。高祖乃起舞，慷慨伤怀，泣数行下。谓沛父兄曰："游子悲故乡^⑭。吾虽都关中，万岁后吾魂魄犹乐思沛^⑮。且朕自沛公以诛暴逆，遂有天下，其以沛为朕汤沐邑^⑯，复^⑰其民，世世无有所与^⑱。"

《史记·高祖本纪》（节选）

---

① 非所守：指守不住国家基业。

② 不敢当：承担不起。

③ 微细：微贱、卑微，指平民。

④ 裂地：分地。

⑤ 疑不信：指对裂地封侯疑而不信。

⑥ 守：这里是坚持的意思。

⑦ 便：便利，合道。

⑧ 甲午：《集解》引徐广曰："二月甲午。"

⑨ 氾水之阳：氾水的北面。阳，水之北山之南叫"阳"。

⑩ 纵酒：纵情饮酒。

⑪ 酣：酒喝得很畅快。

⑫ 筑：古代乐器名，形状像琴。

⑬ 儿：指男孩儿。和习：跟着唱，学习。

⑭ 悲：念，思念，眷恋。

⑮ 万岁后：是死后的避讳的说法。乐思沛：喜欢和思念沛。

⑯ 汤沐邑：周制，诸侯朝见天子，天子赐以王畿以内的供住宿和斋戒沐浴的封邑。后来皇帝、皇后、公主等收取赋税的私邑也称"汤沐邑"。

⑰ 复：免除赋税徭役。

⑱ 无有所与：意思是不必交纳赋税服徭役。与，参与。

帝国的灭亡

贾谊（公元前200—公元前168），西汉初年著名政论家、文学家，世称贾生、贾太傅。《过秦论》是贾谊的史论作品，文题中"过秦"即指出秦的过失。原文分上中下三篇，本处节选的主要是曾被选录附在《陈涉世家》篇末的《过秦论》上篇。贾谊在本文中以大开大阖的笔力描绘了秦朝迫人的威势，然而这样"威振四海"的帝国却亡于一介草莽之手，盛极而衰的极大落差令人唏嘘。到底是什么原因导致了秦的灭亡呢？司马迁在《史记》的多篇文章中给出了他的解释。而"天下苦秦久矣"的慨叹，不独司马迁有，与他同时代的贾谊也曾将秦的灭亡归咎为"仁义不施"。本文中对于陈涉的描绘，侧重于极力状写他的"弱"，而他以如此"弱势"倾覆了强秦，更进一步肯定了作者在文末的观点。阅读本文时，可以注意文中的多处对比，以及文中陈涉的形象与司马迁笔下的异同互补处，同时思考秦朝灭亡的具体原因还有哪些。

秦人开关延敌，九国之师，逡巡而不敢进[1]。秦无亡矢遗镞[2]之费，而天下诸侯已困矣。于是从散约败，争割地而赂秦。秦有余力而制其弊[3]，追亡逐北，伏尸百万[4]，流血漂橹。因利[5]乘便，宰割天下，分裂山河。强国请服，弱国入朝。

延及孝文王、庄襄王，享国[6]之日浅，国家无事。及至始皇，奋六世[7]之余烈，

---

[1] 九国之师，逡巡（qūn xún）而不敢进：九国，就是韩、魏、燕、楚、齐、赵、宋、卫、中山。逡巡，有所顾虑而徘徊或不敢前进。据《史记·六国表》载，并没有"九国之师"齐出动的情况，"秦人开关延敌，九国之师，逡巡而不敢进"不尽合历史事实。

[2] 亡：丢失，丢掉。镞：箭头。

[3] 制：制裁，制服。弊：通"敝"，困敝，疲敝。

[4] 亡：逃亡的军队，在此用作名词。北：败北的军队，名词。伏尸百万：这里说的不是一次战役的死亡人数。秦击六国杀伤人数史书皆有记载，如前293年击韩伊阙，斩首24万；前260年，破赵长平军，杀卒45万。

[5] 因：趁着，介词。利：有利的形势，用作名词。

[6] 享国：帝王在位的年数。

[7] 六世：指秦孝公、惠文王、武王、昭襄王、孝文王、庄襄王。

振长策而御①宇内，吞二周②而亡诸侯，履至尊而制六合③，执敲扑而鞭笞天下，威振④四海。南取百越之地⑤，以为桂林、象郡；百越之君，俯首系颈⑥，委命下吏⑦。乃使蒙恬北筑长城而守藩篱⑧，却匈奴七百余里。胡人不敢南下而牧马，士不敢弯弓而报怨。于是废先王⑨之道，焚百家之言⑩，以愚黔首；隳名城⑪，杀豪杰，收天下之兵，聚之咸阳，销锋镝⑫，铸以为金人十二，以弱⑬天下之民。然后践华为城，因河为池，据亿丈之城，临不测之渊⑭，以为固。良将劲弩守要害之处，信臣精卒陈利兵而谁何⑮。天下已定，始皇之心，自以为关中⑯之固，金城⑰千里，子孙帝王⑱万世之业也。

---

① 御：驾御，统治。
② 二周：在东周王朝最后的周赧王时，东西周分治。西周都于河南东部旧王城，东周则都巩，史称东西二周。西周灭于秦昭襄王五十一年，东周灭于秦庄襄王元年，不是始皇时事，作者只是为了行文方便才这样写的。
③ 履至尊：登帝位。制：控制。
④ 振：通"震"，震惊。
⑤ 南：向南。百越：古代越族居住在江、浙、闽、粤各地，每个部落都有名称，而统称百越，也叫百粤。
⑥ 俯首系颈：意思是愿意顺从投降。系颈，颈上系绳，表示投降。
⑦ 下吏：交付司法官吏审讯。
⑧ 北：在北方，方位名词作状语。藩篱：比喻边疆上的屏障。藩，篱笆。
⑨ 先王：本文指的是秦自孝公以来六代君王。先，已死去的长辈。
⑩ 焚百家之言：指秦始皇焚书坑儒。百家之言，诸子百家各学派的著作。言，言论，这里指著作。
⑪ 隳名城：毁坏高大的城墙。
⑫ 销锋镝：销毁兵器。销，熔化金属。锋，兵刃。镝，箭头。
⑬ 金人：《史记·秦始皇本纪》："收天下兵，聚之咸阳，销以为钟镰，金人十二，重各千斤，置廷宫中。"弱：使（天下百姓）衰弱。
⑭ 亿丈之城：指华山。不测之渊：指黄河。
⑮ 良将劲弩守要害之处，信臣精卒陈利兵而谁何：这两个句子用了互文的手法，应当理解为，"良将劲弩、信臣精卒，守要害之处，陈利兵而谁何"。信臣，可靠的大臣。谁何，喝问他是谁，就是缉查盘问的意思。何，通"呵"，呵喝。
⑯ 关中：秦以函谷关为门户，关中即指秦雍州地。
⑰ 金城：坚固的城池。金，比喻坚固。
⑱ 子孙帝王：子子孙孙称帝称王。帝王，名词活用作动词。

　　始皇既没，余威震于殊俗①。然陈涉瓮牖绳枢②之子，氓隶③之人，而迁徙之徒④也；才能不及中人⑤，非有仲尼、墨翟之贤，陶朱、猗顿之富；蹑足行伍⑥之间，而倔起阡陌⑦之中，率疲弊之卒，将数百之众，转而攻秦，斩木为兵，揭竿为旗，天下云集响应，赢粮而景从⑧。山东豪俊遂并起而亡秦族矣。

　　且夫天下非小弱⑨也，雍州之地，崤函之固，自若也。陈涉之位，非尊于齐、楚、燕、赵、韩、魏、宋、卫、中山之君也；锄櫌棘矜⑩，非铦于钩戟长铩⑪也；谪戍之众，非抗于九国之师也；深谋远虑，行军用兵之道，非及⑫向时之士也。然而成败异变，功业相反，何也？试使山东之国与陈涉度长絜⑬大，比权量力，则不可同年而语矣。然秦以区区之地，致万乘⑭之势，序八州⑮而朝同列⑯，百有余年矣；然后以六合为家，崤函为宫；一夫作难而七庙隳，身死人手，为天下笑者，何也？仁义不施而攻守之势异也。

《过秦论》（节选）

---

① 殊俗：不同的风俗，指边远的地方。

② 瓮牖绳枢：以破瓮作窗户，用草绳替代户枢系门板，形容家里贫穷。瓮，用瓮做。绳，用绳子系。枢，门扇开关的枢轴。

③ 氓隶：农村中地位低下的人。陈涉少时为人佣耕，所以称他为"氓隶"。氓，古时指农村居民。隶，奴隶。

④ 迁徙之徒：被征发戍边的人，指陈涉在秦二世元年被征发戍守渔阳。

⑤ 中人：一般人。

⑥ 蹑足行伍（háng wǔ）：置身于戍卒的队伍中。蹑足，蹑，用脚踏地，这里有"置身于……"的意思。行伍，古代军队编制，以五人为伍，二十五人为行，故以"行伍"代指军队。

⑦ 倔：通"崛"，突起。阡陌（qiān mò）：本指田间小道，这里代指民间。

⑧ 赢粮而景从：担着干粮如影随形地跟着。赢，担负。景，同"影"。

⑨ 小弱：变小变弱。

⑩ 櫌：通"耰"，古时的一种碎土平田用的农具，似耙而无齿。棘：酸枣木。矜：矛柄，这里指木棍。

⑪ 铦：锋利。钩：短兵器，似剑而曲。戟：以戈和矛合为一体的长柄兵器。铩：长矛。

⑫ 及：动词，赶得上，追得上。

⑬ 絜：衡量。

⑭ 万乘（shèng）：兵车万辆，表示军事力量强大。周制，天子地方千里，出兵车万乘，故又以万乘代指天子。乘，古时称四匹马拉的车一辆为一乘。

⑮ 序八州：给八州按次第排列座次。序，座次、次序，这里是排列次序的意思。

⑯ 朝同列：使六国诸侯都来朝见。朝，使……来朝拜。同列，同在朝班，此指六国诸侯，秦与六国本来都是周王朝的同列诸侯。

殷殷之情，拳拳之心

　　诸葛亮曾自比管仲、乐毅。《报燕惠王书》即战国时期的燕国大将乐毅答复自己君王的一封书信。当时的历史背景是乐毅为燕昭王率兵伐齐，威震一时。而当燕昭王病逝，燕惠王即位后，却中了齐国的反间计，对乐毅颇多猜忌，致使乐毅出奔他国。后来燕国受齐国反攻，痛失先前的胜利果实，这时燕惠王才感到悔恨，派人谴责乐毅只为个人着想，有负于先王的知遇之恩，并希望能使他回心转意重新为燕国效力。于是乐毅就写下了这封信作为答复。同是臣子向君主陈情奏事的文章，乐毅在这封信中体现出来的态度与诸葛亮却大有不同。他在信中既阐明了自己对国家的忠贞不二以及对先王的感激之情，又对现今国主燕惠王的昏庸无理进行了委婉的批驳。乐毅在这封信中剖明自己的心迹，情真意切，用语磊落质朴，这一点则和诸葛亮在《出师表》中体现的殷殷之心有着共通的情怀。是坚守对先王的承诺，为了曾经的相知遇合而继续辅佐幼主，还是决意誓不愚忠于昏主，持守"善作者不必善成，善始者不必善终"的观念？乐毅与诸葛亮的不同观点，其实也表现了两种不同的人生态度，值得我们细细体会。

　　望诸君乃使人献书报燕王曰："臣不佞①，不能奉承②先王之教，以顺左右③之心，恐抵斧质④之罪，以伤先王之明，而又害于足下⑤之义，故遁逃奔赵。自以负不肖之罪，

---

① 不佞（ning）：不才。
② 奉承：秉承，领受。
③ 左右：书信中对对方的尊称，表示不敢直接称呼对方，只称呼对方的左右执事者。
④ 抵：遭受。斧质：刀斧与砧板，杀人的刑具。
⑤ 足下：对对方的尊称。古时用于尊者，后代只用于同辈。

故不敢为辞说①。今王使使者数②之罪，臣恐侍御者之不察先王之所以畜幸臣之理③，而又不白于臣之所以事先王之心，故敢以书对。

"臣闻贤圣之君，不以禄私其亲，功多者授之；不以官随其爱，能当者处之。故察能而授官者，成功之君也；论行而结交者，立名之士也。臣以所学者观之，先王之举错④，有高世之心，故假节⑤于魏王，而以身得察于燕。先王过举，擢之乎⑥宾客之中，而立之乎群臣之上，不谋于父兄，而使臣为亚卿⑦。臣自以为奉令承教，可以幸无罪矣，故受命而不辞。

"先王命之曰：'我有积怨深怒于齐，不量轻弱，而欲以齐为事。'臣对曰：'夫齐，霸国之余教⑧，而骤胜之遗事⑨也。闲于甲兵⑩，习于战攻。王若欲伐之，则必举天下而图之。举天下而图之，莫径⑪于结赵矣。且又淮北、宋地⑫，楚、魏之所同愿也。赵若许，约楚、赵、宋⑬尽力，四国攻之，齐可大破也。'先王曰：'善！'臣乃口受令，具符节，南使臣于赵。顾反命⑭，起兵随而攻齐。以天之道，先王之灵，河北之地，随先王举而有之于济上⑮。济上之军，奉令击齐，大胜之。轻卒锐兵，长驱至

---

① 不肖：不贤。自谦之词。为辞说：用言词辩解。
② 数：数说。
③ 侍御者：伺候国君的人，实指惠王。畜幸：畜养宠信。
④ 举错：举动措施。
⑤ 假节：奉命出使。节，使者的符节。
⑥ 擢（zhuó）：提拔。之：我。乎：同"于"，从。
⑦ 亚卿：仅次于上卿的官位。
⑧ 霸国：齐桓公曾称霸诸侯，故称齐国为霸国。余教：留下的功绩。
⑨ 骤胜：多次战胜。遗事：往事。
⑩ 闲：通"娴"，娴熟。甲兵：铠甲兵器，借指军事。
⑪ 径：直接。
⑫ 淮北：淮河以北地区，是齐国属地。宋地：在今皖、苏、豫、鲁之间，为齐、魏、楚所灭，各得地三分之一。
⑬ 宋：这里的"宋"，实指占领宋地的魏国，因魏想趁机占有原属于宋国的齐国土地。
⑭ 顾反命：刚回来复命，言神速。反，同"返"。
⑮ 河北：黄河以北。济上：济水旁边。

国①。齐王②逃遁走莒③，仅以身免。珠玉财宝，车甲珍器，尽收入燕。大吕陈于元英④，故鼎⑤反乎历室⑥，齐器设于宁台⑦；蓟邱⑧之植，植于汶篁⑨。自五伯⑩以来，功未有及先王者也。先王以为惬其志，以臣为不顿命⑪，故裂地而封之⑫，使之得比乎小国诸侯。臣不佞，自以为奉令承教，可以幸无罪矣，故受命而弗辞。

"臣闻贤明之君，功立而不废，故著于春秋⑬；蚤知之士，名成而不毁，故称于后世。若先王之报怨雪耻，夷万乘之强国，收八百岁⑭之蓄积。及至弃群臣之日，余令诏后嗣之遗义，执政任事之臣，所以能循法令、顺庶孽⑮者，施⑯及萌隶⑰，皆可以教于后世。

"臣闻善作者不必善成⑱，善始者不必善终。昔者伍子胥⑲说听乎阖闾⑳，故吴王

---

① 国：齐国都临淄（在今山东）。
② 齐王：齐闵王。
③ 莒：古邑名，在今山东莒县。
④ 大吕：齐国钟名。元英：燕国宫殿名。
⑤ 故鼎：燕国过去的鼎，为齐取去，如今复归。
⑥ 历室：燕国宫殿名。
⑦ 宁台：燕国台名，在今河北蓟县。
⑧ 蓟邱：燕国都城，在今北京市境。
⑨ 汶篁（huáng）：齐国汶水边的竹田。
⑩ 五伯：春秋五霸，指齐桓公、晋文公、宋襄公、秦穆公、楚庄王。
⑪ 不顿命：不辜负使命。
⑫ 裂地而封之：封乐毅为昌国君。昌国在今山东淄川区。
⑬ 春秋：指一般史书。古代编年史都叫春秋。
⑭ 八百岁：从姜太公建国到这次战争约八百年。
⑮ 庶孽（shù niè）：妾生的儿子。
⑯ 施：延续普及。
⑰ 萌隶：指百姓。
⑱ 善作者：善于开创事业的人。善成：善于守业。
⑲ 伍子胥：春秋时吴国大夫。名员，字子胥。楚大夫伍奢的儿子。楚平王杀伍奢，他逃到吴国，帮助吴王阖闾刺杀吴王僚，夺取王位，攻破楚国。因功封于申，又被称为申胥。后遭谗害，被阖闾之子吴王夫差赐死。
⑳ 阖闾：即吴公子光。

远迹至于郢①。夫差弗是也,赐之鸱夷②而浮之江。故吴王夫差不悟先论③之可以立功,故沉子胥而弗悔;子胥不蚤④见主之不同量⑤,故入江而不改⑥。

"夫免身全功,以明先王之迹者,臣之上计也。离⑦毁辱之非,堕⑧先王之名者,臣之所大恐也。临不测之罪,以幸为利者,义之所不敢出也。

"臣闻古之君子,交绝不出恶声;忠臣之去也,不洁其名。臣虽不佞,数奉教于君子矣。恐侍御者之亲左右之说,而不察疏远之行也。故敢以书报,唯君之留意焉。"

《战国策·燕策二·报燕惠王书》

———————————

① 远迹:在远处留下足迹,指长途伐楚。郢:楚国都城,今湖北江陵西北。
② 鸱(chī)夷:皮革制的口袋。吴王夫差时,伍子胥因劝王拒绝越国求和,力谏停止攻齐,遭到疏远。后夫差赐剑命其自杀,把尸体装进皮囊,投放江中。
③ 先论:预见。
④ 蚤:通"早"。
⑤ 量:气量。
⑥ 不改:《史记·伍子胥传》作"不化",《索隐》:"言子胥怨恨,故虽投江而神不化,犹为波涛之臣也。"
⑦ 离:通"罹",遭受。
⑧ 堕:败坏。

疏即"奏疏"，与表类似，都是古代臣子向君主进言的一种文体。而本文作者海瑞，作为历史上著名的清官，在辅佐君主方面与诸葛亮有着同样的拳拳之心。而与诸葛亮劝谏的恳切委婉不同的是，在面对国家运作的弊病以及君主统治的问题时，海瑞在《治安疏》中所体现的更多的是一种直言不讳的刚正与激越。这样一封奏疏震惊了朝野，也给海瑞带来了牢狱之灾。宋世宗在看过奏疏后勃然大怒，"怒抵其章于地"，甚至治了海瑞死罪，尽管最后未曾实施死刑。古时士人对国家、对天下有着极其强烈的使命感，甚至素有"文死谏，武死战"的传统。而这同样的一种热切情怀，却也可以有多种表达的方式。

户部云南清吏司主事①臣海瑞谨奏；为直言天下第一事，以正君道、明臣职，求万世治安事②：

君者，天下臣民万物之主也③。惟其为天下臣民万物之主，责任至重。凡民生利病，一有所不宜④，将有所不称其任⑤。是故事君之道宜无不备，而以其责寄臣工⑥，使之尽言焉。臣工尽言，而君道斯称矣。昔之务为容悦⑦，阿谀曲从，致使灾祸隔绝、主上不闻者，无足言矣。

过为计者⑧则又曰："君子危明主，忧治世⑨。"夫世则治矣，以不治忧之；主则明矣，以不明危之：无乃使之反求眩瞀⑩，莫知趋舍矣乎！非通论也。

① 户部：掌管全国税收财政的机关，为明朝中央行政机构的六部之一。云南清吏司：明朝制度，户部按行政区域分司，每司的名称，除政区外，都加上"清吏"二字。主事：各部职官中最低一级。但明朝主事的职权相当大，可以直接向皇帝上奏章。
② 这句是奏疏的事由。
③ 这句是历代地主统治阶级为了维护他们的统治，建立起来的一种封建传统观念。
④ 宜：适当。
⑤ 将有所不称其任：对于民生措置失当，就是君主没有负起责任。
⑥ 臣工：有职务的臣子。
⑦ 容悦：讨人欢喜。
⑧ 过为计者：忧虑太多、危言耸听的人。
⑨ 危明主，忧治世：即使遇到贤明的君主，还以为他可危；即使处在政治清明的时代，还以为时局可忧。危，以……为危。忧，以……为可忧的。
⑩ 无乃：只怕。眩瞀（mào）：模糊混乱。

臣受国厚恩矣，请执有犯无隐之义^①，美曰美，不一毫虚美；过曰过，不一毫讳过。不为悦谀，不暇过计^②，谨披沥肝胆为陛下言之。

汉贾谊^③陈政事于文帝曰："进言者皆曰：天下已安已治矣，臣独以为未也。曰安且治者，非愚则谀。"^④夫文帝，汉贤君也，贾谊非苟责备也。文帝性颇仁柔，慈恕恭俭，虽有爱民之美，优游退逊、尚多怠废之政。不究其弊所不免，概以安且治当之，愚也。不究其才所不能，概以政之安且治颂之，谀也。

陛下自视，于汉文帝何如？陛下天资英断，睿识绝人^⑤，可为尧、舜，可为禹、汤、文、武^⑥，下之如汉宣之厉精^⑦，光武之大度^⑧，唐太宗之英武无敌^⑨，宪宗之志平僭乱^⑩，宋仁宗之仁恕^⑪，举一节可取者，陛下优为之。即位初年，铲除积弊，焕然与天下更始。举其大概：箴敬一^⑫以养心，定冠履^⑬以定分，除圣贤土木之象^⑭，夺宦官内外之权，元世祖毁不与祀^⑮，祀孔子推及所生。天下忻忻^⑯，以大有作为仰之^⑰。识者谓辅相得人，太平指日可期，非虚语也，高汉文帝远甚。然文帝能充其仁恕之性，

---

① 执：遵守。有犯无隐：语出《礼记·檀弓》，意思是宁可直言得罪而不应隐讳。

② 不暇过计：也不计较得失。

③ 贾谊：西汉初年杰出的政论家，曾屡次上书汉文帝刘恒，提出改革政治的具体措施，但由于遭到保守集团的反对，没有得到实施的机会，终于抑郁而死。

④ 引文见于贾谊《陈政事疏》。

⑤ 睿（ruì）：圣明。绝人：超过一般的人。

⑥ 尧、舜：唐尧、虞舜。传说中的远古时代的帝王。禹、汤、文、武：夏禹、商汤、周文王、周武王。唐尧、虞舜和这些人，都是"正统"史家传称的我国古代史上的贤君。

⑦ 汉宣：汉宣帝刘询。厉精：努力认真。指汉宣帝时代注重法治。

⑧ 光武：东汉光武帝刘秀。大度：指光武帝对于功臣信任不疑。

⑨ 唐太宗之英武无敌：唐太宗李世民亲身参加各次战役，击败敌对势力集团，统一全中国。

⑩ 宪宗之志平僭乱：唐宪宗李纯决心巩固中央的权力，先后消平各地藩镇叛乱。

⑪ 宋仁宗：《宋史》上记载宋仁宗赵祯是个仁恕之君。

⑫ 箴（zhēn）敬一：明世宗作过一篇《敬一箴》。箴，规戒。

⑬ 定冠履：明世宗曾改定一些冠服制度。

⑭ 除圣贤土木之象：指明世宗下令废除孔子庙里的塑像，只用木柱。

⑮ 元世祖毁不与祀：元世祖忽必烈本是历代帝王庙中所祭的帝王之一，明世宗将他取消。

⑯ 忻忻：与"欣欣"同，高兴欢乐的样子。

⑰ 之：指明世宗。

节用爱人，吕祖谦①称其能尽人之才力，诚是也。一时天下虽未可尽以治安予之，然贯朽②粟陈，民物康阜③，三代后称贤君焉。

　　陛下则锐精④未久，妄念牵之而去矣。反刚明而错用之，谓长生可得，而一意玄修⑤。富有四海⑥不曰民之脂膏在是也，而侈兴土木⑦。二十余年不视朝⑧，纲纪弛⑨矣。数行推广事例，名爵滥矣。二王不相见⑩，人以为薄于父子⑪。以猜疑诽谤戮辱臣下，人以为薄于君臣。乐西苑⑫而不返宫，人以为薄于夫妇。天下吏贪将弱，民不聊生，水旱靡时⑬，盗贼滋炽⑭。自陛下登极⑮初年亦有之，而未甚也。今赋役增常，万方则效。陛下破产礼佛⑯日甚，室如县罄⑰，十余年来极矣。天下因即陛下改元之号而臆之⑱曰："嘉靖者言家家皆净而无财用也。"

《治安疏》（节选）

①吕祖谦：宋朝金华人，进士出身，官国史院编修。著有《十七史详节》。
②贯朽：指国库里的钱堆得太久，连串钱的绳子都朽烂了，表示国库充裕。贯，串钱的绳子。
③民物康阜：百姓安乐，财物丰足。
④锐精：立志要有作为。
⑤玄修：修炼。
⑥四海：天下。
⑦侈兴土木：大修宫殿庙宇。
⑧视朝：临朝办事。
⑨弛（chí）：松懈、败坏。
⑩二王不相见：明世宗听了方士段朝用的话，专门和方士在一起炼丹，不与自己的儿子们相见。
⑪薄于父子：缺少父子之情。
⑫西苑：现位于北京旧皇城西华门西。
⑬靡时：无时不有。
⑭盗贼：对起义的农民的污称。滋炽：像火烧一样，越来越盛。
⑮登极：即位。
⑯佛：这里的"佛"是指道教。
⑰室如县罄：成语见于《左传·僖公二十六年》，意思是说家里空无一物。
⑱改元：改年号。臆：心里猜想。

齐郊对

由《隆中对》可知，诸葛亮虽"躬耕于南阳"，却是身在草庐，心在外。从刘备与诸葛亮的对答中可以看出，诸葛亮将天下三分的局势分析得十分透彻，具有长远的眼光。如此人物，"每自比于管仲"时，却得不到人们的认同。这固然有时人不知其才的缘故，也有管仲本身居功至伟的原因。但不得不说的是，诸葛亮与管仲有着十分相似的经历，两人均是才华横溢之辈，都有着卓越的政治眼光，而且都为了国家呕心沥血，鞠躬尽瘁。

桓公①自莒反于齐，使鲍叔为宰②，辞曰："臣，君之庸臣也。君加惠于臣，使不冻馁③，则是君之赐也。若必治国家者，则非臣之所能也。若必治国家者，则其④管夷吾⑤乎。臣之所不若夷吾者五：宽惠柔民⑥，弗若也；治国家不失其柄⑦，弗若也；忠信可结于百姓，弗若也，制礼义可法于四方，弗若也；执枹鼓⑧立于军门，使百姓皆加勇焉，弗若也。桓公曰："夫管夷吾射寡人中钩⑨，是以滨⑩于死。"鲍叔对曰："夫为其君动也⑪。君若宥⑫而反之，夫犹是⑬也。"

① 桓公：齐太公之后、僖公之子、襄公之弟桓公小白也。
② 鲍叔：齐大夫，姒姓之后、鲍敬叔之子叔牙也。宰：太宰。
③ 馁 (něi)：饥饿。
④ 其：助词，表示测度的语气。
⑤ 管夷吾：即管仲，夷吾是他的名。
⑥ 宽惠柔民：宽大和善，感化人民。
⑦ 柄：本，根本，指治国的准则。
⑧ 枹 (fú) 鼓：战阵之间，击鼓以振作士气。
⑨ 钩：衣带上的钩。
⑩ 滨：同"濒"，迫近。
⑪ 夫为其君动也：他是为他的国君而行动。夫，彼。君，指公子纠。
⑫ 宥 (yòu)：宽恕。
⑬ 是：代"为其君动"。

......

比至，三衅、三浴之。桓公亲逆①之于郊，而与之坐而问焉，曰："昔吾先君襄公②筑台以为高位，田狩毕弋③，不听国政，卑圣侮士，而唯女是崇。九妃、六嫔，陈妾数百，食必粱肉，衣必文绣。戎士冻馁，戎车待游车之，戎士待陈妾之余。优笑在前，贤材在后。是以国家不日引，不月长。恐宗庙之不扫除，社稷之不血食，敢问为此若何？"管子对曰："昔吾先王昭王、穆王④，世法文、武⑤远绩以成名，何群曳，比校民之有道者，设象⑥以为民纪，式权以相应，比缀以度薄本肇末，劝之以赏赐，纠之以刑罚，班序颠毛，以为民纪统。"桓公曰："为之若何？"管子对曰："昔者，圣王之治天下也，叁其国而伍其鄙，定民之居，成民之事，陵为之终，而慎用其六柄⑦焉。"

......

桓公曰："定民之居若何？"管子对曰："制国以为二十一乡。"桓公曰："善。"管子于是制国以为二十一乡：工商之乡六；士乡十五，公帅五乡焉，国子⑧帅五乡焉，高子⑨帅五乡焉。参国起案，以为三官，臣立三宰，工立三族，市立三乡，泽立三虞，山立三衡。

《国语·齐语》

---

① 逆：迎接。

② 襄公：齐桓公之兄。

③ 田：指在原野上打猎。狩：指用围守的方法猎取禽类。毕：用网猎取雉兔。弋（yì）：用带丝绳的箭射猎物。

④ 昭王、穆王：西周初期的两位统治者。

⑤ 文、武：指周王朝的开创者文王昌、武王发。

⑥ 象：即象魏，宫廷外面的阙门。当时政府颁布的法令一般都悬挂在它上面向民众公布，因而"象"又引申为法令。

⑦ 六柄：据《管子·小匡》，六柄指生、杀、贫、富、贵、贱。

⑧ 国子：齐国上卿，国氏。

⑨ 高子：齐国上卿，高氏。

奇绝山水

明末清初文学家张岱认为"古人记山水手，太上郦道元"。《水经注》在古代游记散文的发展中有重要的地位。《三峡》中，两岸高山对峙，崖壁陡峭，水流湍急，险滩密布。进入南郡界，又见高山绝壁，彩石炫目，林深泉冽，山水遇知己，人景皆感惊叹！

江水又东，迳①西陵峡②，《宜都记》曰：自黄牛滩东入西陵界，至峡口百许里，山水纡曲③，而两岸高山重障，非日中夜半，不见日月。绝壁或千许丈，其石彩色，形容多所像类。林木高茂，略尽④冬春。犹鸣至清，山谷传响，泠泠不绝。所谓三峡，此其一也。山松言：常闻峡中水疾，书记及口传，悉以临惧相戒，曾无称有山水之美也。及余来践跻⑤此境，既至欣然，始信耳闻之不如亲见矣。其迭崿⑥秀峰，奇构异形，固难以辞叙；林木萧森，离离蔚蔚⑦，乃在霞气之表，仰瞩俯映，弥习弥佳，流连信宿⑧，不觉忘返，目所履历，未尝有也。既自欣得此奇观，山水有灵，亦当惊知己于千古矣。

郦道元《水经注·江水二》（节选）

---

① 迳：经过，行经。
② 西陵峡：西起湖北省秭归县西的香溪口，东止宜昌南津关，全长 76 千米。
③ 纡曲：迂回曲折。
④ 略尽：将近。
⑤ 践跻：登临。
⑥ 崿（è）：山崖。
⑦ 离离蔚蔚：形容草木茂盛、生机勃勃的样子。
⑧ 信宿：连住两夜。

摹山状石

> 郦道元笔下的山水，每一处都个性鲜明，短短几十字，山高水深的特点、夏没冬出的季节变化、色彩分明的形态，无不各具情态。在这一小节中，他走过狼尾滩、人滩、黄牛滩，向我们一一描绘其所见。河滩的名字皆取自形态各异的山石状貌。

　　江水又东，迳狼尾滩而历^①人滩。袁山松曰："二滩相去二里。人滩水至峻峭，南岸有青石，夏没冬出，其石嵌崟，数十步中，悉作人面形，或大或小，其分明者，须发皆具，因名曰'人滩'也。"

　　江水又东，迳黄牛山下，有滩名曰黄牛滩。南岸重岭叠起，最外高崖间有石，色如人负刀牵牛，人黑牛黄，成就分明。既人迹所绝，莫得究焉。此岩既高，加以江湍纡回，虽途径信宿，犹望见此物。故行者谣曰："朝发黄牛，暮宿黄牛。三朝三暮，黄牛如故。"

郦道元《水经注·江水二》（节选）

---

① 历：经过。

遁世无闷

据《南史》，谢灵运（385—433）曾说过："天下才共一石，曹子建独得八斗，我得一斗，自古及今共分一斗。"谢灵运，南北朝时期杰出的诗人、文学家，也是一位旅行家，他开创了中国文学史上山水诗派。陶弘景在《答谢中书书》中结尾处写道"自康乐以来，未复有能与其奇者"，这里的"康乐"就是指谢灵运。在六朝人看来，好游山水、善营园林的谢灵运是"雅好自然"的典范，因而最值得效仿。

《登池上楼》抒写诗人久病初起登楼临眺时的所见所感，描写了自然景物的可爱，抒发了自己官场失意的颓丧心情和进退失据的无奈情绪，最终表示了归隐的愿望。诗中情与景交融，景随情变。"池塘生春草，园柳变鸣禽"一句历来为诗论家交口赞赏，诗人从冬去春回的众多景象中选择了一个细小而典型的镜头：不知不觉间楼外枯草瑟瑟的池塘里竟然春草繁生了；小园垂柳丛中禽鸟鸣声也已变换。正是从池塘小园的变化中，久病的诗人突然意识到，外面已是一派浓郁的春意。这里写景，有声有色，远近交错，充满了蓬勃生气。

潜虬①媚②幽姿③，飞鸿④响远音⑤。薄霄愧云浮⑥，栖川⑦怍渊沉⑧。进德智所

---

① 潜虬（qiú）：潜龙。虬，传说中有两角的小龙。
② 媚：喜爱，此有自我怜惜之意。
③ 幽姿：潜隐的姿态。这里喻隐士。
④ 飞鸿：能高飞的雁、鸿鹄等大鸟。
⑤ 远音：鸿飞得高，所以鸣声可以传得很远。比喻有所作为的人。
⑥ 云浮：指高飞的鸿。
⑦ 栖川：栖息水中。
⑧ 渊沉：指深潜水中的虬龙。

拙^①，退耕力不任。狥禄^②反穷海^③，卧疴^④对空林。衾枕昧节候^⑤，褰开^⑥暂窥临。倾耳聆波澜，举目眺岖嵚^⑦。初景革^⑧绪风^⑨，新阳改故阴。池塘生春草，园柳变鸣禽。祁祁伤豳歌，萋萋感楚吟。索居^⑩易永久^⑪，离群难处心^⑫。持操岂独古^⑬，无闷征在今^⑭。

谢灵运《登池上楼》

---

① 智所拙：智力不及。拙，指不善逢迎。

② 狥（xún）禄：追求俸禄。狥，谋求。

③ 穷海：边远荒僻的滨海地区，指永嘉。

④ 疴（kē）：病。

⑤ 昧节候：不明季节变化。

⑥ 褰（qiān）开：拉开，指拉开窗帘。

⑦ 岖嵚（qū qīn）：山岭高耸险峻的样子。

⑧ 革：清除。

⑨ 绪风：冬日残余的寒风。

⑩ 索居：离群独居。

⑪ 易永久：容易觉得时间长久。

⑫ 难处心：难以安心做到。

⑬ 持操岂独古：坚持高尚节操的人难道只有古代才有吗？

⑭ 无闷征在今：自己现在做到了隐居遁世而没有烦闷。无闷，《周易·乾卦·文言》："遁世无闷。"征，证明。

于山水中得自由

吴均（469—520），字叔庠，南朝梁文学家、史学家，吴兴故鄣（今浙江安吉）人。他出身贫寒，性格耿直，好学有俊才。为文清拔，工于写景，尤以小品书札见长，诗亦清新，多为反映社会现实之作，为时人仿效，号称"吴均体"。《与朱元思书》以简洁而传神的文笔，描写富春江两岸清朗秀丽景色，读后如亲临其境；《与施从事书》《与顾章书》，将青山、石门山景物描绘得如诗如画、惟妙惟肖，为六朝骈文名著。六朝时画家宗炳说，观山水的目的在于"澄怀观道"，澄怀方能观道，观道适以澄怀。吴均用澄澈空明的心境来看待山水世事，内心映照出自然的情韵、悠然的人生态度。

故鄣①县东三十五里，有青山，绝壁干天②，孤峰入汉③；绿嶂百重，清川万转。归飞之鸟，千翼竞来；企水④之猿，百臂相接。秋露为霜，春罗⑤被径⑥。"风雨如晦，鸡鸣不已。"信足荡累⑦颐物⑧，悟衷⑨散赏⑩。

吴均《与施从事⑪书》

---

① 故鄣：古县名，在今浙江安吉县西北。
② 绝壁干天：形容山峰直插云霄。
③ 汉：指银河。
④ 企水：口渴思饮。企：祈求，盼望得到。
⑤ 罗：一种地衣类植物。
⑥ 被：通"披"，覆盖；径：同"径"。
⑦ 荡累：消除忧虑。荡：荡涤，消除。
⑧ 颐物：留连物态以怡养性情。
⑨ 悟衷：开阔心胸。
⑩ 施从事：不详。从事，宋以前对幕僚的称呼。
⑪ 施从事：不详。从事，宋以前对幕僚的称呼。

仆去月谢病^①，还觅薜萝^②。梅溪^③之西，有石门山者，森壁争霞^④，孤峰限^⑤日；幽岫^⑥含云，深溪蓄翠^⑦；蝉吟鹤唳，水响猿啼，英英^⑧相杂，绵绵成韵。既素重^⑨幽居，遂葺宇其上^⑩。幸富菊花，偏饶竹实^⑪。山谷所资，于斯已办。仁智之乐，岂徒语^⑫哉！

吴均《与顾章书》

①谢病：因病而自请退职。

②薜萝：一种山中生长的藤本植物。屈原《楚辞·九歌·山鬼》："若有人兮山之阿，被（pī）薜荔兮带女萝。"后以此代指隐士的服饰。还觅薜萝，意思是正准备隐居。

③梅溪：山名，在今浙江安吉境内。

④森壁争霞：众多峭壁和云霞比高低。

⑤限：阻，这里指遮断。

⑥幽岫：幽深的山穴。

⑦翠：绿水。

⑧英英：同"嘤嘤"，象声词，形容虫鸟动物的鸣叫，也形容声音和谐动听。

⑨重：重视，这里是向往的意思。

⑩葺宇其上：在上面修建屋舍。

⑪幸富菊花，偏饶竹实：幸好菊花、竹实很多。竹实，竹米，竹子开花后所结的果实，可以食用，传说为凤凰的食物。菊花、竹实都是隐士的食物。

⑫岂徒语：怎么能随便说。

予寓于事

《列子》又名《冲虚经》，是属于道家的一部经典著作。《列子》的种种名言及寓言故事，都体现了道家对精神自由的心驰神往，而它宏阔的视野、精当的议论和优美的文笔又使人领略到子学著述隽秀、凝练而警拔的散文之美。《列子》的每篇文字，不论长短，都自成系统，各有主题，浅显易懂，饶有趣味，只要我们逐篇阅读，细细体会，就能获得教益。

杨子^①之邻人亡羊，既^②率其党^③，又请杨子之竖追之。杨子曰："嘻！亡一羊，何追者之众？"邻人曰："多歧路^④。"既反^⑤，问："获羊乎？"曰："亡之矣。"曰："奚亡之？"曰："歧路之中又有歧焉，吾不知所之^⑥，所以反也。"

杨子戚然^⑦变容，不言者移时^⑧，不笑者竟日。门人怪^⑨之，请曰："羊，贱畜，又非夫子之有，而损^⑩言笑者，何哉？"杨子不答。门人不获所命^⑪。

弟子孟孙阳^⑫出，以告心都子^⑬。心都子他日与孟孙阳偕入，而问曰："昔有昆弟

---

① 杨子：对战国时期哲学家杨朱的尊称。

② 既：不久。

③ 党：旧时指亲族，现指朋友，有交情的人。

④ 歧：岔路，小道。

⑤ 反：通"返"，返回，回来。

⑥ 之：到……去。

⑦ 戚然：忧伤的样子。

⑧ 移时：多时，一段时间。

⑨ 怪：对……感到奇怪。

⑩ 损：减少。

⑪ 命：教导，告知。

⑫ 孟孙阳：杨朱的学生。

⑬ 心都子：杨朱的学生。

三人，游齐鲁之间，同师而学，进仁义之道而归。其父曰：'仁义之道若何？'伯^①曰：'仁义使我爱身而后名。'仲曰：'仁义使我杀身以成名。'叔曰：'仁义使我身名并全。'彼三术相反，而同出于儒。孰是孰非邪？"杨子曰："人有滨河而居者，习于水，勇于泅^②，操舟鬻渡^③，利供百口。裹粮就学者成徒，而溺死者几半。本学泅，不学溺，而利害如此。若以为孰是孰非？"

心都子嘿然^④而出。孟孙阳让^⑤之曰："何吾子问之迂，夫子答之僻？吾惑愈甚。"心都子曰："大道以多歧亡羊，学者以多方丧生^⑥。学非本不同，非本不一，而末异若是。唯归同反一^⑦，为亡得丧。子长先生之门，习先生之道，而不达先生之况^⑧也，哀哉！"

《列子·说符·歧路亡羊》

詹何以独茧丝为纶^⑨，芒^⑩针为钩，荆蓧^⑪为竿，剖粒^⑫为饵，引^⑬盈车之鱼于百仞之渊、汩流^⑭之中，纶不绝，钩不伸，竿不挠。楚王闻而异之，召问其故。詹何曰："曾

---

① 伯：兄弟排行第一，老大。下文中的仲、叔分别是兄弟排行第二、兄弟排行第三。
② 泅（qiú）：浮水，游水。
③ 鬻（yù）渡：渡船谋生。
④ 嘿然：默认。嘿，同"默"。
⑤ 让：责备。
⑥ 丧生：丧失本性。"生"字，不能够机械地理解为"生命"，还要理解为"性"字，当"本性"讲。
⑦ 归同反一：回到相同的道路，返回一致的道路。
⑧ 况：比喻。
⑨ 纶：钓鱼的丝绳。
⑩ 芒：谷头端细长而尖锐的刺。
⑪ 荆蓧（diào）：楚国产的细竹。
⑫ 剖粒：剖开的米粒。
⑬ 引：牵引，这里指钓上。
⑭ 汩流：湍急的河流。

闻先大夫①之言，蒲且子②之弋③也，弱弓纤缴④，乘风振之，连双鸧⑤于云际，用心专，动手均也。臣因其事，放⑥而学钓，五年始尽其道。当臣之临河持竿，心无杂虑，唯鱼之念，投纶沉钩，手无轻重，物莫能乱。鱼见臣之钩饵，犹尘埃聚沫⑦，吞之不疑。所以能以弱制强，以轻致重也。大王治国诚能若此，则天下可运于一握，将亦奚事哉？"

楚王曰："善。"

《列子·汤问》

造父之师曰泰豆氏。造父之始从习御也，执礼甚卑，泰豆三年不告。造父执礼愈谨，乃告之曰："古诗言：'良弓之子，必先为箕⑧；良冶之子，必先为裘。'汝先观吾趣⑨。趣如吾，然后六辔可持，六马可御。"

造父曰："唯命所从。"

泰豆乃立木为涂⑩，仅可容足；计步而置，履之而行。趣步往还，无跌失也。造父学之，三日尽其巧。

泰豆叹曰："子何其敏也！得之捷乎！凡所御者，亦如此也。曩⑪汝之行，得之于足，应之于心。推于御也，齐辑乎辔衔之际，而急缓乎唇吻之和，正度乎胸臆⑫之中，而执节乎掌握之间。内得于中，而外合于马志，是故能进退履绳而旋曲中规

① 先大夫：这里指已经逝去的父亲。

② 蒲且子：古代善射者。

③ 弋：射箭。

④ 弱弓纤缴：拉力很小的弓，纤细的丝绳。缴，射鸟时系在箭上的丝绳。

⑤ 连双鸧（cāng）：一箭连射两只黄鹂鸟。

⑥ 放：通"仿"。

⑦ 聚沫：聚拢的泡沫。

⑧ 箕：簸箕。

⑨ 趣：快走的姿势。

⑩ 涂：通"途"，道路。

⑪ 曩（nǎng）：以往。

⑫ 胸臆：内心深处的想法。臆，同"臆"。

矩，取道致远而气力有余。诚得其术也，得之于衔，应之于辔；得之于辔，应之于手；得之于手，应之于心。则不以目视，不以策驱，心闲体正，六辔不乱，而二十四蹄所投无差；回旋进退，莫不中节。然后舆轮之外可使无余辙，马蹄之外可使无余地；未尝觉山谷之崄^①，原隰^②之夷，视之一也。吾术穷矣，汝其识之。"

《列子·汤问》

齐田氏^③祖^④于庭，食^⑤客千人，中坐^⑥有献鱼雁者。田氏视之，乃叹曰："天之于民厚矣！殖五谷，生鱼鸟，以^⑦为之用。"众客和之如响^⑧。鲍氏之子年十二，预于次^⑨，进曰："不如君言。天地万物，与我并生，类^⑩也。类无贵贱，徒以大小智力而相制，迭^⑪相食，非相为而生之^⑫。人取可食者而食之，岂天本为人生之？且蚊蚋嘬肤^⑬，虎狼食肉，非天本为蚊蚋生人、虎狼生肉者哉。"

《列子·说符》

---

① 崄：同"险"，险要。

② 隰（xí）：低矮湿地。

③ 田氏：齐国姓田的（贵族）。

④ 祖：古代祭祀的名称。原指出行时祭祀路神，在这里只是祭祀（天地鬼神）之义。

⑤ 食：宴饮。

⑥ 坐：通"座"，坐席，座位。

⑦ 以：用来。

⑧ 响：回响，回声。

⑨ 预于次：参与在末座。预，参与。次，末座。

⑩ 类：种类，物类。

⑪ 迭：更迭。交替地，轮流地。

⑫ 非相为而生：不是为了对方的生存而生存的。

⑬ 蚊蚋（ruì）嘬（zǎn）肤：蚊蚋咬人的皮肤。蚋，生活在水中，能吸食人畜的血、类似蚊的一种昆虫。嘬，叮咬。

　　秦穆公①谓伯乐②曰："子之年长矣，子姓③有可使求马者乎？"伯乐对曰："良马可形容筋骨相也。天下之马，若灭若没，若亡若失。若此者绝尘弭辙④。臣之子，皆下才也，可告以良马，不可告以天下之马也。臣有所与共担缰薪菜⑤者，有九方皋⑥，此其于马非臣之下也，请见⑦之。"穆公见之，使行求马。三月而反报曰："已得之矣，在沙丘。"穆公曰："何马也？"对曰："牝⑧而黄。"使人往取之，牡⑨而骊。穆公不说⑩，召伯乐而谓之曰："败矣！子所使求马者，色物⑪、牝牡尚弗能知，又何马之能知也？"伯乐喟然⑫太息曰："一至于此乎⑬！是乃其所以千万臣⑭而无数者也。若皋之所观，天机⑮也。得其精而忘⑯其粗，在其内而忘其外。见其所见，不见其所不见；视其所视，而遗其所不视。若皋之相者，乃有贵乎马者也⑰。"马至，果天下之马也。

《列子·说符》

---

① 秦穆公：春秋时期秦国国君，名任好，五霸之一。
② 伯乐：姓孙，名阳。古代著名相马专家。
③ 子姓：您的家族。
④ 绝尘弭辙：不沾尘土，不留下足迹，形容马奔跑得很快。
⑤ 担缰（mò）薪菜：挑担打柴。
⑥ 九方皋：人名，复姓九方，或作九方歅、九方堙。
⑦ 见：使动，使谒见。
⑧ 牝（pìn）：雌性的鸟兽。与"牡"相对。
⑨ 牡（mǔ）：雄性的鸟兽。骊（lí）：纯黑色的马。
⑩ 说：同"悦"，高兴。
⑪ 物：杂色牛。
⑫ 喟（kuì）然：叹气的样子。
⑬ 一至于此乎：竟达到了这样的境界！一，副词，竟然。
⑭ 千万臣：比我强千万倍还不止的原因。
⑮ 天机：天赋之灵性。
⑯ 忘：忽视，忽略。
⑰ 乃有贵乎马者也：包含着比相马本身价值更高的道理。

刎颈之交

司马迁，字子长，西汉史学家、文学家、思想家。他自幼生活在民间，二十岁起游览名山大川，考察文物古迹，广为搜集史料，这为他日后撰写《史记》奠定了良好的基础。

《史记》长于记人，《廉颇蔺相如列传》生动刻画了廉颇、蔺相如、赵奢、李牧、赵惠文王等一批性格各异的人物形象，他们或耿直或忠厚，或鲁莽或机智，形象鲜明生动，令人叹服。本文选取了其中廉颇、蔺相如的部分，司马迁在文中极尽渲染之能事，层层蓄势，有如大江截流，如他在文中五次渲染相如操天下大势为己用之睿智：为国纾难，利用国际舆论，借使秦负曲之势，奉璧至秦；秦王得璧不偿城，相如以"璧有瑕，请指示王"诓得玉璧后，抓住秦王贪婪的弱点，欲以璧击柱，借"秦恐璧破"之势威胁秦王；抓住秦国二十余君"不坚明约束"之过，借理在我方之势，使人怀璧归赵；渑池之会，借"五步之内以颈血溅大王"之势，逼秦王就范，为一击缶；借"赵亦盛设兵以待秦"之势，迫使秦不敢动武。相如勇智，已是光彩照人。

价值连城、完璧归赵、渑池之会、布衣之交、负荆请罪、刎颈之交、怒发冲冠等成语均出自本篇。

廉颇者，赵之良将也。赵惠文王十六年[①]，廉颇为赵将伐齐，大破之，取阳晋[②]，拜为上卿[③]，以勇气闻于诸侯。蔺相如者，赵人也，为赵宦者令[④]缪贤[⑤]

---

① 赵惠文王十六年：公元前283年。赵惠文王，赵国君主，名何。

② 阳晋：齐国城邑，在今山东菏泽西北。

③ 上卿：战国时期诸侯国大臣中最高的官位。

④ 宦者令：宦官的首领。

⑤ 缪贤：生卒年不详，战国时期赵国宦者令，向赵惠文王举荐了门客蔺相如。

舍人①。

　　赵惠文王时，得楚和氏璧②。秦昭王③闻之，使人遗④赵王书，愿以十五城请易璧。赵王与大将军廉颇诸大臣谋：欲予秦，秦城恐不可得，徒见欺；欲勿予，即患秦兵之来。计未定，求人可使报秦者，未得。宦者令缪贤曰："臣舍人蔺相如可使。"王问："何以知之？"对曰："臣尝有罪，窃计欲亡走燕⑤，臣舍人相如止臣，曰：'君何以知燕王⑥？'臣语曰：'臣尝从大王与燕王会境上，燕王私握臣手，曰"愿结友"。以此知之，故欲往。'相如谓臣曰：'夫赵强而燕弱，而君幸于赵王⑦，故燕王欲结于君。今君乃⑧亡赵走燕，燕畏赵，其势必不敢留君，而束君归赵⑨矣。君不如肉袒伏斧质⑩请罪，则幸得脱矣。'臣从其计，大王亦幸赦臣。臣窃以为其人勇士，有智谋，宜可使⑪。"于是王召见，问蔺相如曰："秦王以十五城请易寡人之璧，可予不？"相如曰："秦强而赵弱，不可不许。"王曰："取吾璧，不予我城，奈何？"相如曰："秦以城求璧而赵不许，曲⑫在赵。赵予璧而秦不予赵城，曲在秦。均之二策⑬，宁许以负秦曲⑭。"王曰："谁可使者？"相如曰："王必无人，臣愿奉璧往使。城入赵而璧留秦；城不入，臣请完璧归赵⑮。"赵王于是遂遣相如奉璧西入秦。

————————————

① 舍人：有职务的门客。
② 和氏璧：战国时著名的玉璧，是楚人卞和发现的，故名。事见《韩非子·何氏》。
③ 秦昭王：即秦昭襄王，名则。
④ 遗（wèi）：送。
⑤ 亡走燕：逃到燕国去。
⑥ 何以知燕王：根据什么知道燕王（会收留你）。
⑦ 幸于赵王：被赵王宠爱。幸，宠幸。
⑧ 乃：却，竟然。
⑨ 束君归赵：把您捆绑起来送还赵国。
⑩ 肉袒伏斧质：解衣露体，伏在斧质上。袒，脱衣露体。质，同"锧"，承斧的砧板。
⑪ 宜可使：可供差遣。宜，适宜。
⑫ 曲：理屈，理亏。
⑬ 均之二策：衡量这两个计策。均，衡量。之，这。
⑭ 宁许以负秦曲：宁可答应，而让秦国承担理亏的责任。
⑮ 完璧归赵：让璧完整无损地归还赵国。

　　秦王坐章台①见相如，相如奉璧奏②秦王。秦王大喜，传以示美人③及左右，左右皆呼万岁。相如视秦王无意偿赵城，乃前曰："璧有瑕④，请指示王。"王授璧，相如因持璧却立⑤，倚柱，怒发上冲冠⑥，谓秦王曰："大王欲得璧，使人发书至赵王，赵王悉召群臣议，皆曰'秦贪，负⑦其强，以空言求璧，偿城恐不可得'。议不欲予秦璧。臣以为布衣之交⑧尚不相欺，况大国乎！且以一璧之故逆⑨强秦之欢，不可。于是赵王乃斋戒五日，使臣奉璧，拜送书⑩于庭⑪。何者？严⑫大国之威以修敬⑬也。今臣至，大王见臣列观⑭，礼节甚倨；得璧，传之美人，以戏弄臣。臣观大王无意偿赵王城邑，故臣复取璧。大王必欲急⑮臣，臣头今与璧俱碎于柱矣！"相如持其璧睨柱，欲以击柱。秦王恐其破璧，乃辞谢⑯固请⑰，召有司⑱案图⑲，指从此以往十五都⑳予赵。相如度秦王特㉑以诈详为㉒予赵城，实不可得，乃谓秦王曰："和氏璧，天下所共传宝

---

①章台：秦离宫中的台观名。

②奏：进献。

③美人：指秦王的姬妾。

④瑕：玉上的斑点或裂痕。

⑤却立：倒退几步立定。

⑥怒发上冲冠：愤怒得头发直竖，顶起了冠。形容极其愤怒。

⑦负：倚仗。

⑧布衣之交：平民间的交往。古代平民只穿麻衣、葛布，故称布衣。

⑨逆：拂逆，触犯。

⑩书：指赵王的复信。

⑪庭：同"廷"，朝堂。

⑫严：尊重，敬畏。

⑬修敬：致敬。

⑭列观（guàn）：一般的台观，指章台。不在朝堂接见，说明秦对赵使的不尊重。

⑮急：逼迫。

⑯辞谢：婉言道歉。

⑰固请：坚决请求（相如不要把璧撞破）。

⑱有司：职有专司的官吏。

⑲案图：查明地图。案，同"按"。

⑳都：城邑。

㉑特：只，只是。

㉒详为：假装做。详，同"佯"，假装。

也，赵王恐，不敢不献。赵王送璧时，斋戒五日，今大王亦宜斋戒五日，设九宾^①于廷，臣乃敢上璧。"秦王度之，终不可强夺，遂许斋五日，舍^②相如广成传^③。相如度秦王虽斋，决负约不偿城，乃使其从者衣褐^④，怀其璧，从径道亡，归璧于赵。

秦王斋五日后，乃设九宾礼于廷，引赵使者蔺相如。相如至，谓秦王曰："秦自缪公^⑤以来二十余君，未尝有坚明约束^⑥者也。臣诚恐见欺于王而负赵，故令人持璧归，间^⑦至赵矣。且秦强而赵弱，大王遣一介之使至赵，赵立奉璧来。今以秦之强而先割十五都予赵，赵岂敢留璧而得罪于大王乎？臣知欺大王之罪当诛，臣请就汤镬^⑧，唯大王与群臣孰^⑨计议之。"秦王与群臣相视而嘻^⑩。左右或欲引相如去，秦王因曰："今杀相如，终不能得璧也，而绝秦赵之欢，不如因而厚遇之，使归赵，赵王岂以一璧之故欺秦邪！"卒廷见相如^⑪，毕礼而归之^⑫。

相如既归，赵王以为贤大夫使不辱于诸侯，拜相如为上大夫。秦亦不以城予赵，赵亦终不予秦璧。

其后秦伐赵，拔石城^⑬。明年，复攻赵，杀二万人。

秦王使使者告赵王，欲与王为好^⑭会于西河外渑池^⑮。赵王畏秦，欲毋行。廉颇、蔺相如计曰："王不行，示赵弱且怯也。"赵王遂行，相如从。廉颇送至境，与王

①设九宾：一种外交上最隆重的仪式。有傧相九人依次传呼接引宾客上殿。宾，同"傧"。
②舍：安置。
③广成传（zhuàn）：广成，宾馆名。传，传舍，宾馆。
④衣（yì）褐：穿着粗麻布短衣，指化装成平民百姓。
⑤缪公：即秦穆公。缪，同"穆"。
⑥坚明约束：坚决明确地遵守信约。约束，信约。
⑦间（jiàn）：抄小路，与上文"从径道亡"相应。
⑧就汤镬（huò）：指接收烹刑。汤，沸水。镬，大锅。
⑨孰：同"熟"，仔细。
⑩嘻：苦笑声。
⑪卒廷见相如：终于在朝堂上接见蔺相如。
⑫毕礼而归之：举行完廷见的外交大礼然后送他回国。
⑬拔石城：攻取石城。石城，故址在今河南林州西南。
⑭为好：修好。
⑮西河外渑（miǎn）池：西河，黄河西边。渑池，今河南渑池。

诀曰："王行，度道里会遇之礼毕①，还，不过三十日。三十日不还，则请立太子为王，以绝秦望②。"王许之，遂与秦王会渑池。秦王饮酒酣，曰："寡人窃闻赵王好音，请奏瑟。"赵王鼓瑟。秦御史③前书曰"某年月日，秦王与赵王会饮，令赵王鼓瑟"。蔺相如前曰："赵王窃闻秦王善为秦声，请奏盆缻④秦王，以相娱乐。"秦王怒，不许。于是相如前进缻，因跪请秦王。秦王不肯击缻。相如曰："五步之内，相如请得以颈血溅大王矣！"左右欲刃⑤相如，相如张目叱⑥之，左右皆靡⑦。于是秦王不怿⑧，为一击缻。相如顾召赵御史书曰"某年月日，秦王为赵王击缻"。秦之群臣曰："请以赵十五城为秦王寿⑨。"蔺相如亦曰："请以秦之咸阳为赵王寿。"秦王竟酒⑩，终不能加胜于赵。赵亦盛设兵⑪以待秦，秦不敢动。

既罢归国，以相如功大，拜为上卿，位在廉颇之右⑫。廉颇曰："我为赵将，有攻城野战之大功，而蔺相如徒以口舌为劳，而位居我上，且相如素贱人⑬，吾羞，不忍为之下。"宣言曰："我见相如，必辱之。"相如闻，不肯与会。相如每朝时，常称病，不欲与廉颇争列。已而相如出，望见廉颇，相如引车避匿⑭。于是舍人⑮相与⑯谏曰："臣所以去亲戚而事君者，徒慕君之高义也。今君与廉颇同列，廉君宣恶

---

① 度道里会遇之礼毕：估算前往渑池的路程和会谈完毕的时间。道里，路程。
② 绝秦望：断绝秦国要挟胁迫的念头。
③ 御史：官名。战国时御史专管图籍，记载国家大事。
④ 盆缻（fǒu）：均为瓦器。缻，同"缶"。秦人敲打盆缶作为唱歌时的节拍。
⑤ 刃：刀锋。这里是杀的意思。
⑥ 叱：喝骂。
⑦ 靡：倒下，这里指后退。
⑧ 怿（yì）：愉快。
⑨ 为秦王寿：祝秦王长寿，指向秦王献礼。
⑩ 竟酒：直到酒宴完毕。
⑪ 盛设兵：多布置军队。
⑫ 右：上。古人以右为尊。
⑬ 相如素贱人：指蔺相如这个人做过太监的家臣，向来微贱。素，素来，向来。
⑭ 引车避匿：将车子调转躲避。
⑮ 舍人：指蔺相如的门客。
⑯ 相与：一起，共同。

言而君畏匿之，恐惧殊甚，且庸人尚羞之，况于将相乎！臣等不肖，请辞去。"蔺相如固止之，曰："公之视廉将军孰与秦王^①？"曰："不若也。"相如曰："夫以秦王之威，而相如廷叱之，辱其群臣，相如虽驽^②，独畏廉将军哉？顾吾念之，强秦之所以不敢加兵于赵者，徒以吾两人在也。今两虎共斗，其势不俱生。吾所以为此者，以先国家之急而后私仇也。"廉颇闻之，肉袒负荆^③，因^④宾客至蔺相如门谢罪。曰："鄙贱之人，不知将军^⑤宽之至此也。"卒相与欢，为刎颈之交^⑥。

司马迁《史记·廉颇蔺相如列传》（节选）

①孰与秦王：与秦王相比怎么样？孰与，与……相比。孰，谁，哪一个。

②驽：愚笨，拙劣。

③负荆：背着荆条，表示愿受鞭打。

④因：通过。

⑤将军：当时的上卿兼职将相，所以廉颇这样称呼蔺相如。

⑥刎（wěn）颈之交：指能够共患难、同生死的朋友。刎颈，杀头。刎，割。

智慧的发明

沈括（1031—1095），字存中，号梦溪丈人，杭州钱塘县（今浙江杭州）人，北宋科学家。

《活板》是沈括创作的一篇科普说明文，也是北宋平民毕昇发明活字印刷的最早记录，详细记载了活版制作与印刷的过程。通过沈括的介绍，活版的面貌在读者面前得以清晰地展现。文章条理清楚而有序，抓住活字印刷的主要优点、特征——"活"来进行说明。在介绍活字印刷的方法和过程中，没有出现一个"活"字，而字里行间，却无不在说明一个"活"字。同时，又将雕版的死板同活字印刷的灵活做鲜明的对比，使这种对比方法贯穿在全文的说明之中，突出活字印刷的优越性，给读者留下了深刻的印象。

板印[①]书籍，唐人尚未盛为之。自冯瀛王[②]始印五经，已后典籍皆为板本[③]。

庆历[④]中，有布衣毕昇[⑤]，又为活板[⑥]。其法：用胶泥刻字，薄如钱唇，每字为一印，火烧令坚。先设一铁板，其上以松脂、蜡和纸灰之类冒[⑦]之。欲印，则以一铁范[⑧]置铁板上，乃密布字印，满铁范为一板，持就火炀[⑨]之，药稍熔，则以一平板按其面，

---

① 板印：指雕版印刷。
② 冯瀛王：即冯道（882—954），字可道，瀛洲景城（今河北沧县西）人，历仕后唐至后周。死后被周世宗追封为瀛王，是中国古代大规模官刻儒家经籍的首倡者。后唐明宗长兴三年（932），冯道和李愚向朝廷建议刻印五经发卖。
③ 板本：板印书籍，相对于抄本而言。
④ 庆历：宋仁宗赵祯年号（1041—1048）。
⑤ 毕昇（972—1051）：蕲州蕲水直河乡（今属湖北英山）人，北宋工匠、发明家，首创活字印刷术。
⑥ 活板：用活字排成的印刷版。板，同"版"。
⑦ 冒：覆盖。
⑧ 铁范：铁制的框子。
⑨ 炀（yáng）：烘烤。

陆夏君　倪海娜·主编

梧桐语丝

下

浙江工商大学出版社 ZHEJIANG GONGSHANG UNIVERSITY PRESS｜杭州

第三辑

精彩白话

散文之美

朱自清（1898—1948），原名自华，号实秋，后改名自清，字佩弦。原籍浙江绍兴，出生后随父定居扬州。中国现代散文家、诗人、学者、民主战士。代表作有《春》《背影》《荷塘月色》等。

朱自清散文以其独特的语言风格深受读者喜爱，其作品的魅力在于用心将生活与文字融合，实现"美"与"情"的交织与融合。在《春》中，朱自清按照特定的顺序对"盼春""绘春""赞春"进行描写，以简明的形式突出对春的热爱之情。在《背影》中，主要围绕父对子的爱和子对父的情这两点加以构思，并通过艺术性手段的处理将父子之情体现得淋漓尽致。在《荷塘月色》中，在动静结合中巧用比喻手法，对月色之下的荷塘美景进行寻找与挖掘，通过为景物赋予神韵的方式凸显荷塘月色的美。在《绿》中，朱自清对梅雨潭的景象进行了翔实的刻画，将平凡而常见的景物塑造得醉人而有意境美。以平常之词塑造最美意境，充分体现了朱自清独特的语言风格。同时，朱自清尤为擅长在散文中抒发情感，藏情于景，使得其散文更具艺术魅力，更耐人寻味。

荷塘月色

朱自清

这几天心里颇不宁静。今晚在院子里坐着乘凉，忽然想起日日走过的荷塘，在这满月的光里，总该另有一番样子吧。月亮渐渐地升高了，墙外马路上孩子们的欢笑，已经听不见了；妻在屋里拍着闰儿，迷迷糊糊地哼着眠歌。我悄悄地披了大衫，带上门出去。

沿着荷塘，是一条曲折的小煤屑路。这是一条幽僻的路；白天也少人走，夜晚更加寂寞。荷塘四面，长着许多树，蓊蓊郁郁的。路的一旁，是些杨柳，和一些不知道名字的树。没有月光的晚上，这路上阴森森的，有些怕人。今晚却很好，虽然月光也还是淡淡的。

路上只我一个人，背着手踱着。这一片天地好像是我的；我也像超出了平常的自己，到了另一个世界里。我爱热闹，也爱冷静；爱群居，也爱独处。像今晚上，一个人在这苍茫的月下，什么都可以想，什么都可以不想，便觉是个自由的人。白天里一定要做的事，一定要说的话，现在都可不理。这是独处的妙处，我且受用这无边的荷香月色好了。

曲曲折折的荷塘上面，弥望的是田田的叶子。叶子出水很高，像亭亭的舞女的裙。层层的叶子中间，零星地点缀着些白花，有袅娜地开着的，有羞涩地打着朵儿的；正如一粒粒的明珠，又如碧天里的星星，又如刚出浴的美人。微风过处，送来缕缕清香，仿佛远处高楼上渺茫的歌声似的。这时候叶子与花也有一丝的颤动，像闪电般，霎时传过荷塘的那边去了。叶子本是肩并肩密密地挨着，这便宛然有了一道凝碧的波痕。叶子底下是脉脉的流水，遮住了，不能见一些颜色；而叶子却更见风致了。

月光如流水一般，静静地泻在这一片叶子和花上。薄薄的青雾浮起在荷塘里。叶子和花仿佛在牛乳中洗过一样；又像笼着轻纱的梦。虽然是满月，天上却有一层淡淡的云，所以不能朗照；但我以为这恰是到了好处——酣眠固不可少，小睡也别有风味的。月光是隔了树照过来的，高处丛生的灌木，落下参差的斑驳的黑影，峭楞楞如鬼一般；弯弯的杨柳的稀疏的倩影，却又像是画在荷叶上。塘中的月色并不均匀；但光与影有着和谐的旋律，如梵婀玲上奏着的名曲。

荷塘的四面，远远近近，高高低低都是树，而杨柳最多。这些树将一片荷塘重重围住；只在小路一旁，漏着几段空隙，像是特为月光留下的。树色一例是阴阴的，乍看像一团烟雾；但杨柳的丰姿，便在烟雾里也辨得出。树梢上隐隐约约的是一带远山，只有些大意罢了。树缝里也漏着一两点路灯光，没精打采的，是渴睡人的眼。这时候最热闹的，要数树上的蝉声与水里的蛙声；但热闹是它们的，我什么也没有。

忽然想起采莲的事情来了。采莲是江南的旧俗，似乎很早就有，而六朝时为盛；从诗歌里可以约略知道。采莲的是少年的女子，她们是荡着小船，唱着艳歌去的。采莲人不用说很多，还有看采莲的人。那是一个热闹的季节，也是一个风流的季节。梁元帝《采莲赋》里说得好：

> 于是妖童媛女，荡舟心许；鹢首徐回，兼传羽杯；棹将移而藻挂，船欲动而萍开。尔其纤腰束素，迁延顾步；夏始春余，叶嫩花初，恐沾裳而浅笑，畏倾船而敛裾。

可见当时嬉游的光景了。这真是有趣的事，可惜我们现在早已无福消受了。

于是又记起《西洲曲》里的句子：

> 采莲南塘秋，莲花过人头；低头弄莲子，莲子清如水。

今晚若有采莲人，这儿的莲花也算得"过人头"了；只不见一些流水的影子，是不行的。这令我到底惦着江南了。——这样想着，猛一抬头，不觉已是自己的门前；轻轻地推门进去，什么声息也没有，妻已睡熟好久了。

一九二七年七月，北京清华园。

绿

朱自清

我第二次到仙岩的时候，我惊诧于梅雨潭的绿了。

梅雨潭是一个瀑布潭。仙岩有三个瀑布，梅雨瀑最低。走到山边，便听见哗哗哗哗的声音；抬起头，镶在两条湿湿的黑边儿里的，一带白而发亮的水便呈现于眼前了。我们先到梅雨亭。梅雨亭正对着那条瀑布；坐在亭边，不必仰头，便可见它的全体了。亭下深深的便是梅雨潭。这个亭踞在突出的一角的岩石上，上下都空空儿的；仿佛一只苍鹰展着翼翅浮在天宇中一般。三面都是山，像半个环儿拥着；人如在井底了。这是一个秋季的薄阴的天气。微微的云在我们顶上流着；岩面与草丛都从润湿中透出几分油油的绿意。而瀑布也似乎分外地响了。那瀑布从上面冲下，仿佛已被扯成大小的几绺；不复是一幅整齐而平滑的布。岩上有许多棱角；瀑流经过时，作急剧的撞击，便飞花碎玉般乱溅着了。那溅着的水花，晶莹而多芒；远望去，像一朵朵小小的白梅，微雨似的纷纷落着。据说，这就是梅雨潭之所以得名了。但我觉得像杨花，格外确切些。轻风起来时，点点随风飘散，那更是杨花了。这时偶然有几点送入我们温暖的怀里，便倏地钻了进去，再也寻它不着。

梅雨潭闪闪的绿色招引着我们；我们开始追捉她那离合的神光了。揪着草，攀着乱石，小心探身下去，又鞠躬过了一个石穹门，便到了汪汪一碧的潭边了。瀑布在襟袖之间；但我的心中已没有瀑布了。我的心随潭水的绿而摇荡。那醉人的绿呀，仿佛一张极大极大的荷叶铺着，满是奇异的绿呀。我想张开两臂抱住她；但这是怎样一个妄想呀。——站在水边，望到那面，居然觉着有些远呢！这平铺着，厚积着的绿，着实可爱。她松松地皱缬着，像少妇拖着的裙幅；她轻轻地摆弄着，像跳动的初恋的处女的心；她滑滑地明亮着，像涂了"明油"一般，有鸡蛋清那样软，那样嫩，令人想着所曾触过的最嫩的皮肤；她又不杂些儿尘滓，宛然一块温润的碧玉，只清清的一色——但你却看不透她！我曾见过北京什刹海拂地的绿杨，脱不了鹅黄的底子，似乎太淡了。我又曾见过杭州虎跑寺近旁高峻而深密的"绿壁"，重叠着无穷的碧草与绿叶的，那又似乎太浓了。其余呢，西湖的波太明了，秦淮河的水又太暗了。可爱的，我将什么来比拟你呢？我怎么比拟得出呢？大约潭是很深的、故能蕴蓄着这样奇异的绿；仿佛蔚蓝的天融了一块在里面似的，这才这般的鲜润呀。那醉人的绿呀！我若能裁你以为带，我将赠给那轻盈的舞女；她必能临风飘举了。我若能挹你以为眼，我将赠给那善歌的盲妹；她必明眸善睐了。我舍不得你；我怎舍得你呢？我用手拍着你，抚摩着你，如同一个十二三岁的小姑娘。我又掬你入口，便是吻着她了。我送你一个名字，我从此叫你"女儿绿"，好么？

我第二次到仙岩的时候，我不禁惊诧于梅雨潭的绿了。

背影

朱自清

我与父亲不相见已二年余了，我最不能忘记的是他的背影。

那年冬天，祖母死了，父亲的差使也交卸了，正是祸不单行的日子。我从北京到徐州，打算跟着父亲奔丧回家。到徐州见着父亲，看见满院狼藉的东西，又想起祖母，不禁簌簌地流下眼泪。父亲说："事已如此，不必难过，好在天无绝人之路！"

回家变卖典质，父亲还了亏空；又借钱办了丧事。这些日子，家中光景很是惨淡，一半为了丧事，一半为了父亲赋闲。丧事完毕，父亲要到南京谋事，我也要回北京念书，我们便同行。

到南京时，有朋友约去游逛，勾留了一日；第二日上午便须渡江到浦口，下午上车北去。父亲因为事忙，本已说定不送我，叫旅馆里一个熟识的茶房陪我同去。他再三嘱咐茶房，甚是仔细。但他终于不放心，怕茶房不妥帖；颇踌躇了一会。其实我那年已二十岁，北京已来往过两三次，是没有什么要紧的了。他踌躇了一会，终于决定还是自己送我去。我再三劝他不必去；他只说："不要紧，他们去不好！"

我们过了江，进了车站。我买票，他忙着照看行李。行李太多，得向脚夫行些小费才可过去。他便又忙着和他们讲价钱。我那时真是聪明过分，总觉他说话不大漂亮，非自己插嘴不可，但他终于讲定了价钱；就送我上车。他给我拣定了靠车门的一张椅子；我将他给我做的紫毛大衣铺好座位。他嘱我路上小心，夜里要警醒些，不要受凉。又嘱托茶房好好照应我。我心里暗笑他的迂；他们只认得钱，托他们只是白托！而且我这样大年纪的人，难道还不能料理自己么？唉，我现在想想，我那时真是太聪明了。

我说道："爸爸，你走吧。"他往车外看了看，说："我买几个橘子去。你就在此地，不要走动。"我看那边月台的栅栏外有几个卖东西的等着顾客。走到那边月台，须穿过铁道，须跳下去又爬上去。父亲是一个胖子，走过去自然要费事些。我本来要去的，他不肯，只好让他去。我看见他戴着黑布小帽，穿着黑布大马褂，深青布棉袍，蹒跚地走到铁道边，慢慢探身下去，尚不大难。可是他穿过铁道，要爬上那边月台，就不容易了。他用两手攀着上面，两脚再向上缩；他肥胖的身子向左微倾，显出努力的样子。这时我看见他的背影，我的泪很快地流下来了。我赶紧拭干了泪，怕他看见，也怕别人看见。我再向外看时，他已抱了朱红的橘子往回走了。过铁道时，他先将橘子散放在地上，自己慢慢爬下，再抱起橘子走。到这边时，我赶紧去搀他。他和我走到车上，将橘子一股脑儿放在我的皮大衣上。于是扑扑衣上的泥土，心里很轻松似的。过一会儿说："我走了，到那边来信！"我望着他走出去。他走了几步，回过头看见我，说："进去吧，里边没人。"等他的背影混入来来往往的人里，再找不着了，我便进来坐下，我的眼泪又来了。

　　近几年来，父亲和我都是东奔西走，家中光景是一日不如一日。他少年出外谋生，独力支持，做了许多大事。哪知老境却如此颓唐！他触目伤怀，自然情不能自已。情郁于中，自然要发之于外；家庭琐屑便往往触他之怒。他待我渐渐不同往日。但最近两年的不见，他终于忘却我的不好，只是惦记着我，惦记着我的儿子。我北来后，他写了一信给我，信中说道："我身体平安，惟膀子疼痛厉害，举箸提笔，诸多不便，大约大去之期不远矣。"我读到此处，在晶莹的泪光中，又看见那肥胖的、青布棉袍黑布马褂的背影。唉！我不知何时再能与他相见！

平凡者的生命悲歌

老舍（1899—1966）作为中国现代文学领域的知名作家，一生中创作了大量经典的文学作品，如小说《骆驼祥子》《四世同堂》，话剧《茶馆》《龙须沟》等，这些作品在当代仍然具有很深的影响力。他在文学作品中常常将关注视角放在底层小人物身上，关注小人物在特殊的社会环境下的生存状态与精神面貌，用细腻而真实的文字描绘底层人民的生活和命运。

《骆驼祥子》中，一个勤劳、壮实的底层社会小人物怀着发家、奋斗的美好梦想，却最终被黑暗的暴风雨所吞噬。它揭示了当时“小人物”的奴隶心理和希望的最终破灭。作品中的人物从祥子、虎妞、小福子、二强子、老马祖孙，到曾经名扬一时的刘四爷都是小人物的代表，他们都走向了绝望、暗淡。这些人物的命运悲剧构成了整个社会的大悲剧。同时也让我们思考着造成小人物的命运悲剧的根源所在。

《茶馆》中，以裕泰茶馆的兴衰为线索，以小见大，展示了戊戌变法、军阀混战和新中国成立前夕三个时代近半个世纪的社会风云变化。剧本中出场的人物近 50 人，覆盖了各阶层的三教九流人物，真实鲜活地描绘了在社会变迁中呐喊与彷徨的小人物们。

骆驼祥子（节选）

老舍

已经是初冬天气，晚上胡同里叫卖糖炒栗子，落花生之外，加上了低悲的“卖夜壶喽”。夜壶挑子上带着瓦的闷葫芦罐儿，祥子买了个大号的。头一号买卖，卖夜壶的找不开钱，祥子心中一转，看那个顶小的小绿夜壶非常有趣，绿汪汪的，也噘着小嘴，“不用找钱了，我来这么一个！”

　　放下闷葫芦罐，他把小绿夜壶送到里边去："少爷没睡哪？送你个好玩意！"

　　大家都正看着小文——曹家的小男孩——洗澡呢，一见这个玩意都憋不住地笑了。曹氏夫妇没说什么，大概觉得这个玩意虽然蠢一些，可是祥子的善意是应当领受的，所以都向他笑着表示谢意。高妈的嘴可不会闲着：

　　"你看，真是的，祥子！这么大个子了，会出这么高明的主意；多么不顺眼！"

　　小文很喜欢这个玩意，登时用手捧澡盆里的水往小壶里灌："这小茶壶，嘴大！"

　　大家笑得更加起劲。祥子整着身子——因为一得意就不知怎么好了——走出来。他很高兴，这是向来没经历过的事，大家的笑脸全朝着他自己，仿佛他是个很重要的人似的。微笑着，又把那几块现洋搬运出来，轻轻地一块一块往闷葫芦罐里放，心里说：这比什么都牢靠！多咱够了数，多咱往墙上一碰；啪喳，现洋比瓦片还得多！

　　他决定不再求任何人。就是刘四爷那么可靠，究竟有时候显着别扭，钱是丢不了哇，在刘四爷手里，不过总有点不放心。钱这个东西像戒指，总是在自己手上好。这个决定使他痛快，觉得好像自己的腰带又杀紧了一扣，使胸口能挺得更直更硬。

　　天是越来越冷了，祥子似乎没觉到。心中有了一定的主意，眼前便增多了光明；在光明中不会觉得寒冷。地上初见冰凌，连便道上的土都凝固起来，处处显出干燥，结实，黑土的颜色已微微发些黄，像已把潮气散尽。特别是在一清早，被大车轧起的土棱上镶着几条霜边，小风尖溜溜地把早霞吹散，露出极高极蓝极爽快的天。祥子愿意早早地拉车跑一趟，凉风灌进他的袖口，使他全身像洗冷水澡似的一哆嗦，一痛快，有时候起了狂风，把他打得出不来气，可是他低着头，咬着牙，向前钻，像一条浮着逆水的大鱼；风越大，他的抵抗也越大，似乎是和狂风决一死战。猛地一股风顶得他透不出气，闭住口，半天，打出一个嗝，仿佛是在水里扎了一个猛子。打出这个嗝，他继续往前奔走，往前冲进，没有任何东西能阻止住这个巨人；他全身的筋肉没有一处松懈，像被蚂蚁围攻的绿虫，全身摇动着抵御。这一身汗！等到放下车，直一直腰，吐出一口长气，抹去嘴角的黄沙，他觉得他是无敌的；看着那裹着灰沙的风从他面前扫过去，他点点头。风吹弯了路旁的树木，撕碎了店户的布幌，揭净了墙上的报单，遮昏了太阳，唱着，叫着，吼着，回荡着；忽然直驰，像惊狂了的大精灵，扯天扯地地疾走；忽然慌乱，四面八方地乱卷，像不知怎好而决定乱撞的恶魔；忽然横扫，乘其不备地袭击着地上的一切，扭折了树枝，吹掀了屋瓦，撞断了电线；可是，祥子在那里看着；他刚从风里出来，风并没能把他怎样了！胜利是祥子的！及至遇上顺风，他只须拿稳了车把，自己不用跑，风会替他推转车轮，像个很好的朋友。

自然，他既不瞎，必定也看见了那些老弱的车夫。他们穿着一阵小风就能打透的，一阵大风就吹碎了的破衣；脚上不知绑了些什么。在车口，他们哆嗦着，眼睛像贼似的溜着，不论从什么地方钻出个人来，他们都争着问："车？！"拉上个买卖，他们暖和起来，汗湿透了那点薄而破的衣裳。一停住，他们的汗在背上结成了冰。遇上风，他们一步也不能抬，而生生地要曳着车走；风从上面砸下来，他们要把头低到胸口里去；风从下面来，他们的脚便找不着了地；风从前面来，手一扬就要放风筝；风从后边来，他们没法管束住车与自己。但是他们设尽了方法，用尽了力气，死曳活曳地把车拉到了地方，为几个铜子得破出一条命。一趟车拉下来，灰土被汗合成了泥，糊在脸上，只露着眼与嘴三个冻红了的圈。天是那么短，那么冷，街上没有多少人；这样苦奔一天，未必就能挣上一顿饱饭。

祥子怎能没看见这些呢。但是他没工夫为他们忧虑思索。他们的罪孽也就是他的，不过他正在年轻力壮，受得起辛苦，不怕冷，不怕风；晚间有个干净的住处，白天有件整齐的衣裳，所以他觉得自己与他们并不能相提并论，他现在虽是与他们一同受苦，可是受苦的程度到底不完全一样；现在他少受着罪，将来他还可以从这里逃出去；他想自己要是到了老年，绝不至于还拉着辆破车去挨饿受冻。他相信现在的优越可以保障将来的胜利。正如在饭馆或宅门外遇上驶汽车的，他们不肯在一块儿闲谈；驶汽车的觉得有失身份，要是和洋车夫们有什么来往。汽车夫对洋车夫的态度，正有点像祥子的对那些老弱残兵；同是在地狱里，可是层次不同。他们想不到大家须立在一块儿，而是各走各的路，个人的希望与努力蒙住了各个人的眼，每个人都觉得赤手空拳可以成家立业，在黑暗中各自去摸索个人的路。祥子不想别人，不管别人，他只想着自己的钱与将来的成功。

街上慢慢有些年下的气象了。在晴明无风的时候，天气虽是干冷，可是路旁增多了颜色：年画、纱灯、红素蜡烛、绢制的头花、大小蜜供都陈列出来，使人心中显着快活，可又有点不安；因为无论谁对年节都想要快乐几天，可是大小也都有些困难。祥子的眼增加了亮光，看见路旁的年货，他想到曹家必定该送礼了；送一份总有他几毛酒钱。节赏固定的是两块钱，不多；可是来了贺年的，他去送一送，每一趟也得弄个两毛三毛的。凑到一块就是个数儿；不怕少，只要零碎的进手；他的闷葫芦罐是不会冤人的！晚间无事的时候，他钉坑儿看着这个只会吃钱而不愿吐出来的瓦朋友，低声地劝告："多多地吃，多多地吃，伙计！多咱你吃够了，我也就行了！"

年节越来越近了，一晃儿已是腊八。欢喜或忧惧强迫着人去计划，布置；还是二十四小时一天，可是这些天与往常不同，它们不许任何人随便地度过，必定要做些什么，而且都得朝着年节去做，好像时间忽然有了知觉，有了感情，使人们随着它思索，随着它忙碌。祥子是立在高兴那一面的，街上的热闹，叫卖的声音，节赏与零钱的希冀，新年的休息，好饭食的想象……都使他像个小孩子似的欢喜，盼望。他想好，破出块儿八毛的，得给刘四爷买点礼物送去。礼轻人物重，他必须拿着点东西去，一来为是道歉，他这些日子没能去看老头儿，因为宅里很忙；二来可以就手要出那三十多块钱来。破费一块来钱而能要回那一笔款，是上算的事。这么想好，他轻轻地摇了摇那个闷葫芦，想象着再加进三十多块去应当响得多么沉重好听。是的，只要一索回那笔款来，他就没有不放心的事了！

一天晚上，他正要再摇一摇那个聚宝盆，高妈喊了他一声："祥子！门口有位小姐找你；我正从街上回来，她跟我直打听你。"等祥子出来，她低声找补了句："她像个大黑塔！怪怕人的！"

茶馆（节选）

老舍

时间与前幕相隔十余年，现在是袁世凯死后，帝国主义指使中国军阀进行割据，时时发动内战的时候。初夏，上午。

地点同前幕。

【幕启：北京城内的大茶馆已先后相继关了门。"裕泰"是硕果仅存的一家了，可是为避免被淘汰，它已改变了样子与作风。现在，它的前部仍然卖茶，后部却改成了公寓。前部只卖茶和瓜子什么的，"烂肉面"等等已成为历史名词。厨房挪到后面去，专包公寓住客的伙食。茶座也大加改良：一律是小桌与藤椅，桌上铺着浅绿桌布。墙上的"醉八仙"大画，连财神龛，均已撤去，代以时装美人——外国香烟公司的广告画。"莫谈国事"的纸条可是保存了下来，而且字写得更大。王利发真像个"圣之时者也"，不但没使"裕泰"灭亡，而且使它有了新的发展。】

【因为修理门面，茶馆停了几天营业，预备明天开张。王淑芬正和李三忙着布置，把桌椅移了又移，摆了又摆，以期尽善尽美。】

【王淑芬梳时兴的圆髻，而李三却还带着小辫儿。】.

【二三学生由后面来，与他们打招呼，出去。】

王淑芬（看李三的辫子碍事）三爷，咱们的茶馆改了良，你的小辫儿也该剪了吧？

李三 改良！改良！越改越凉，冰凉！

王淑芬 也不能那么说！三爷你看，听说西直门的德泰，北新桥的广泰，鼓楼前的天泰，这些大茶馆全先后脚儿关了门！只有咱们裕泰还开着，为什么？不是因为栓子的爸爸懂得改良吗？

李三 哼！皇上没啦，总算大改良吧？可是改来改去，袁世凯还是要做皇上。袁世凯死后，天下大乱，今儿个打炮，明儿个关城，改良？哼！我还留着我的小辫儿，万一把皇上改回来呢！

王淑芬 别顽固啦，三爷！人家给咱们改了民国，咱们还能不随着走吗？你看，咱们这么一收拾，不比以前干净，好看？专招待文明人，不更体面？可是，你要还带着小辫儿，看着多么不顺眼哪！

李三 太太，您觉得不顺眼，我还不顺心呢！

王淑芬 哟，你不顺心？怎么？

李三 你还不明白？前面茶馆，后面公寓，全仗着掌柜的跟我两个人，无论怎么说，也忙不过来呀！

王淑芬 前面的事归他，后面的事不是还有我帮助你吗？

李三 就算有你帮助，打扫二十来间屋子，侍候二十多人的伙食，还要沏茶灌水，买东西送信，问问你自己，受得了受不了！

王淑芬 三爷，你说的对！可是呀，这兵荒马乱的年月，能有个事儿做也就得念佛！咱们都得忍着点！

李三 我干不了！天天睡四五个钟头的觉，谁也不是铁打的！

王淑芬 唉！三爷，这年月谁也舒服不了！你等着，大栓子暑假就高小毕业，二栓子也快长起来，他们一有用处，咱们可就清闲点啦。从老王掌柜在世的时候，你就帮助我们，老朋友，老伙计啦！

【王利发老气横秋地从后面进来。】

李三 老伙计？二十多年了，他们可给我涨过工钱？什么都改良，为什么工钱不跟着改良呢？

王利发 哟！你这是什么话呀？咱们的买卖要是越做越好，我能不给你涨工钱吗？得了，明天咱们开张，取个吉利，先别吵嘴，就这么办吧！All right？

李三 就这么办啦？不改我的良，我干不下去啦！

【后面叫：李三！李三！】

王利发 崔先生叫，你快去！咱们的事，有工夫再细研究！

李三 哼！

王淑芬　我说，昨天就关了城门，今儿个还说不定关不关，三爷，这里的事交给掌柜的，你去买点菜吧！别的不说，咸菜总得买下点呀！

【后面又叫：李三！李三！】

李三　对，后边叫，前边催，把我劈成两半儿好不好！（愤愤地往后走）

王利发　栓子的妈，他岁数大了点，你可得……

王淑芬　他抱怨了大半天了！可是抱怨得对！当着他，我不便直说；对你，我可得说实话：咱们得添人！

王利发　添人得给工钱，咱们赚得出来吗？我要是会干别的，可是还开茶馆，我是孙子！

【远处隐隐有炮声。】

王利发　听听，又开炮了！你闹，闹！明天开得了张才怪！这是怎么说的！

王淑芬　明白人别说糊涂话，开炮是我闹的？

王利发　别再瞎扯，干活儿去！嘿！

王淑芬　早晚不是累死，就得叫炮轰死，我看透了！（慢慢地往后边走）

王利发　（温和了些）栓子的妈，甭害怕，开过多少回炮，一回也没打死咱们，北京城是宝地！

王淑芬　心哪，老跳到嗓子眼里，宝地！我给三爷拿菜钱去。（下）

温暖又冷峻

鲁迅（1881—1936），原名周樟寿，后改名周树人，字豫山，后改字豫才，浙江绍兴人。著名文学家、思想家、革命家、教育家、民主战士，新文化运动的重要参与者，中国现代文学的奠基人之一。

《从百草园到三味书屋》以简约的文笔，描绘了鲁迅妙趣横生的童年生活，唤醒了读者的童心童趣，将一个鲜活而温暖的鲁迅形象呈现在我们面前。同时，通过《朝花夕拾》这本散文集，我们可以拼凑出鲁迅的童年图谱。其中《五猖会》这篇文章也以儿童的视角还原了在去看赛会之前被要求背书的事情经过，又以成人视角向我们揭示了要保护孩子自由、童真的重要性。

而文学史中的鲁迅，大多是以斗士的面貌出现的，"横眉冷对千夫指，俯首甘为孺子牛"的名言无人不晓。他的一生都在以笔为刃，与封建社会中不合理的内容抗争，以希冀唤醒更多沉睡中的人们去建立一个理想中的新社会。《我们现在怎样做父亲》从批判封建父权、阐述儿童本位观的角度入手对人们进行劝导，《热风·随感录四十一》则寄托了他对青年人的厚望。

五猖会

鲁迅

孩子们所盼望的，过年过节之外，大概要数迎神赛会的时候了。但我家的所在很偏僻，待到赛会的行列经过时，一定已在下午，仪仗之类，也减而又减，所剩的极其寥寥。往往伸着颈子等候多时，却只见十几个人抬着一个金脸或蓝脸红脸的神像匆匆地跑过去。于是，完了。

我常存着这样的一个希望：这一次所见的赛会，比前一次繁盛些。可是结果总是一个"差不多"；也总是只留下一个纪念品，就是当神像还未抬过之前，花一文钱买下的，用一点烂泥，一点颜色纸，一枝竹签和两三枝鸡毛所做的，吹起来会发出一种刺耳的声音的哨子，叫作"吹都都"的，吡吡地吹它两三天。

现在看看《陶庵梦忆》，觉得那时的赛会，真是豪奢极了，虽然明人的文章，怕难免有些夸大。因为祷雨而迎龙王，现在也还有的，但办法却已经很简单，不过是十多人盘旋着一条龙，以及村童们扮些海鬼。那时却还要扮故事，而且实在奇拔得可观。他记扮《水浒传》中人物云："……于是分头四出，寻黑矮汉，寻梢长大汉，寻头陀，寻胖大和尚，寻茁壮妇人，寻姣长妇人，寻青面，寻歪头，寻赤须，寻美髯，寻黑大汉，寻赤脸长须。大索城中；无，则之郭，之村，之山僻，之邻府州县。用重价聘之，得三十六人，梁山泊好汉，个个呵活，臻臻至至，人马称娖而行……"这样的白描的活古人，谁能不动一看的雅兴呢？可惜这种盛举，早已和明社一同消灭了。

赛会虽然不像现在上海的旗袍，北京的谈国事，为当局所禁止，然而妇孺们是不许看的，读书人即所谓士子，也大抵不肯赶去看。只有游手好闲的闲人，这才跑到庙前或衙门前去看热闹；我关于赛会的知识，多半是从他们的叙述上得来的，并非考据家所贵重的"眼学"。然而记得有一回，也亲见过较盛的赛会。开首是一个孩子骑马先来，称为"塘报"；过了许久，"高照"到了，长竹竿揭起一条很长的旗，一个汗流浃背的胖大汉用两手托着；他高兴的时候，就肯将竿头放在头顶或牙齿上，甚而至于鼻尖。其次是所谓"高跷""抬阁""马头"了；还有扮犯人的，红衣枷锁，内中也有孩子。我那时觉得这些都是有光荣的事业，与闻其事的即全是大有运气的人，——大概羡慕他们的出风头罢。我想，我为什么不生一场重病，使我的母亲也好到庙里去许下一个"扮犯人"的心愿的呢？……然而我到现在终于没有和赛会发生关系过。

要到东关看五猖会去了。这是我儿时所罕逢的一件盛事，因为那会是全县中最盛的会，东关又是离我家很远的地方，出城还有六十多里水路，在那里有两座特别的庙。一是梅姑庙，就是《聊斋志异》所记，室女守节，死后成神，却篡取别人的丈夫的；现在神座上确塑着一对少年男女，眉开眼笑，殊与"礼教"有妨。其一便是五猖庙了，名目就奇特。据有考据癖的人说：这就是五通神。然而也并无确据。神像是五个男人，也不见有什么猖獗之状；后面列坐着五位太太，却并不"分坐"，远不及北京戏园里界限之谨严。其实呢，这也是殊与"礼教"有妨的，——但他们既然是五猖，便也无法可想，而且自然也就"又作别论"了。

因为东关离城远，大清早大家就起来。昨夜预定好的三道明瓦窗的大船，已经泊在河埠头，船椅、饭菜、茶炊、点心盒子，都在陆续搬下去了。我笑着跳着，催他们要搬得快。忽然，工人的脸色很谨肃了，我知道有些蹊跷，四面一看，父亲就站在我背后。

"去拿你的书来。"他慢慢地说。

这所谓"书"，是指我开蒙时候所读的《鉴略》。因为我再没有第二本了。我们那里上学的岁数是多拣单数的，所以这使我记住我其时是七岁。

我忐忑着，拿了书来了。他使我同坐在堂中央的桌子前，教我一句一句地读下去。我担着心，一句一句地读下去。

两句一行，大约读了二三十行罢，他说：

"给我读熟。背不出，就不准去看会。"

他说完，便站起来，走进房里去了。

我似乎从头上浇了一盆冷水。但是，有什么法子呢？自然是读着，读着，强记着，——而且要背出来。

粤自盘古，生于太荒，

首出御世，肇开混茫。

就是这样的书，我现在只记得前四句，别的都忘却了；那时所强记的二三十行，自然也一齐忘却在里面了。记得那时听人说，读《鉴略》比读《千字文》《百家姓》有用得多，因为可以知道从古到今的大概。知道从古到今的大概，那当然是很好的，然而我一字也不懂。"粤自盘古"就是"粤自盘古"，读下去，记住它，"粤自盘古"

呵！"生于太荒"呵！……

应用的物件已经搬完，家中由忙乱转成静肃了。朝阳照着西墙，天气很清朗。母亲、工人、长妈妈即阿长，都无法营救，只默默地静候着我读熟，而且背出来。在百静中，我似乎头里要伸出许多铁钳，将什么"生于太荒"之流夹住；也听到自己急急诵读的声音发着抖，仿佛深秋的蟋蟀，在夜中鸣叫似的。

他们都等候着；太阳也升得更高了。

我忽然似乎已经很有把握，便即站了起来，拿书走进父亲的书房，一气背将下去，梦似的就背完了。

"不错。去罢。"父亲点着头，说。

大家同时活动起来，脸上都露出笑容，向河埠走去。工人将我高高地抱起，仿佛在祝贺我的成功一般，快步走在最前头。

我却并没有他们那么高兴。开船以后，水路中的风景，盒子里的点心，以及到了东关的五猖会的热闹，对于我似乎都没有什么大意思。

直到现在，别的完全忘却，不留一点痕迹了，只有背诵《鉴略》这一段，却还分明如昨日事。

我至今一想起，还诧异我的父亲何以要在那时候叫我来背书。

一九二六年五月二十五日

我们现在怎样做父亲（节选）

鲁迅

我做这一篇文的本意，其实是想研究怎样改革家庭；又因为中国亲权重，父权更重，所以尤想对于从来认为神圣不可侵犯的父子问题，发表一点意见。总而言之：只是革命要革到老子身上罢了。但何以大模大样，用了这九个字的题目呢？这有两个理由：

第一，中国的"圣人之徒"，最恨人动摇他的两样东西。一样不必说，也与我辈绝不相干；一样便是他的伦常，我辈却不免偶然发几句议论，所以株连牵扯，很得了许多"铲伦常""禽兽行"之类的恶名。他们以为父对于子，有绝对的权力和威严；若是老子说话，当然无所不可，儿子有话，却在未说之前早已错了。但祖父子孙，本来各各都只是生命的桥梁的一级，绝不是固定不易的。现在的子，便是将来的父，也便是将来的祖。我知道我辈和读者，若不是现任之父，也一定是候补之父，而且也都有做祖宗的希望，所差只在一个时间。为想省却许多麻烦起见，我们便该无须客气，尽可先行占住了上风，摆出父亲的尊严，谈谈我们和我们子女的事；不但将来着手实行，可以减少困难，在中国也顺理成章，免得"圣人之徒"听了害怕，总算是一举两得之至的事了。所以说，"我们怎样做父亲"。

第二，对于家庭问题，我在《新青年》的《随感录》（二五、四十、四九）中，曾经略略说及，总括大意，便只是从我们起，解放了后来的人。论到解放子女，本是极平常的事，当然不必有什么讨论。但中国的老年，中了旧习惯旧思想的毒太深了，决定悟不过来。譬如早晨听到乌鸦叫，少年毫不介意，迷信的老人，却总须颓唐半天。虽然很可怜，然而也无法可救。没有法，便只能先从觉醒的人开手，各自解放了自己的孩子。自己背着因袭的重担，肩住了黑暗的闸门，放他们到宽阔光明的地方去；此后幸福地度日，合理地做人。

我现在心以为然的道理，极其简单。便是依据生物界的现象，一、要保存生命；二、要延续这生命；三、要发展这生命（就是进化）。生物都这样做，父亲也就是这样做。

生命的价值和生命价值的高下，现在可以不论。单照常识判断，便知道既是生物，第一要紧的自然是生命。因为生物之所以为生物，全在有这生命，否则失了生物的意义。生物为保存生命起见，具有种种本能，最显著的是食欲。因有食欲才摄取食品，因有食品才发生温热，保存了生命。但生物的个体，总免不了老衰和死亡，为继续生命起见，又有一种本能，便是性欲。因性欲才有性交，因有性交才发生苗裔，继续了生命。所以食欲是保存自己，保存现在生命的事；性欲是保存后裔，保存永久生命的事。饮食并非罪恶，并非不净；性交也就并非罪恶，并非不净。饮食的结果，养活了自己，对于自己没有恩；性交的结果，生出子女，对于子女当然也算不了恩。——前前后后，都向生命的长途走去，仅有先后的不同，分不出谁受谁的恩典。

……

生命何以必需继续呢？就是因为要发展，要进化。个体既然免不了死亡，进化又毫无止境，所以只能延续着，在这进化的路上走。走这路须有一种内的努力，有如单细胞动物有内的努力，积久才会繁复，无脊椎动物有内的努力，积久才会发生脊椎。所以后起的生命，总比以前的更有意义，更近完全，因此也更有价值，更可宝贵；前者的生命，应该牺牲于他。

……

动物界中除了生子数目太多——爱不周到的如鱼类之外，总是挚爱他的幼子，不但绝无利益心情，甚或至于牺牲了自己，让他的将来的生命，去上那发展的长途。

……

人类也不外此，例如一个村妇哺乳婴儿的时候，绝不想到自己正在施恩；一个农夫娶妻的时候，也绝不以为将要放债。只是有了子女，即天然相爱，愿他生存；更进一步的，便还要愿他比自己更好，就是进化。这离绝了交换关系利害关系的爱，便是人伦的索子，便是所谓"纲"。倘如旧说，抹煞了"爱"，一味说"恩"，又因此责望报偿，那便不但败坏了父子间的道德，而且也大反于做父母的实际的真情，播下乖剌的种子。有人做了乐府，说是"劝孝"，大意是什么"儿子上学堂，母亲在家磨杏仁，预备回来给他喝，你还不孝么"之类，自以为"拚命卫道"。殊不知富翁的杏酪和穷人的豆浆，在爱情上价值同等，而其价值却正在父母当时并无求报的心思；否则变成买卖行为，虽然喝了杏酪，也不异"人乳喂猪"，无非要猪肉肥美，在人伦道德上，丝毫没有价值了。

所以我现在心以为然的，便只是"爱"。

……

总而言之，觉醒的父母，完全应该是义务的，利他的，牺牲的，很不易做；而在中国尤不易做。中国觉醒的人，为想随顺长者解放幼者，便须一面清结旧帐，一面开辟新路。就是开首所说的："自己背着因袭的重担，肩住了黑暗的闸门，放他们到宽阔光明的地方去；此后幸福地度日，合理地做人。"这是一件极伟大的要紧的事，也是一件极困苦艰难的事。

但世间又有一类长者，不但不肯解放子女，并且不准子女解放他们自己的子女；就是并要孙子曾孙都做无谓的牺牲。这也是一个问题；而我是愿意平和的人，所以对于这问题，现在不能解答。

一九一九年十月

（原载 1919 年 11 月 1 日《新青年》6 卷 6 号）

热风·随感录四十一

鲁迅

从一封匿名信里看见一句话，是"数麻石片"（原注江苏方言），大约是没有本领便不必提倡改革，不如去数石片的好的意思。因此又记起了本志通信栏内所载四川方言的"洗煤炭"。想来别省方言中，相类的话还多；守着这专劝人自暴自弃的格言的人，也怕并不少。

凡中国人说一句话，做一件事，倘与传来的积习有若干抵触，须一个斤斗便告成功，才有立足的处所；而且被恭维得烙铁一般热。否则免不了标新立异的罪名，不许说话；或者竟成了大逆不道，为天地所不容。这一种人，从前本可以夷到九族，连累邻居；现在却不过是几封匿名信罢了。但意志略略薄弱的人便不免因此萎缩，不知不觉的也入了"数麻石片"党。

所以现在的中国，社会上毫无改革，学术上没有发明，美术上也没有创作；至于多人继续的研究，前仆后继的探险，那更不必提了。国人的事业，大抵是专谋时式的成功的经营，以及对于一切的冷笑。

但冷笑的人，虽然反对改革，却又未必有保守的能力：即如文字一面，白话固然看不上眼，古文也不甚提得起笔。照他的学说，本该去"数麻石片"了；他却又不然，只是莫名其妙的冷笑。

中国的人，大抵在如此空气里成功，在如此空气里萎缩腐败，以至老死。

我想，人猿同源的学说，大约可以毫无疑义了。但我不懂，何以从前的古猴子，不都努力变人，却到现在还留着子孙，变把戏给人看。还是那时竟没有一匹想站起来学说人话呢？还是虽然有了几匹，却终被猴子社会攻击他标新立异，都咬死了；所以终于不能进化呢？

尼采式的超人，虽然太觉渺茫，但就世界现有人种的事实看来，却可以确信将来总有尤为高尚尤近圆满的人类出现。到那时候，类人猿上面，怕要添出"类猿人"这一个名词。

所以我时常害怕，愿中国青年都摆脱冷气，只是向上走，不必听自暴自弃者流的话。能做事的做事，能发声的发声。有一分热，发一分光，就令萤火一般，也可以在黑暗里发一点光，不必等候炬火。

此后如竟没有炬火，我便是唯一的光。倘若有了炬火，出了太阳，我们自然心悦诚服地消失，不但毫无不平，而且还要随喜赞美这炬火或太阳；因为他照了人类，连我都在内。

我又愿中国青年都只是向上走，不必理会这冷笑和暗箭。尼采说：

"真的，人是一个浊流。应该是海了，能容这浊流使他干净。"

"咄，我教你们超人：这便是海，在他这里，能容下你们的大侮蔑。"

（《札拉图如是说》的《序言》第三节）

纵令不过一洼浅水，也可以学学大海；横竖都是水，可以相通。几粒石子，任他们暗地里掷来；几滴秽水，任他们从背后泼来就是了。

这还算不到"大侮蔑"，因为大侮蔑也须有胆力。

医者仁心

白求恩（1890—1939），全名亨利·诺尔曼·白求恩，加拿大共产党员，国际主义战士，著名胸外科医师。1890年出生于加拿大安大略省格雷文赫斯特镇，1935年加入加拿大共产党，1938年来到中国参与抗日革命。因手术中被细菌感染转为败血症，于1939年11月12日凌晨逝世。他在中国工作的一年半时间里为中国抗日革命呕心沥血。

在《创伤》这篇颇具论战性的随笔中，白求恩回忆了一个夜晚他给华北抗战中受伤的八路军战士们实施手术的情景，把残废的中国士兵的痛苦与在日本侵略军面前一盘散沙的中国的痛苦融为一体，把对这个再也无法跑动的青年人的个人同情，与自己思想上对这种折磨更广泛的意义的认识结合起来。白求恩把激情和政治交织在一起，指挥着我们去识别冲突的根源，粉碎冲突的力量，团结一致反对那些忽视疾病和发动战争的人。

朱德、宋庆龄和聂荣臻撰写的回忆白求恩的散文都展现出其治病救人的坚定信仰和超越民族的国际主义情怀。医者仁心，白求恩永远值得被中国人怀念。

创伤

白求恩

头顶上煤油灯像白炽的蜂房，嗡嗡作响。土墙，土地，土炕，白纸窗户。屋内弥漫着血腥味和三氯甲烷味。天气很冷。在华北地区的灵丘附近，12月1日凌晨3点与八路军在一起。

负伤的人们。

伤口就像干涸的小池塘，结成了一块黑褐色的土；伤口边缘裂开，四周有一些白色的蛆了；整洁的伤口的深处隐藏着脓肿，脓肿就像一条决堤的河，在坚硬的大块肌肉中奔流，像一条温泉，在肌肉周围和中间流淌；伤口向外扩大，把令人恐怖的肉质兰花和麝香石竹分别地腐蚀和碾碎。黑色的血块从伤口中喷出，混杂着令人恶心的气泡，在二次大出血造成的血流中漂浮。

凝固的血把又旧又脏的绷带粘在皮肤上，小心点，最好先将它弄湿。从腿后边过去，把腿抬高点。整条腿为什么会软得像一个包，像一个扯松的长筒袜？什么样的长筒袜？是圣诞节为孩子装礼物的那种长筒袜。那个坚硬的细骨枝在哪里？它被打成了许多碎片。用你的手指把他们拣出来。它们白的像狗牙，尖利而又参差不齐。好了，摸一下，还留下碎片了吗？噢，这里有。全都取出来了？是的。不，这里还有一个。这儿的肌肉坏死了吗？刺刺它。是的，它坏死了。切除它。那它怎么愈合呀？这些肌肉曾经如此强壮，而现在是这样的破损和腐烂，它们怎样才能恢复以往的强韧呢？拉，放松，拉，放松，多么有趣呀！现在完成了，好了，做完了。现在，我们已经被毁灭了，我们自己可怎么办呀？

下一个。一个未成年人，17岁！子弹穿腹而过。三氯甲烷准备好了吗？恶臭从敞开的腹膜孔中扑面而来，是粪便的气味。一圈圈的肠子肿得呈粉红色，上面有4个穿孔。把它们缝合起来，把结实的缝线皱拢，用海绵吸骨盆。试管，3个试管。很难缝合。给他保温。怎么保温？把这些砖放到热水里去。

蛆是一种狡猾的爬行动物。这人还活着吗？是的，他还活着。用学术用语来说，他还活着。给他输液，也许他身体无数细小的细胞将能回忆，它们可能回忆起那火热咸味的海，它们的祖宅和第一份食物；它们有着一百万年的记忆，可能会记起其他的潮汐，其他的海洋和由海洋和太阳孕育的生物。这可以使它们抬起疲倦的头，深深地吸一口气，努力地复苏。这是可能的。

这一位。再次秋收时，他还能在路上一边赶着骡子跑，一边欢快地叫喊吗？不，那个人不再会跑了，一条腿的人怎么能跑呢？那他怎么办哪？他只能坐着看别的孩子跑动。他在想什么呢？他在想你我所想。可怜有什么用呢？不要可怜他！可怜会贬低他所做的牺牲，他这样做是为了保卫中国。帮帮他吧，把他从桌上移开，把他抱在怀里，他轻的像个孩子。是的，他就是你的孩子，是我的孩子。

多美的身体呀，各个部分都那么完美，动起来时是那么灵巧，那么柔顺，那么有生气和强壮，但是一旦它们伤残了，又是多么可怕。微弱的生命之光越来越弱，就像蜡烛一样摇曳了一下熄灭了，静静地、轻轻地。熄灭时它做了反抗，然后屈服了，它有权利说话，最后还是沉默了。

还有吗？四个日本战俘。带他们进来，在这个痛苦的群体中没有敌我之分，切开那带血的制服，给他们止血，把他们平放在其他伤员旁边。哎呀，他们像兄弟一样！这些士兵都是职业杀手吗？不是，他们只是业余的士兵。劳动者的手，他们是穿着军装的地道的劳动者。

没有新的伤员了。早晨6点。天哪！屋里真冷。打开门，远方青山如黛。东方开始泛白了，再过一个小时太阳就会升起。上床睡觉吧。

但是，没有睡意。这种残忍，这种愚蠢的原因是什么？一百万工人从日本来屠杀、残害成千上万的中国人，为什么日本工人要攻击他的中国工人兄弟，迫使他们不得不奋起自卫呢？中国人的死对日本工人有好处吗？没有，他们怎么会有所收获呢？那么，上帝呀，谁将获利呢？谁又应该对派日本工人来中国执行这种杀戮使命负责呢？谁将从中牟利？怎么可能劝说日本工人来攻击中国工人——他们贫苦生活中的兄弟，痛苦中的同伴啊？

一小部分富人，一个人数不多的阶层有没有可能劝说一百万穷人进攻并试图毁灭一百万像他们自己一样贫穷的人，以便富人更加富有呢？这是一个可怕的想法！他们是如何劝说这些穷人来到中国的？告诉他们真相吗？没有，假如他们知道真相，绝对不会来到中国的。这些富人敢告诉工人们他们只是想得到廉价原料、更大的市场和更多的利润吗？不，他们只是告诉工人们这场战争是为了"种族命运"，是为了"天皇的荣耀"和"国家的荣誉"，是为了他们的"天皇与国家"。

荒谬！绝对的荒谬！

这样一场战争的代理人一定得像其他犯罪如杀人犯的代理人一样，必须从可能获利的人中挑选出来。8000万日本工人、贫困的农民和失业的工人会从中获利吗？从西班牙侵略墨西哥、英格兰侵略印度到意大利侵占埃塞俄比亚，在整个侵略战争史上，这些所谓的"胜利"国家的工人得到过好处吗？没有，他们从来没有从战争中获得过利益。

日本工人从本国的自然资源、黄金、白银、铁、煤和油中就获得利益吗？很久以前，他们就不再拥有自然资源了。因为，它们是属于富人、统治阶级的，成百上千的矿工们仍生活在贫困之中。那么，他们又怎么可能通过武装掠夺中国的金、银、铁、煤和油而获利呢？难道一个国家的富人不是为了自己的利益才占有其他国家的财富？难道他们不一直这样做吗？

日本军国主义者和资产阶级是唯一可能通过大屠杀和经过授权的疯狂行为而获利的阶级，这一点似乎是不可避免的。正是这些假神圣的刽子手，那些统治阶级从这场战争中获得了利益，但是却让整个国家受到指控。

那么，侵略战争和征服殖民地的战争只是件"大生意"吗？是的，看起来如此。但是，这些民族罪犯中许多为非作歹者都试图把他们的真实目的藏在高度抽象和理想的旗帜下，通过谋杀或制造战争来抢夺市场，通过劫掠来得到原料。他们发现，偷比交换更廉价，屠杀比交易更容易，这是这场战争的秘密，也是所有战争的秘密——利润、生意、利润、带血的钱。

这一切后面，存在着那个令人恐怖和欲壑难填的"生意与血腥"瘟神，它的名字就叫"利润"。金钱就像一个无法满足的摩洛克神，要求利润与回报，它为了满足贪欲为所欲为，甚至不惜杀害几百万人。在日本军队后面站着军国主义者，在军国主义者后面站着金融资本和资本家。他们是血脉兄弟，是同谋。

这些人类敌人像什么呢？他们会在前额上贴上一个标记，让人们轻易就能辨认出他们，躲避他们，骂他们是罪犯吗？不！相反，他们是受人尊敬的人物，他们荣誉在身，有绅士称号，他们也自称为绅士。多么滑稽的名字！绅士？他们是国家、社会和教会的支柱，他们从过多的财富中拿出一部分来支持公共和私人的慈善事业，他们向机构捐赠。在私生活中，他们善良而体贴。他们遵纪守法，遵守的是保护他们的法律——财产法。但是，有一个迹象可以辨认出这些持枪的绅士：只要威胁说要减少他们的钱所带来的利润，他们就会像猛兽一样咆哮着醒来，像野人一样无情、像疯子一样残忍、像刽子手一样残暴。如果人类想要存在，这些人必须消失，只要他们活着，世界上就不会有持久的和平。允许他们存在的那个人类社会的制度必须废除。

正是这些人造成了创伤。

（《创伤》是白求恩大夫于 1938 年 12 月前后在晋察冀边区写的，被收录于《纪念白求恩》，人民出版社 1979 年版，第 84—87 页）

白求恩写给"军事指挥部聂将军处"的相关的信

在恶劣的战争环境中，白求恩随部队辗转于荒凉的大西北，每天除了工作就是工作，用他的话说，过的完全是"高强度的生活"。在私人通信里，他偶尔述及 1938 年一年，其实不到一年的工作量："去年我共行军 3165 英里，其中有 400 英里是徒步穿行于山西、陕西和河北三省。我共做了 762 个手术，检查了 1200 名伤员。我还重组了部队的卫生系统，写作和翻译了三本教科书，建立了一所医疗培训学校。"这是一组惊人的数字。如此繁重的工作，卓著的效绩，不要说一个人，就算一个小分队也难以在有限的时间内完成。

在延安，外国专家很少。白求恩的到来理应受到当局的礼遇，仅每月发给他的津贴便相当可观。然而他谢绝了。以下是他写给"军事指挥部聂将军处"的相关的信：

亲爱的同志：

今天晚上我收到了林大夫带给我的 301 元钱。这笔钱中的 100 元好像是付给我的个人津贴，另外的 102.20 元似乎是用来偿还我在药品上的垫支，而剩下的 98.80 元似乎是用来支付我在纱布和药棉上的开销。关于这第一项 100 元。我在 8 月 12 日发给延安军事委员会的电报中已经表示过拒绝接受并且建议将它用作伤员们的烟草专款。其他医生每月只有 1 元的津贴，而聂将军本人每月的津贴也只有"可观的"5 元，在这种情况下，让我接收每月 100 元的津贴是不可思议的。

另外，因为我需要的所有东西都是免费提供给我的，钱对我没有任何用处。

致同志似的敬礼！

白求恩

纪念白求恩同志（教科书原文版）

朱德

诺尔曼·白求恩同志逝世三周年了！

白求恩同志是加拿大的共产党员，是有国际声誉的医生，是北美洲的四大名医之一。他是用他的高明的技术服务于世界人民反法西斯事业的坚强战士。一九三六年西班牙人民反抗德意法西斯侵略战争时，白求恩同志曾亲赴西班牙，为政府军服务医疗工作，在马德里、巴塞隆那组织了输血运动，由于他的努力，曾经救治了数万受伤的士兵、妇女和儿童的性命。一九三七年，我国抗日战争爆发，为了帮助中国的抗日战争，受加拿大和美国共产党的派遣，他又远涉重洋，来到中国，自一九三八年春即赴山西、河北战地我军中工作，领导我军医疗工作，不幸因施行手术中毒，于一九三九年十一月十二日在晋察冀军区逝世。白求恩同志之死令我们感到无限痛惜和伤感，觉得这是我党、我军、中国人民和世界人民反法西斯事业的一个巨大损失！

白求恩同志是真正充满着共产主义国际主义精神的优秀党员，他身上，表现了共产党人的高尚质朴的品质。

白求恩同志是富于国际主义精神的模范。他清楚地知道，无产阶级如果不能解放一切劳动人民、解放一切民族、解放全人类，就不能解放自己，所以他忠诚地帮助一切被压迫人民、一切被压迫民族争取自己解放的斗争。他曾经参加了西班牙人民反对德意法西斯侵略者和反对本国反革命军阀的斗争，又参加了中国人民的抗日战争。他把中国人民的解放当作他自己的事业。在他致毛泽东同志的一封信中热烈的表示："我在此间不胜愉快，且深感我们应以英勇的中国同志们为其美丽的国家而对野蛮搏斗的伟大精神来解放亚洲。"白求恩同志这种国际主义的伟大精神，每个中国共产党员都应该学习。

白求恩同志的高尚的共产主义品质，还表现在他对工作的无限责任心，他的实际主义作风和对同志、对人民的无限热忱上。他已五十多岁了，不顾战地各种危险和困难，亲自跑到火线附近，在炮火下抢救受伤的将士，他说："一个革命医生坐在家里等着病人来叩门的时代已经过去了，医生应该跑到病人那里去，而且愈早愈好。"甚至在危险的情形下，即使不能赶到作战地区，至少也可以在半路上找到伤兵运回后方。他的技术高明，在我军中为第一位，但仍精益求精，研究在游击战争环境下如何进行医疗工作。他不但以这种极端负责任的精神来执行自己的业务，并且教育了他周围一切人，从医生、护士到勤务、马夫，告诉他们："没有哪一件工作是小的，没有哪一件工作是不重要的。"鼓励他们每个人"要学习独立工作，不要那半斤八两的帮助"。

白求恩同志，是一个富于实际主义精神的人，他看到我军许多医生技术水平低，便把教育和提高医生、护士作为自己的职务，他自己写课本，办学校，走到哪里，教到哪里，没有夸夸其谈，言多于行的坏习气。他说"空谈代替不了行动，话是人们发明来描写行动的，照它本来的目的去用它吧。"白求恩同志的工作和著述中正充满着这种明亮清透的实际主义的光辉。

白求恩同志对同志对人民满腔热忱，坦白正直。他对一切伤病员、一切同志、劳动人民，表现了他无限的忠诚热爱和无条件地帮助他们，平等地看待他们中的任何人，体贴关心，无微不至。他也最能坦白正直批评他们的缺点，严正地指斥工作中的毛病，帮助改正。凡是受过他治疗或看见过他工作的人，莫不为之感动，至今晋察冀的军民心中，仍怀念着白求恩这个亲切的名字。

白求恩同志离开我们已经三年了，然而我们将永远记得白求恩这个伟大的国际主义战士。也诚如加拿大民主书报俱乐部古柏先生来函所说："加拿大的人民，因为有如此伟大光荣的子孙而感觉骄傲。"世界一切反法西斯战士，首先是我党党员，应当学习和发扬白求恩同志这种国际主义精神和许多优良品质，来最后战胜法西斯主义，完成白求恩同志未了的伟大事业。

（原载 1942 年 11 月 13 日《解放日报》）

我们时代的英雄

宋庆龄

和过去的人类世界相比，我们的世界极其复杂。由于交通极其发达，在地球上每一部分和人类社会中的各种重大事件均有密切的联系。没有孤立的灾难，也没有一种进步不是会促成全面进步的。

这种情况反映在人们的思想里。人们的思想内容在范围和复杂的程度上现在也具有世界性。一个为自己的人民和国家谋福利的人若单单联系毗邻的国家来考虑本国的形势是不够的。世界大势包围着我们每一个人，我们必须投身其中并有所贡献才能够左右自己的前途。今天人类最崇高的任务是：认清反动和死亡的势力，并同它进行斗争，加强并实现今天的世界所提供的、以前的世界从未有过的、给所有的人一个美满的生活的种种可能性。

任何时代的英雄都是这样一种人：他们以惊人的忠诚、决心、勇气和技能完成了那个时代放在人人面前的重要任务。今天这些任务是世界性的，因此当代英雄——无论是在本国或外国工作——也是世界英雄，非但在历史上是如此，而且现在也是如此。

诺尔曼·白求恩就是这样一位英雄。他曾在三个国家里生活、工作和斗争——在加拿大，他的祖国；在西班牙，各国高瞻远瞩的人士曾成群结队地去那儿参加人民反抗纳粹主义和法西斯主义的黑暗势力的、第一次伟大的斗争；在中国，他曾在这儿协助我们的游击队，在日本法西斯军人自以为已经被他们征服的地区，夺取并建立了民族自由与民主的新根据地，并且协助我们锻炼出终于解放了全中国的、强大的人民军队。在一种特殊的意义上，他属于这三个国家的人民。在更广泛的意义上，他属于和对国家对人民的压迫进行斗争的一切人。

诺尔曼·白求恩是一位医生，他曾用他所最熟悉的武器在医务方面进行斗争。在他本人的科学范围内，他是一位专家和创导者——他把他的武器保持得锋利如新。而且他，自觉而一贯地，把他的伟大的技能贡献给反抗法西斯主义和帝国主义的斗争的先锋。对他来说，法西斯主义是一种比任何其他疾病对人类危害更大的疾病，一种摧毁千千万万人的身心的疫病，并且它否认人的价值，也就是否认了一切为人的健康、活力和生长服务的科学的价值。

诺尔曼·白求恩在日军炮火之下传授给中国学生的技术的价值，决定于它们使用的目的。德国和日本是科学技术高度发达的国家，但是因为它们曾为人类进步的敌人所领导，它们的科学与技术只给人类带来了灾难。人民的战士有掌握最高的专门技术的责任，因为只有在他们的手中技术才能够真正为人类服务。

白求恩大夫是第一个把血库送到战场上去的医生，他的输血工作曾为西班牙共和国挽救了数以百计的战士的生命。在中国，他提出并实践了这个口号："医生们！到伤员那儿去！不要等他们来找你们。"在一个与西班牙完全不同的而且远比西班牙落后的环境里，他组织了一种游击队的医疗机构，挽救了成千成万的我国最优秀最英勇的战士。他的计划和实践不仅建立在医疗的科学和经验的基础上，而且也建立在对军事和政治的研究以及人民战争中战场上的经验之上。在西班牙和中国的白求恩是医学战场上的一员先锋。

他充分了解了这种斗争的形势，战略、战术和地势，同时他也知道，对于那些为了自己的家庭和前途而与其他自由的人们并肩作战的自由的医务工作者，人们可以抱着什么希望。他训练出来的医生、护士、护理员在他的教导之下，不仅将自己看作技术助理人员，而且看作前线战士，和战斗部队担负着同样重大的任务。

这些工作白求恩是在万分困难的情况下完成的，一个医生对自己的任务如果没有多方面的认识是绝不可能克服这些困难的。他在中国最落后的地区的山村里完成了这些工作，事前对中国语言及中国人民几乎一无所知，而且在他自己为肺病侵蚀的身体里，除了他的炽热的信心和钢铁的意志以外别无其他力量。

是什么杀害了白求恩大夫？白求恩大夫是在反抗法西斯主义和反动势力的斗争当中牺牲的，他为那个斗争献出了他的热情、技能和力量。他工作的地区当时不仅被日寇封锁，而且同时被蒋介石的反动政府封锁，那个政府始终宁可与敌人妥协，放弃胜利，而不愿进行人民的战争。白求恩为之斗争的那些人不仅被认为不配使用武器弹药，甚至不配使用医药器材来救治伤员。他们因为得不到现代的抗毒药品而死于传染病。

白求恩死于败血病，这是动手术未戴橡皮手套而又无磺胺制剂可用以医疗的结果。

白求恩大夫创立的国际和平医院，现在在中国终于获得了自由的新情况下进行工作。但是白求恩死后，曾和他在西班牙共同工作的吉西大夫奉派继任，却被蒋介石的封锁阻止而未能到任。印度医疗队的柯棣华大夫终于担任了白求恩大夫设立的一个医院的院长，英勇地继续了他的工作，后来也死在岗位上——也是因为缺乏可用来为他医治的药品。白求恩大夫和柯棣华大夫是许多牺牲者中的两位，这些牺牲者，如果当时没有封锁，可能现在仍旧活着为全世界自由人民的事业进行斗争。

我很荣幸来介绍诺尔曼·白求恩大夫的生平，让为数更多的人能够认识这位当代英雄——他如此崇高地象征着所有人民在争取自由的斗争中的共同利害。他的生、死和他所遗留的事业与我个人关系特别密切，这不仅由于他对我国人民的民族解放战争的伟大贡献，而且由于我个人在由我任主席的保卫中国同盟内的工作。保卫中国同盟正在为继续白求恩的事业的白求恩和平医院及白求恩医学院获得援助而工作。

新中国永远不会忘记白求恩大夫。他是那些帮助我们获得自由的人中的一位。他的事业和他的英名永远活在我们中间。

（选自《纪念白求恩》，人民出版社 1979 年版）

要拿我当一挺机关枪使用——怀念白求恩同志

聂荣臻

今年十一月十二日是伟大的国际主义战士白求恩同志逝世四十周年。现发表聂荣臻同志的纪念文章，以表示对白求恩同志的深切怀念。

——编者

一想起伟大的国际主义战士白求恩同志，我对他的崇敬和怀念之情，就久久不能平静。

　　毛泽东同志在《纪念白求恩》的文章里，对他的光辉形象和高中品质，做了最概括最本质的论述。

　　我在晋察冀同白求恩同志有过多次接触，并且多次听到关于他舍身忘己，救死扶伤，以及在晋察冀敌后医务建设和培训医务人员工作中的许多动人业绩。说他为晋察冀以至中国人民做出了卓越的贡献和建立了伟大的功绩，是一点也不夸大的。不能忘记，一九三八年六月，他从延安来到晋察冀，我在山西五台的金刚库村第一次见到他。高高的个子，虽然还不到五十岁，却已苍苍白发，但目光炯炯，精神奕奕，是那样严肃而又热情。我看到他跋涉千里，旅途一定很劳累了，劝他多休息几天再谈工作。他这样回答我："我是来工作的，不是来休息的，你们要拿我当一挺机关枪使用。"这句洋溢着革命者战斗激情的回答，至今还回荡在我的耳际。

　　不能忘记，那年九月的一天，我接待了从战地回来的白求恩同志。我向他讲了军区部队刚刚在石盆口打了一个漂亮的伏击战，打死了日寇指挥官清水少将，歼灭了日伪军七八百人，缴获了一批武器弹药。他听了高兴地称颂毛泽东同志的战略、战术。同他一起吃饭的时候，又谈起了他建立的模范医院，在日寇"扫荡"中被烧毁了。他以坦率的自我批评，讲了他在残酷的敌后游击战争环境里建立正规化医院的想法，是不合实际的。我说："是啊，我们是要建立正规化医院的，但敌人不让啊。后方医院的建设，要更加从实际出发，注意内容。"他频频点头。此后不久，他根据毛泽东同志关于游击战争的光辉思想和他切身的实践经验，编写了《游击战争中师野战医院的组织和技术》一书，给敌后医务工作者留下了珍贵的礼物。他就是这样，用科学家的求实精神，共产党员诚恳的自我批评，严格要求自己的。

　　不能忘记，一九三九年七月一日，在晋察冀边区党的代表大会上，他以特邀代表身份从冀中平原赶来参加大会。他在发言中说："我们来中国，不仅是为了你们，也是为了我们。……我决心和中国同志并肩战斗，直到抗战最后胜利。我们努力奋斗的共产主义事业，是不分民族，也没有国界的。"他就是用这样质朴的语言，表达了他的共产主义胸怀和国际主义精神。

　　不能忘记，当党中央已经同意他的要求，回加拿大去一趟，向全世界揭露日本法西斯在中国的血腥暴行，争取欧美人民给英勇的中国抗日军民以更多的物质和技术援助的时候，他给我写了一封热情洋溢的信，大意是要求到各医院进行一次巡视，说"在做完这项工作以前，我决不离开"。他还表示，回国前希望与我面谈一次。接信后，我到前方医院去看望了他。他恳切地说，到中国以后，一直忙于医疗工作，对中国革命的许多问题，没有来得及深入思考，但在同中国同志的并肩战斗中，对中国革命有很深刻的印象；他很钦佩毛泽东同志的正确领导，表示深信，不管环境再残酷，道路再艰苦，斗争再持久，有中国共产党和毛泽东同志的正确领导，革命是一定会胜利的。为了进一步理解中国革命，希望在回国前找个时间，同我详细地面谈一次，由他提问题，我来解答。我被他这种探求真理的革命热情深深感动，表示很高兴与他共同探讨有关中国革命的各种问题。但不久，日寇对我边区的冬季"大扫荡"开始，他不顾同志们的劝告，毅然参加反"扫荡"战斗。就在这次紧张的战场救护工作中，在一个接一个的繁忙手术中，他划破了手指，链球菌侵入伤口，……限于敌后的医药条件，尽管当时我们进行了全力的抢救，终于没有能够挽救他的生命。我热切期待着的与这位伟大国际主义战士的谈话，因此未能实现，成为终身憾事。

白求恩同志虽然离开我们四十年了，但至今，当时在他周围的同志们还铭记着他最后的遗言："不要难过……你们……努力吧……向着伟大的路，……开辟……前面的事业！"他给我的最后的信中写着："最近两年是我生平最愉快、最有意义的时日，……让我把千百倍的谢忱送给你，和其余千百万亲爱的同志！……"他心里装着的是全中国人民。

"青山处处埋忠骨，何必马革裹尸还。"中国人民为了永远纪念他，把他的陵墓建在石家庄。

他是一位杰出的外科医生。他毫不因循守旧，而是用革命的创新精神来不断改革外科手术和外科器械。

他是一个伟大的共产主义战士。他从作为医生的社会实践中，来解剖资本主义社会。他说过："富人可以照顾自己，谁来照应穷人呢？""最需要医疗的人，正是最出不起医疗费的人。"他看到了人民的疾病不能得到医治的社会根源。他最光辉的时刻，是在西班牙反法西斯战场上，和在中国的延安、晋察冀敌后度过的。他从帝国主义这个最凶恶的敌人那里，更清楚地认识到一个共产主义者对人类解放事业应尽的责任。他不空谈政治，而是把政治凝聚在他的手术刀里，用革命的人道主义，救死扶伤。他用外科手术刀作武器，向敌人进行英勇的、忘我的战斗。他在晋察冀的一次战斗中，曾连续六十九个小时为一百一十五名伤员动了手术。哪里最艰苦，哪里最需要他，他就到哪里去。在残酷的战争中，他丝毫不顾个人的安危，而把不能挽救一个人的生命看作是对他最大的痛苦折磨。法西斯使人们流血，他要为人们献血，直至献出自己的生命。法西斯要民主西班牙死亡，要中国沦亡，他要用他的双手，要民主西班牙生存，要中国生存。

他所以成为一个伟大的共产主义战士，绝不是偶然的。他对自己的工作采取了严肃的态度。他是一个医学科学家，不仅用科学态度行医治学，并且通过自己的社会实践，去解剖社会，追求科学真理。正因为这样，当他找到了革命道路以后，就成为一个百折不挠的忠诚的革命战士。我从来不相信一个以自己的工作作为追求名利的敲门砖的人，能够成为一个真正的革命者，尽管这样的人可以欺骗人们于一时。

假如说，一个人有一分热放一分光，那么，白求恩同志所迸发出的耀眼的光芒，则是用比铀更贵重的元素——共产主义精神作为燃料的，特别是他一生在西班牙和中国度过的最后几年里。

在纪念白求恩同志逝世四十周年的时刻，我们要遵循毛泽东同志的教导，认真学习白求恩同志高尚的共产主义和国际主义精神，为在我国实现四个现代化，为社会主义和共产主义事业在全世界取得更大的胜利，而努力奋斗！

（原载《人民日报》1979 年 11 月 9 日第 1 版）

写给马海德的信（节选）

亲爱的马海德：

收不到你的信，我已经习惯了！向上帝保证，我已经习惯了。又有两个月过去了，仍然没有你的回信。延安的医疗队于十一月二十五日到了这里，却没有带来信件。我一直盼望着这支医疗队能够带给我一些书籍、杂志和报纸，以及一封你的信，让我了解一些外界的情况。但是，他们却只带来一台没有电机和支架，所以将无法工作的 X 光机。他们还带给我一听已经开封的加拿大香烟，一条巧克力，一听可可粉和一支剃须膏。这些东西都很好，但是我宁愿用所有的这些东西换一张报纸，一本杂志或者一本书。顺便说一句，我从延安收到的所有东西都已经开封。这其中包括我的所有信件。一些信件还有缺页。下次请一定将所有物品和信件多加一层保护。中国人的好奇心太强了。

除了一张日本人留在一座小林子里的 4 月 18 日的《日本宣传报》，我已经有六个月没有见到过英文报纸了。我也没有收音机。我完全与世隔绝。如果不是因为一天中有 18 个小时要忙于工作，我肯定会有不满情绪的。

白求恩

（选自《白求恩书信一束》，薛忆沩《通往天堂的最后一段路程》，花城出版社 2009 年版，第 43—45 页）

给聂荣臻的信

亲爱的聂司令员：

今天我感觉身体非常不好，也许我要和你们永别了！请你给加拿大共产党总书记蒂姆·布克写一封信，地址是加拿大多伦多城威灵顿街十号。同时，抄送国际援华委员会和加拿大民主联盟会。

告诉他们，我在这里十分快乐，我唯一的希望就是能够多做贡献。也要写信给美国共产党总书记白劳德，并寄上一把缴获的战刀。这些信可以用中文写成，寄到那边去翻译。随信把我的照片、日记、文件寄过去，由蒂姆·布克处置。所有这些东西都装在一个箱子里，用林赛先生送给我的那十八美金做寄费。这个箱子必须很坚固，用皮带捆住锁好，外加三条绳子。将我永世不变的友爱送给蒂姆·布克以及所有我的加拿大和美国的同志们。

请求国际援华委员会给我的离婚妻子坎贝尔夫人拨一笔生活款子，分期给也可以。我对她应负的责任很重，绝不能因为没钱而把她遗弃了。还要告诉她，我是十分内疚的，并且曾经是快乐的。【补充说明：他离婚是因为他要到中国来，他妻子不愿意离婚，他坚决离婚了。】

两张行军床、两双英国皮鞋，你和聂夫人留用吧。

马靴、马裤，请转交吕司令。

贺将军，也要给他一些纪念品。

两个箱子，给叶部长；十八种器械，给游副部长；十五种器械，给杜医生；卫生学校的江校长，让他任意挑选两种物品做纪念。

打字机和绷带给郎同志。

手表和蚊帐给潘同志。

一箱子食品和文学书籍送给董同志，算我对他和他的夫人、孩子们的新年礼物。

给我的小鬼和马夫每人一床毯子，另送小鬼一双日本皮鞋。

照相机给沙飞。

贮水池等给摄影队。

每年要买二百五十磅奎宁和三百磅铁剂，用来治疗疟疾患者和贫血病患者。千万不要再到保定、天津一带去购买药品，那边的价钱要比沪、港贵两倍。

最近两年，是我平生最愉快、最有意义的日子。在这里，我还有很多话要对同志们说，可我不能再写下去了。

让我把千百倍的谢忱送给你和千百万亲爱的同志们。

白求恩

借猫抒情

郑振铎的《猫》描绘了对三只猫的命运的情感变化，其中对第三只猫的描写细腻灵动，充满深情和歉疚。"永不养猫"写出了人性的复杂，而"不能语之"的表白写出了"我"内心因为无法补救而产生的苦闷悲凉，在一定程度上折射出当时相当一部分知识分子的社会关怀。从而表现了作者对自我灵魂的直视，对人性的深刻剖析，为读者人性的自我修缮提供了示范。

借猫抒情的表达在其他文章中也有出现。夏丏尊的《猫》在生活化的描写中，寄托着对亲人的思念、对情感的珍惜。淡淡的哀愁，表现了亲情美，有着浓厚的人文主义思想。

靳以的《猫》通过对猫的描写与回忆，表达了作者对逝去的亲人的怀念，表达出自己凄清落寞的心境，寄托了作者无限的遐思。

王鲁彦的《父亲的玳瑁》通过叙述父亲与玳瑁的日常生活小事，表现了父亲与玳瑁的深厚感情，表达出作者丧父的悲痛之情。

猫

夏丏尊

白马湖新居落成，把家眷迁回故乡的后数日，妹就携了四岁的外甥女，由二十里外的夫家雇船来访。自从母亲死后，兄弟们各依了职业迁居外方，故居初则赁与别家，继则因兄弟间种种关系，不得不把先人又过辛苦历史的高大屋宇，受让给附近的暴发户，于是兄弟们回故乡的机会就少，而妹也已有六七年无归宁的处所了。这次相见，彼此既快乐又酸辛。小孩之中，竟有未曾见过姑母的。外甥女当然不认得舅妗和表姊，虽经大人指导勉强称呼，总都是呆呆地相觑着。

新居在一个学校附近，背山临水，地位清静，只不过平屋四间。论其构造，连老屋的厨房还比不上，妹却极口表示满意："虽比不上老屋，终究是自己的房子，我家在本地已有多年没有房子了！自从老屋卖去以后，我多少被人瞧不起！每次乘船经过老屋面前真是……"

妻见妹说时眼圈有点红了，就忙用话岔开："妹妹你看，我老了许多罢？你却总是这样后生。"

"三姊倒不老！——人总是要老的，大家小孩都已这样大了，他们大起来，就是我们在老起来。我们已六七年不见了呢。"

"快弄饭去罢！"我听了她们的对话，恐再牵入悲境，故意打断话头，使妻走开。

妹自幼从我学会了酒，能略饮几杯。兄妹且饮且谈，嫂也在旁羼着。话题由此及彼，一直谈到饭后，还连续不断。每到妹和妻要谈到家事或婆媳小姑关系上去，我总立即设法打断，因为我是深知道妹在夫家的境遇的，很不愿再难得晤面的当初，就引起悲怀。

忽然天花板上起了嘈杂的鼠声。"新造的房子，老鼠就这样多吗？"妹惊讶地问。

"大概是近山的缘故罢。据说房子未造好就有了老鼠的。晚上更厉害，今夜你听，好像在打仗哩，你们那里怎样？"妻说。

"还好，我家有猫。——快要产小猫了，将来可捉一只来。"

"猫也大有好坏，坏的猫老鼠不捕，反要偷食，到处撒屎，倒是不养好。"我正在寻觅轻松的话题，就顺了势讲到猫上去。

"猫也和人一样，有种子好不好的，我那里的猫，是好种，不偷食，每朝把屎撒在盛灰的畚斗里。——你记得从前老四房里有一只好猫罢。我们那只猫，就是从老四房讨去的小猫。近来听说老四房里断了种了，——每年生一胎，附近养蚕的人家都来千求万恳的讨，据说讨去都不淘气的。现在又快要生小猫了。"

老四房里的那只猫向来有名。最初的老猫，是曾祖在世时，就有了的，不知是哪里得来的种子，白地，小黄黑花斑，毛色很嫩，望上去像上等的狐皮"金银嵌"。善捉鼠，性质却柔顺得了不得。当我小的时候，常去抱来玩弄，听它念肚里佛，挖看它的眼睛，不啻是一个小伴侣。后来我由外面回家，每走到老四房去，有时还看见这小伴侣的子孙。曾也想讨一只小猫到家里去养，终难得逢到恰好有小猫的机会，自迁居他乡，十年来久不忆及了，不料现在种子未绝，妹家现在所养的，不知已是最初老猫的几世孙了。家道中落以来，田产室庐大半荡尽，而曾祖时代的猫，尚间接地在妹家留着种子，这真是一种不可思议的缘，值得叫人无限感慨的了。

"哦！就是那只猫的种子！好的，将来就给我们一只。那只猫的种子是近地有名的。花纹还没有变吗？"

"你喜欢哪一种？——大约一胎多则三只，少则两只，其中大概有一只是金银嵌的，有一二只是白中带黑斑的，每年都是如此。"

"那自然要金银嵌的啰。"我脑中不禁浮出孩时小伴侣的印象来。更联想到那如云的往事，为之茫然。

妻和妹之间猫的谈话，仍被继续着，儿女中大些的张了眼听，最小的阿满，摇着妻的膝问："小猫几时会来？"我也靠在藤椅上吸着烟默然听她们。"猫小的时候，要教会它才好。如果撒屎在地板上了，就捉到撒屎的地方，当着它的屎打，到碗中偷食吃的时候，就把碗摆在它的前面打，这样打了几次，它就不敢乱撒屎多偷食了。"妹的猫教育论，引得大家都笑了。

次晨，妹说即须回去，约定过几天再来久留几日，临走的时候还说："昨晚上老鼠吵得真厉害，下次来时，替你们把猫捉来罢。"

妹去后，全家多了一个猫的话题。最性急的自然是小孩，他们常问："姑妈几时来？"其实都是为猫而问，我虽每回答她们："自然会来的，性急什么？"而心里也对于那与我家系有二十多年历史的猫，怀着迫切的期待，巴不得妹——猫快来。

妹的第二次来，在一个月以后，带来的只是赠送小孩的果物和若干种的花草和苗种，并没有猫。说前几天才出生，要一个月后方可离母，此次生了三只，一只是金银嵌的，其余两只，是黑白花和狸斑花的，讨的人家很多，已替我们把金银嵌的留定了。

猫被送来，已是妹第二次回去后半月光景的事。那时已过端午，我从学校回去，一进门妻就和我说："妹妹今天差人把猫送来了，她有一封信在这里。说从回去以后就有些不适应。大约是寒热，不要紧的。"我从妻手里接了信草草一看，同时就向室中四望："猫呢？"

"她们在弄它，阿吉阿满，你们把猫抱来给爸爸看看！"

立刻，柔弱的"尼亚尼亚"声从房中听得，阿满抱出猫来："会念佛的，一到就蹲在床下，妈说它是新娘子呢。"

我在女儿手中把小猫熟视着说："还小呢，别去捉它，放在地上，过几天会熟的。当心碰见狗！"

阿满将猫放下。猫把背一耸就踉跄地向房里遁去。接着就从房内发出柔弱的"尼亚尼亚"的叫声。

"去看看它躲在什么地方。"阿吉和阿满蹑着脚进房去。

"不要去捉它啊！"妻从后叮嘱她们。

猫确是金银嵌，虽然产毛未退，黄白还未十分夺目，尽足依约地唤起从前老四房里的小伴侣的印象。"尼亚尼亚"的叫声，和"咪咪"的呼叫声，在一家中起了新气氛，在我心中却成了一个联想过去的媒介，想到儿时的趣味，想到家况未中落时的光景。与猫同来的，总以为不成问题的妹的病消息，一二日后竟由沉重而至于危笃，终于因恶性疟疾引起了流产，遗下未足月的女孩儿弃去这世界了。一家人参与丧事完毕从丧家回来，一进门就听到"尼亚尼亚"的猫声。

"这猫真不利，它是首先来报妹妹的死信的！"妻见了猫叹息着说。

猫正在在檐前伸了小足爬搔着柱子，突然见我们来，就踉跄逃去，阿满赶到橱下把它捉来了，捧在手里："你不要逃，都是你不好！妈！快打！"

"畜牲晓得什么？唉，真不利！"妻呆呆地望着猫这样说，忘记了自己的矛盾，倒弄得阿满把猫捧在手里瞪目茫然了。

"把它关在伙食间里，别放它出来！"我一边说一边懒懒地走入卧室睡去。我实在已怕看这猫了。

立时从伙食间里发出"尼亚尼亚"的悲鸣声和嘈杂的搔爬声来。努力想睡，总是睡不着。原想起来把猫重新放出，终于无心动弹，连向那就在房外的妻女叫一声"把猫放出"的心绪也没有，只让自己听着那连续的猫声，一味沉浸在悲哀里。

从此以后，这小小的猫在全家成了一个联想死者的媒介，特别是我，这猫所暗示的新的悲哀的创伤，是用了家道中落等类的怅惘包裹着的。

（选自陈子善、蔡翔主编《猫》，

山东文艺出版社 2015 年版，第 109—116 页）

猫

靳以

猫好像在活过来的时日中占了很大的一部，虽然现在一只也不再在我的身边厮扰。

当着我才进了中学，就得着了那第一只。那是从一个友人的家中抱来，很费了一番手才送到家中。她是一只黄色的，像虎一样的斑纹，只是生性却十分驯良。那时候她才下生两个月，也像其他的小猫一样欢喜跳闹，却总是被别的欺负的时候居多。友人送我的时候就这样说：

"你不是欢喜猫么，就抱去这只吧。你看她是多么可怜的样子，怕长不大就会死了。"

我都不能想那时候我是多么高兴，当我坐在车上，装在布袋中的她就放在我的腿上。呵，她是一个活着的小动物，时时会在我的腿上蠕动的。我轻轻地拍着她，她不叫也不闹，只静静地卧在那里，像一个十分懂事的东西。我还记得那是夏天，她的皮毛使我在冒着汗，我也忍耐着。到了家，我放她出来。新的天地吓得她更不敢动，她躲在墙角或是椅后那边哀哀地鸣叫。她不吃食物也不饮水，为了那份样子，几乎我又送她回去。可是过了两天或是三天，一切就都很好了。家中人都喜欢她，除开一个残忍成性的婆子。我的姊姊更爱她，每餐都是由她来照顾。

到了长成的时节，她就成为更沉默更温和的了。她从来也不曾抓伤过人，也不到厨房里偷一片鱼。她欢喜蹲在窗台上，眯着眼睛，像哲学家一样地沉思着。那时候阳光正照了她，她还要安详地用前爪在脸上抹一次又一次的。家中人会说：

"链哥儿抱来的猫，也是那样老实呵。"

到后她的子孙们却是有各样的性格。一大半送了亲友，留在家中的也看得出贤与不肖。有的竟和母亲争斗，正像一个浪子或是泼女。

她自己活得很长远，几次以为是不能再活下去了，她还能勉强地活过来，终于一双耳朵不知道为什么枯萎下去。她的脚步更迟钝了，有时鸣叫的声音都微弱得不可闻了。

她活了十几年，当着祖母故去的时候，已经入殓，还停在家中；她就躺在棺木的下面死去。想着是在夜间死去的，因为早晨发觉的时候她已经僵硬了。

住到 X 城的时节，我和友人 B 君共住了一个院子。那个城是古老而沉静的，到处都是树，清寂幽闭。因为是两个单身男子，我们的住处也正像那个城。秋天是如此，春天也是如此。墙壁粉了灰色，每到了下午便显得十分黯淡。可是不知道从哪里却跳来了一只猫，她是在我们一天晚间回来的时候发现的。我们开了灯，她正端坐在沙发的上面，看到光亮和人，一下就不知道溜到哪里去了。

我们同时都为她那美丽的毛色打动了，她的身上有着各样的颜色，她的身上包满了茸茸的长绒。我们找寻着，在书架的下面找到了。她用惊疑的眼睛望着我们，我们即刻吩咐仆人，为她弄好了肝和饭，我们故意不去看她，她就悄悄地就食去了。

从此在我们的家中，她也算是一个。

养了两个多月，在一天的清早，不知逃到哪里去了。她仍是从风门的窗格里钻出去（因为她，我们一直没有完整的纸糊在上面），到午饭时不见回来。我们想着下半天，想着晚饭的时候；可是她一直就不曾回来。

那时候，虽然少了一只小小的猫，住的地方就显得阔大寂寥起来了。当着她在我们这里的时候，那些冷清的角落，都为她跑着跳着填满了；为我们遗忘了的纸物，都由她有趣地抓了出来。一时她会跑上座灯的架上，一时始又跳上了书橱。可是她把花盆架上的一盆迎春拉到地上，碎了花盆的事也有过，记得自己真就以为她是一个有性灵的生物，申斥她，轻轻地打着她；她也就畏缩地躲在一旁，像是充分地明白了自己的过错似的。

平时最使她感觉到兴趣的事，怕就是钻进抽屉中的小睡。只要是拉开了，她就安详地走进去，于是就故意又为她关上了。过些时再拉开来，她也许还未曾醒呢！有的时候是醒了，静静地卧着，看到了外面的天地，就站起来，撺着背缓缓地伸着懒腰。她会跳上了桌子，如果是晚间，她就分去了桌灯给我的光，往返地踱着，她的影子晃来晃去的，却充满了我那狭小的天地，使我也有着热闹的感觉。突然她会为一件小小的物件吸引住了，以前爪轻轻地拨着，惊奇地注视着被转动的物件，就退回了身子，伏在那里，还是一小步一小步地退缩着——终于是猛地向前一蹿，那物件落在地上，她也随着跳下去。

我们有时候也用绒绳来逗引，看着她轻巧而窈窕地跳着。时常想到的就是"摘花赌身轻"的句子。

她的逃失呢，好像是早就想到了的。不是因为从窗里望着外面，看到其他的猫从墙头跳上跳下，她就起始也跑到外面去吗？原是不知何所来，就该是不知何所去。只是顿然少了那么一只跑着跳着的生物，所住的地方就感到更大的空洞了。想着这样的情绪也许并不是持久的，过些天或者就可以忘怀了。只是当着春天的风吹着门窗的纸，就自然地把眼睛望着她日常出入的那个窗格，还以为她又从外面钻了回来。

"走了也好，终不过是不足恃的小人呵！"

这样地想了，我们的心就像是十分安然而愉快了。

过了四个月，B君就走了，那个家就留给我一个人。如果一直是冷清下来，对于那样的日子我也许能习惯了；却是日愈空寂的房子，无法使我安心地守下去。但是我也只有忍耐之一途。既不能在众人的处所中感到兴趣，除开面壁枯坐还有其他的方法吗？

一天，偶然地在市集中售卖猫狗的那一部，遇到一个老妇人和一个四五岁的女孩。她问我要不要买一只猫。我就停下来，预备看一下再说。她放下在手中的竹篮，解开盖在上面的一张布，就看到一只生了黄黑斑的白猫，正自躺在那里。在她的身下看到了两只才生下不久的小猫。一只是黑的，毛的尖梢却是雪白，另一只是白的，头部生了灰灰的斑。她和我说因为要离开这里，就不得不卖了。她和我要了极合理的价钱，我答应了，付过钱，就径自去买一个竹筐来。当着我把猫放到我的筐子里，那个孩子就大声哭起来。她舍不得她的宝贝。她丢下老妇人塞到她手中的钱。那个老妇人虽是爱着孩子，却好像钱对她真有一点用，就一面哄着一面催促着我快些离开。

叫了一辆车，放上竹筐，我就回去了。留在后面的是那个孩子的哭声。

诚然如那个老妇人所说，她们是到了天堂。最初几天那两只小猫还没有张开眼，从早到晚只是咪咪地叫着。我用烂饭和牛乳喂她们，到张开了眼的时候，我才又看到那个长了灰色斑的两个眼睛是不同的；一个是黄色，一个是蓝色。

大小三只猫，也尽够我自己忙的了（不止我自己，还有那个仆人）。大的一只时常要跑出去，小的就不断地叫着。她们时常在我的脚边缠绕，一不小心就被踏上一脚或是踢翻个身。她们横着身子跑，因为把米粒粘到脚上，跑着的时候就答答地响着，像生了铁蹄。她们欢喜坐在门限上望着外面，见到后院的那条狗走过，她们就咈咈地叫着，毛都竖起来，急速地跳进房里。

为了她们，每次晚间回来都不敢提起脚步来走，只是溜着，开了灯，就看到她们偎依着在椅上酣睡。

渐渐地她们能爬到我的身上来了，还爬到我的肩头，她们就像到了险境，鸣叫着，一直要我用手把她们再捧下来。

这两只猫仔，引起了许多友人的怜爱，一个过路友人离开了这个城还在信中殷殷地问到。她说过要有那么一天，把这两只猫拿走的。但是为了病着的母亲的寂寥，我就把她们带到了××。

我先把她们的母亲送给了别人，我忘记了她们离开母亲会成为多么可怜的小动物。她们叫着。不给一刻的宁静，就是食物也不大能引着她们安下去。她们东找找西找找，然后就失望地朝了我。好像告诉我她们是丢失了母亲，也要我告诉她们：母亲到了哪里？两天都是这样，我都想再把那只大猫要回来了。后来友人告诉我说是那个母亲也叫了几天，终于上了房，不知到哪里去了。

因为要搭乘火车的，我就在行前的一日把她们装到竹篮里。她们就叫，吵得我一夜也不能睡，我想着这将是一桩麻烦的事，依照路章是不能携带猫或狗的。

早晨，我放出她们喂，吃得饱饱的（那时候她们已经消灭了失去母亲的悲哀），又装进竹篮里。她们就不再叫了。一直由我把她们安然地带回我的母亲的身边。母亲的病在那时已经是很重了，可是她还是勉强地和我说笑。她爱那两只猫。她们也是立刻跳到她的身前。我十分怕看和母亲相见相别时的泪眼，这一次有这两个小东西岔开了母亲的伤心。

不久，她们就成为一种累赘了。当着母亲安睡的时候，她们也许咪咪地叫起来。当着母亲为病痛所苦的时候，她们也许要爬到她的身上。在这情形之下，我只能把她们交付仆人，由仆人带到他自己的房中去豢养。

母亲的病使我忘记了一切的事，母亲故去了许久我才问着仆人那两只猫是否还活下来。

仆人告诉我她们还活着的，因为一时的疏忽，她们的后腿冻跛了。可渐渐地好起来，也长大了，只是不大像从前那样洁净。

我只是应着，并没有要他把她们拿给我，因为被母亲生前所钟爱，她们已经成为我自己悲哀的种子了。

（选自陈子善、蔡翔主编《猫》，

山东文艺出版社 2015 年版，第 126—131 页）

父亲的玳瑁

王鲁彦

在墙脚根刷然溜过的那黑猫的影，又触动了我对于父亲的玳瑁的怀念。

净洁的白毛的中间，夹杂些淡黄的云霞似的柔毛，恰如透明的妇人的玳瑁首饰的那种猫儿，是被称为"玳瑁猫"的。我们家里的猫儿正是那一类，父亲就给了它"玳瑁"这个名字。

在近来的这一匹玳瑁之前，我们还曾有过另外的一匹。它有着同样的颜色，得到了同样的名字，同是从我姊姊家里带来，一样地为我们所爱。

但那是我不幸的妹妹的玳瑁，它曾经和她盘桓了十二年的岁月。

而现在的这一匹，是属于父亲的。

它什么时候来到我们家里，我不很清楚，据说大约已有三年光景了。父亲给我的信，从来不曾提过它。在他的理智中，仿佛以为玳瑁毕竟是一匹小小的兽，比不上任何的家事，足以通知我似的。

但当我去年回到家里的时候，我看到了父亲和玳瑁的感情了。

每当厨房的碗筷一搬动，父亲在后房餐桌边坐下的时候，玳瑁便在门外"咪咪"地叫了起来。这叫声是只有两三声，从不多叫的。它仿佛在问父亲，可不可以进来似的。

于是父亲就说了，完全像对什么人说话一样："玳瑁，这里来！"

我初到的几天，家里突然增多了四个人，玳瑁似乎感觉到热闹与生疏的恐惧，常不肯即刻进来。

"来吧，玳瑁！"父亲望着门外，不见它进来，又说了。

但是玳瑁只回答了两声"咪咪"，仍在门外徘徊着。

"小孩一样，看见生疏的人，就怕进来了。"父亲笑着对我们说。

但是过了一会，玳瑁在大家的不注意中，已经跃上了父亲的膝上。

"哪，在这里了。"父亲说。

我们弯过头去看，它伏在父亲的膝上，睁着略带惧怯的眼望着我们，仿佛预备逃遁似的。

父亲立刻理会它的感觉，用手抚摩着它的颈背，说："困吧，玳瑁。"一面他又转过来对我们说："不要多看它，它像姑娘一样的呢。"

我们吃着饭，玳瑁从不跳到桌上来，只是静静地伏在父亲的膝上。有时鱼腥的气息引诱了它，它便偶尔伸出半个头来望了一望，又立刻缩了回去。它的脚不肯触着桌。这是它的规矩，父亲告诉我们说，向来是这样的。

父亲吃完饭，站起来的时候，玳瑁便先走出门外去。它知道父亲要到厨房里去给它预备饭了。那是真的。父亲从来不曾忘记过，他自己一吃完饭，便去添饭给玳瑁的。玳瑁的饭每次都有鱼或鱼汤拌着。父亲自己这几年来对于鱼的滋味据说有点厌，但即使自己不吃，他总是每次上街去，给玳瑁带了一些鱼来，而且给它储存着的。

白天，玳瑁常在储藏东西的楼上，不常到楼下的房子里来。但每当父亲有什么事情将要出去的时候，玳瑁像是在楼上看着的样子，便溜到父亲的身边，绕着父亲的脚转了几下，一直跟父亲到门边。父亲回来的时候，它又像是在什么地方远远望着，静静地倾听着的样子，待父亲一跨进门限，它又在父亲的脚边了。它并不时时刻刻跟着父亲，但父亲的一举一动，父亲的进出，它似乎时刻在那里留心着。晚上，玳瑁睡在父亲的脚后的被上，陪伴着父亲。

我们回家后，父亲换了一个寝室。他现在睡到弄堂门外一间从来没有人去的房子里了。玳瑁有两夜没有找到父亲，只在原地方走着，叫着。它第一夜跳到父亲的床上，发现睡着的是我们，便立刻跳了出去。

正是很冷的天气。父亲记念着玳瑁夜里受冷，说它恐怕不会想到他会搬到那样冷落的地方去的。而且晚上弄堂门又关得很早。

但是第三天的夜里，父亲一觉醒来，玳瑁已在床上睡着了，静静地，"咕咕"念着猫经。

半个月后，玳瑁对我也渐渐熟了。它不复躲避我。当它在父亲身边的时候，我伸出手去，轻轻抚摩着它的颈背，它伏着不动。然而它从不自己走近我。我叫它，它仍不来。就是母亲，她是永久和父亲在一起的，它也不肯走近她。父亲呢，只要叫一声"玳瑁"，甚至咳嗽一声，它便不晓得从什么地方溜出来了，而且绕着父亲的脚。

有两次玳瑁到邻居去游走，忘记了吃饭。我们大家叫着"玳瑁玳瑁"，东西寻找着，不见它回来。父亲却猜到它那里去了。他拿着玳瑁的饭碗走出门外，用筷子敲着，只喊了两声"玳瑁"，玳瑁便从很远的邻屋上走来了。

"你的声音像格外不同似的，"母亲对父亲说，"只消叫两声，又不大，它便老远地听见了。"

"是哪，它只听我管的哩。" 对于寂寞地度着残年的老人，玳瑁所给与的是儿子和孙子的安慰，我觉得。

六月四日的早晨，我带着战栗的心重到家里，父亲只躺在床上远远地望了我一下，便疲倦地合上了眼皮。我悲苦地牵着他的手在我的面上抚摩。他的手已经有点生硬，不复像往日柔和地抚摩玳瑁的颈背那么自然。

据说在头一天的下午，玳瑁曾经跳上他的身边，悲鸣着，父亲还很自然地抚摩着它，亲密地叫着"玳瑁"。而我呢，已经迟了。

从这一天起，玳瑁便不再走进父亲的以及和父亲相连的我们的房子。我们有好几天没有看见玳瑁的影子。我代替了父亲的工作，给玳瑁在厨房里备好鱼拌的饭，敲着碗，叫着"玳瑁"。玳瑁没有回答，也不出来。

母亲说，这几天家里人多，闹得很，它该是躲在楼上怕出来的。于是我把饭碗一直送到楼上。然而玳瑁仍没有影子。

过了一天，碗里的饭照样地摆在楼上，只饭粒干瘪了一些。 玳瑁正怀着孕，需要好的滋养。一想到这，大家更加焦虑了。

第五天早晨，母亲才发现给玳瑁在厨房预备着的另一只饭碗里的饭略略少了一些。大约它在没有人的夜里走进了厨房。它应该是非常饥饿了。 然而仍像吃不下的样子。

一星期后，家里的戚友渐渐少了。玳瑁仍不大肯露面。无论谁叫它，都不答应，偶然在楼梯上溜过的后影，显得憔悴而且瘦削，连那怀着孕的 肚子也好像小了一些似的。

一天一天家里愈加冷静了。满屋里主宰着静默的悲哀。一到晚上，人还没有睡，老鼠便吱吱叫着活动起来，甚至我们房间的楼上也在叫着跑着。玳瑁是最会捕鼠的。当去年我们回家的时候，即使它跟着父亲睡在远一点的地方，我们的房间里从没有听见过老鼠的声音，但现在玳瑁就睡在隔壁的楼上，也不过问了。我们毫不埋怨它。我们知道它所以这样的原因。

可怜的玳瑁。它不能再听到那熟识的亲密的声音，不能再得到那慈爱的抚摩，它是在怎样的悲伤呵！

三星期后，我们全家要离开故乡。大家预先就在商量，怎样把玳瑁带出来。但是离开预定的日子前一星期，玳瑁生了小孩了。我们看见它的肚子松瘪着。

怎样可以把它带出来呢？ 然而为了玳瑁，我们还是不能不带它出来。我们家里的门将要全锁上。邻居们不会像我们似的爱它，而且大家全吃着素菜，不会舍得买鱼饲它。单看玳瑁的脾气，连对于母亲也是冷淡淡的，绝不会喜欢别的邻居。 我们还是决定带它一道来上海。

它生了几个小孩，什么样子，放在那里，我们虽然极想知道，却不敢去惊动玳瑁。我们预定在饲玳瑁的时候，先捉到它，然后再寻觅它的小孩。因为这几天来，玳瑁在吃饭的时候，已经不大避人，捉到它应该是容易的。

但是两天后，我们十几岁的外甥遏抑不住他的热情了。不知怎样，玳瑁的孩子们所在的地方先被他很容易地发现了。它们原来就在楼梯门口，一只半掩着的糠箱里。玳瑁和它的小孩们就住在这里，是谁也想不到的。外甥很喜欢，叫大家去看。玳瑁已经溜得远远的在惧怯地望着。

我们想，既然玳瑁已经知道我们发觉了它的小孩的住所，不如便先把它的小孩看守起来，因为这样，也可以引诱玳瑁的来到，否则它会把小孩衔到更没有人晓得的地方去的。

于是我们便做了一个更安适的窠，给它的小孩们，携进了以前父亲的寝室，而且就在父亲的床边。那里是四个小孩，白的，黑的，黄的，玳瑁的，都还没有睁开眼睛。贴着压着，钻做一团，肥圆的。捉到它们的时候，偶然发出微弱的老鼠似的吱吱的鸣声。

"生了几只呀？"母亲问着。

"四只。"

"嗨，四只！怪不得！扛了你父亲的棺材，不要再扛我的呢！"母亲叹息着，不快活地说。

大家听着这话，愣住了。

"把它们丢出去！"外甥叫着说，但他同时却又喜悦地抚摩着玳瑁的小孩们，舍不得走开。

玳瑁现在在楼上寻觅了，它大声地叫着。

"玳瑁，这里来，在这里。"我们学着父亲仿佛对人说话似的叫着玳瑁说。

但是玳瑁像只懂得父亲的话，不能了解我们说什么。

它在楼上寻觅着，在弄堂里寻觅着，在厨房里寻觅着，可不走进以前父亲天天夜里带着它睡觉的房子。我们有时故意作弄它的小孩们，使它们发出微弱的鸣声。玳瑁仍像没有听见似的。

过了一会，玳瑁给我们女工捉住了。它似乎饿了，走到厨房去吃饭，却不妨给她一手捉住了颈背的皮。

"快来！快来！捉住了！"她大声叫着。

我扯了早已预备好的绳圈，跑出去。

玳瑁大声地叫着，用力地挣扎着。待至我伸出手去，还没抱住玳瑁，女工的手一松，玳瑁溜走了。

它再不到厨房里去，只在楼上叫着，寻觅着。

几点钟后，我们只得把玳瑁的小孩们送回楼上。它们显然也和玳瑁似的在忍受着饥饿和痛苦。

玳瑁又静默了，不到十分钟，我们已看不见它的小孩们的影子。现在可不必再费气力，谁也不会知道它们的所在。

有一天一夜，玳瑁没有动过厨房里的饭。以后几天，它也只在夜里。待大家睡了以后到厨房里去。

我们还想设法带玳瑁出来，但是母亲说："随它去吧，这样有灵性的猫，哪里会不晓得我们要离开这里。要出去自然不会躲开的。你们看它，父亲过世以后，再也不忍走进那两间房里，并且几天没有吃饭，明明在非常伤心。现在怕是还想在这里陪伴你们父亲的灵魂呢。它原是你父亲的。"

我们只好随玳瑁自己了。它显然比我们还舍不得父亲，舍不得父亲所住过的房子，走过的路以及手所抚摸过的一切。父亲的声音，父亲的形象，父亲的气息，应该都还很深刻地萦绕在它的脑中。

可怜的玳瑁，它比我们还爱父亲！

然而玳瑁也太凄惨了。以后还有谁再像父亲似的按时给它好的食物，而且慈爱地抚摩着它，像对人说话似的一声声地叫它呢？

离家的那天早晨，母亲曾给它留下了许多给孩子吃的稀饭在厨房里。门虽然锁着，玳瑁应该仍然晓得走进去。邻居们也曾答应代我们给它饲料。然而又怎能和父亲在的时候相比呢？

现在距我们离家的时候又已一月多了。玳瑁应该很健康着，它的小孩们也该是很活泼可爱了吧？

我希望能再见到和父亲的灵魂永久同在着的玳瑁。

（选自鲁彦《鲁彦作品精选》，云南人民出版社 2019 年版，第 19—25 页）

对话动物，敬畏自然

《所罗门王的指环》是著名科普作家、诺贝尔生理医学奖获得者康拉德·洛伦茨（Konrad Lorenz, 1903—1989）的经典科普著作。洛伦茨，奥地利人，也是动物习性学的创始人。该书把科学知识与文学趣味巧妙地结合，将读者引入有趣的动物行为学世界，通过介绍斗鱼、寒鸦等动物的生动故事，使人们认识到大自然的美好。课文《动物笑谈》就选自该书。

通过阅读该书的序言和选文，我们不仅能够了解到许多与动物有关的趣事，还能够感到一种热爱动物、敬畏自然的精神。

所罗门王的指环·序言

朱利安·赫胥黎

康拉德·洛伦茨是当今最杰出的博物学家之一。曾有人称他为现代的法布尔，当然他的研究对象是鸟类和鱼类，而法布尔研究的是昆虫和蜘蛛。不过，洛伦茨的成就更大，因为他不仅像法布尔那样，用别具一格、魅力十足的语言提供了大量新事实和新发现，而且还在动物思维与行为的基础原则和理论方面做出了不小的贡献。

这本书的读者会了解到很多有趣的事情：灰雁的幼雏怎样通过"印记学习"把洛伦茨当作了自己的母亲；寒鸦（jackdaw）们怎样把他当作领导人和伙伴，却把其他类似于乌鸦的鸟（只要是长翅膀的）作为飞行伙伴，并把洛伦茨家的女仆视为"恋爱对象"；一条斗鱼或狼的某种态度或动作是怎样起到了"释放因子"的作用，促使或禁止同类的其他个体做出战斗反应。通过这些故事，读者了解到的不仅仅是这么多奇怪的现象，还有现象背后最本质的原则。

当然，其他博物学家也进行过类似的研究。我能想到的有：英国的劳埃德·摩根（Lloyd Morgan）、美国的惠特曼（Whitman）、德国的海因洛特（Heinroths），他们的研究都是开创性的，还有纽约已故的研究者金斯利·诺贝尔（Kingsley Nobel），他关于蜥蜴行为的研究很出色；任教于牛津大学的荷兰裔学者廷伯根（Tinbergen），他对刺鱼（stickleback）和银鸥（herring gull）"释放因子"的研究很深入；还有西欧和北美的一些鸟类研究者和学生，他们对这些原则进行了大量详细的说明。但不争的事实是：洛伦茨比其他人的贡献都大，他确立这些原则并提出了最根本的观点。而且洛伦茨全身心地投入到了一项自我委派的工作：真正地了解动物。据我所知，没有哪个生物学家或博物学家能像他这样彻底地了解动物。为了做到这一点，他让研究对象在野生状态下完全自由地生存。虽然这样会为这份工作增添一些乐趣，但更多时候洛伦茨面临的是辛勤、尴尬且严酷的工作。

不过，结果表明，洛伦茨的付出和忍受是值得的。而且这么做是必要的，因为多亏了洛伦茨（还有其他动物爱好者和学生）的工作，我们才认识到，只有在完全自由的状态下，动物才会充分地展示它们的本性和行为，充分展示它们的个体多样性。囚笼束缚了动物的思维和身体，严格的实验程序限制了行为的各种可能性；而自由可以释放动物的能力，让观察者能够最全面地研究动物行为。

洛伦茨研究方法的价值，最集中地体现在本书关于寒鸦的那一章——这是迄今为止关于社会有机体生活最具启示性的描述：一些生物特性在这些鸟身上体现出一种奇特的和谐，如：自动反应，高智商，敏感的洞察力；寒鸦的社会行为机制也很有趣，总体而言，这种机制构成了栖息地的法律与秩序，保障了弱小成员的安全（尽管每个具体的行为看起来都没有这些目的）；鸟类沟通方式与人类语言的不同；还有一些行为，如果发生在人类身上，可以被称为"骑士行为"〔但是在非社会性的物种里，却全然没有这种行为，比如斑鸠（turtle dove），尽管它以温柔著称，却可能会对落败后无处可逃的对手下最狠的毒招〕；某些生物应当被视为敌人这一见解被社会化广泛传播，这也是我认为在其论述中唯一已被社会公认的事实。凡此种种，从洛伦茨口中娓娓道来，让读者再也不会为把鸟类拟人化而内疚，同样也不会再犯"机械形成论"的错误，将鸟儿简化为一种反射系统。

不过，洛伦茨的专长不仅仅限于鸟类研究。他对斗鱼和刺鱼繁殖过程的描述同样精辟、精彩：雄鱼怎样战斗与展示；雌鱼有什么样的反应；雄鱼如何照顾自己的孩子。即使鱼类的行为不如鸟类行为那样复杂，但也大大超出了大多数人的认识。他描述了雄性斗鱼如何解决冲突，对这种特殊现象做出了完美的科学描述；动物是如何下定决心的，要知道动物心智发展很不健全，不太会做决定。

这些重要而且全新的科学描述不仅通俗易懂，而且生动活泼，因为洛伦茨提供了一些非常有趣的细节。比如可怜的洛伦茨被迫一连几个小时跪在地上，或者手脚并用地爬来爬去，或者不时嘎嘎大叫，这样他才能充分地扮演自己的角色：一群小鸭子"印记"中的父亲；比如洛伦茨的助手突然意识到自己讲的是灰雁的语言，而不是鸭子的语言，于是立即改口"不，我想说，呱，咯咯咯咯"；洛伦茨年迈的父亲在户外睡了个午觉，却愤怒地用手提着裤子回到屋里，因为洛伦茨驯养的鹦鹉把他衣服上的所有纽扣都啄掉了，并把它们摆在地上；在拥挤的火车站台，洛伦茨学鹦鹉连续尖叫（去动物园看过鹦鹉的人都知道这种声音），把空中高飞的鹦鹉召唤到身边……不仅如此，还有很多故事，我一想起就会咯咯笑。

不过我不想横在洛伦茨和读者中间。最后我想说的是，我完全同意他的观点：他斥责有些人没有想象力、主观狭隘——这些人把丰富而复杂的事物简化为枯燥的元素，还觉得这么做是"科学的"。高等有机体，比如鸟类的大脑，具有丰富的情感活动，是一个复杂的身心复合体，可是，在这些人看来，鸟类的大脑"真的"只是反射机器，就像是配有特殊感觉器官的放大版电线。我也同意洛伦茨的这种观点：他斥责某些没有批到恩准的人，他们一厢情愿地臆测动物具有人类的特征，这些人不仅是懒得去理解动物思维和行为与我们人类思维和行为之间有多么大的差别，而且想满足他们潜意识中被压抑的某些冲动，把人类的特征投射给了鸟兽。

洛伦茨所言不虚：事实比任何贫瘠的想象都更出人意料、妙趣横生。其实他还可以说事实也是必要的。不论是物理学与化学的世界，还是地理学和生物学的世界，抑或心理学和行为学的世界，只有我们了解到世界的真相，并直面真相，才能认清自己在世界中的真实地位。只有当我们发现并理解了自然界的真相，我们才能肩负起一项貌似自相矛盾却又必不可少的任务：我们要重新与自然界建立起和谐统一的关系，与此同时，还要维持我们超越于自然之上的状态。洛伦茨等人的工作使我们能够更好地理解人类与自然界最重要组成部分——高等动物的关系。

（选自康拉德·洛伦茨《所罗门王的指环》，
刘志良译，中信出版社 2012 年版，第 1—6 页）

所罗门王的指环·前言

康拉德·洛伦茨

美丽的多瑙河畔，绿柳成荫，草木繁盛，灰雁和野鸭在湖中嬉戏，黄鹂在枝头歌唱。在这片拥有最原始风光的绿洲上，经历过战争洗礼的各种生物仍然生生不息。当人们面对如此美景时，任何艺术化的表现手法都不足以体现这份真实与感动，把自己看作自然的一部分，与动物们成为亲人、朋友，才能领略自然的美好。

从来没有哪个国王，

能够像所罗门这样，

他可以和蝴蝶说话，

就像两人闲聊家常。

——鲁德亚德·吉卜林（Rudyard Kipling）

《圣经》告诉我们，大卫的儿子，智慧之王所罗门"讲论飞禽走兽，昆虫水族"（《列王记·上》第 4 章第 33 节）。这可能是历史记录中最早的生物学讲座，但人们似乎误解了这句话，演绎出了一个动听的传说：所罗门王会讲动物的语言，而其他人都没有这种本领。《圣经》原意是说所罗门讲到了动物，但却被误解，变成了所罗门能够与动物对话。尽管如此，我还是愿意相信后者是真实的。我很愿意相信所罗门真的可以做到这一点，甚至不用借助传说中的那枚魔戒。我这么认为，是有充分理由的。我自己就能做到这一点，而且不用借助任何魔法，不管是黑魔法还是白魔法。我觉得，使用魔戒来与动物打交道并不公平。不用超自然力量的协助，我们就可以从动物伙伴身上获得最美的故事，那就是真实的故事。因为关于自然的事实永远比诗歌，哪怕是伟大诗人的作品中的自然都更美丽。动物是唯一真实存在的魔术师。

我绝对没有开玩笑。如果某种群居动物的"信号代码"可以被称为一门语言，那么懂得语言"词汇"的人就能理解这门动物语言，本书用了整整一章的篇幅来讨论这个问题。当然，即便从最宽泛的角度来讲，低级生物和非群居生物根本就没有类似于语言的东西。道理很简单，它们没有什么要表达的。同样道理，我们也没办法向它们讲话。要想给某些低级生物讲些它们感兴趣的话题，可以说是相当困难的。但是，如果我们了解某些高等社会动物的"词汇"，往往有可能与它们形成惊人的亲密关系，实现相互理解。对于动物行为研究者而言，在他们的日常工作中，这是司空见惯的事情，不会带来惊喜。不过我仍然清清楚楚地记得一个很有趣的情景，当时我有如获得哲学上的顿悟，充分意识到这是多么神奇和独特的一件事：人居然能够与野生动物建立起如此紧密的社会关系。

在开始讲述之前，我首先要描述一下本书故事的地理背景环境。在阿尔腾贝格（Altenberg），多瑙河两岸美丽的土地真的是"博物学家的乐园"。每年泛滥的河水，使文明和农业无法在此立足，这里绿柳成荫，草木繁茂，长满芦苇的湿地和沉寂的死水有成百上千公顷。这里是下奥地利州（Lower Austria）中部一个完全处于蛮荒状态的小岛，是拥有最原始自然风光的绿洲。尽管这里经历了一场可怕的战争，马鹿（red deer）、狍（roe deer）、鹭（heron）和鸬鹚（cormorant）仍然生生不息。此地，就如华兹华斯（Wordsworth）诗歌中描绘的湖地：

鸭子在苔草间嬉戏，

鱼儿从水边突然跃起，

苍鹭闻听岸上脚步声响，

伸出长颈直冲九霄云上。

在古老欧洲的心脏地带，很难再找到一块这样的处女地了。这块土地的风景与其地理位置形成了鲜明的对比，而且在博物学家的眼中，当地有几种动植物是从美洲引进的，它们更凸显了这种反差。陆地上遍布着秋麒麟草（golden rod），水中则是伊乐藻（elodea canadensis）的世界；水塘中常常可见黄金鲈（golden perch）和鲇鱼（catfish）。在岸上，有时还可看见体态笨重的雄鹿，略有些背景知识的人都知道，它们源自弗朗西斯·约瑟夫一世引进到奥地利的几百头北美马鹿。那时，他的打猎生活正值巅峰时期。麝鼠（muskrat）也多得很，它们是从波西米亚一路下来的，那曾是它们到达欧洲的第一站。它们用尾巴拍打水面，发出串串清亮的警告声，与黄鹂（oriole）甜美的啼声遥相呼应。

这幅美景中，还有多瑙河母亲，她是密西西比河的妹妹。她水面开阔、蜿蜒曲折，河水很浅。可以通航的河道很窄，并且一直在改变，并不像是一条欧洲的河流。她汪洋恣肆，水色随季节而变换，春天和夏天是浑浊的灰黄色，晚秋和冬天则是清澈的蓝绿色。《蓝色多瑙河》的美名是因其动人的旋律才闻名于世，而那景致其实只有在寒冷的季节才能看到。

现在想象一下，在这片奇异的河畔两侧，还有藤蔓覆盖的青山，他们和莱茵河两岸的山脉是胞兄弟。山顶上耸立着两座中世纪早期的古堡，格雷芬堡和克罗伊岑堡，他俩严肃地注视着大片天然森林和河水。我觉得这里是地球上最美的地方，正如所有人看待自己的家乡一样。

初夏的一个大热天，我和塞茨（我的朋友兼助手）打算为我们的灰雁拍摄纪录影片。于是我们组建了一支奇怪的队伍在美景间缓慢地穿行，这支队伍成员混杂，就像周围变幻多样的风景。打头的是一条大红狗，样子像是阿拉斯加爱斯基摩犬（Alaskan Husky），但实际上是德国牧羊犬（Alsatian）和松狮犬（Chow）的杂交种；

后面是两个穿游泳裤的男子，抬着一艘独木舟；再后面是十只半大不小的灰雁，走路时总是保持着灰雁那种高贵气质，尾随其后的是十三只吱吱叫的小野鸭，它们排成一条长队，脚步匆忙，一直紧跟着前面的大家伙，生怕走丢了。队伍的最后，是一只奇怪的丑小鸭，它颜色斑驳，地球上就没有长得像它这样的生物，其实它是红色秋沙鸭和埃及雁的杂交种。要是这两个男人身上没穿游泳裤，也没斜挎着那部摄像机，你也许会觉得这是伊甸园中的一个场景。

我们走得很慢，因为弱小的野鸭限制了我们的速度，过了好一阵才到达目的地。那是一处风景如画的水塘，四周是盛开的绣球荚。塞茨选中了这个地方，要在这里为我们关于灰雁的片子拍几个镜头。我们到了之后，就立即开始干活。影片的字幕显示"科学指导：康拉德·洛伦茨博士，摄影师：阿尔弗雷德·塞茨博士"。于是，我立即开始了"指导工作"，主要任务就是躺在水边柔软的草地上晒太阳。绿色的水蛙懒洋洋地呱呱叫，这是它们整个夏天聊以度日的方式；大蜻蜓在空中穿梭盘旋；离我不到三米的一处灌木丛中，黑顶林莺正唱着欢快的歌儿；我能听到稍远处塞茨给摄像机上发条的声音，还听到他抱怨游来游去的小野鸭总是闯入画面，但这时他只想让灰雁出现在镜头中。我头脑中还能意识到我应该起来，给我的朋友帮忙，把小野鸭和丑小鸭引走。但心灵固然愿意，肉体却软弱了，理由和客西马尼（Gethsemane）的门徒一样：我正昏昏欲睡。

可是突然间，迷迷糊糊的我听到塞茨在生气地叫："嘟嘟嘟，嘟嘟嘟！哦，不，我想说，呱，咯咯咯咯，呱，咯咯咯咯！"我一下子笑醒了：他本来是想把小野鸭赶走的，但却错误地用灰雁的语言和它们对话。

就在这一刻，创作本书的念头第一次出现在我的大脑中。因为没有人能一起分享这个笑话，赛茨正忙着工作呢。我想：把这个笑话讲给身边的人，其实还不如把它分享给每一个人。

为什么不这样做呢？比较生态学学者的工作，就是要比别人更透彻地了解动物，他为什么不讲讲动物的私生活呢？毕竟科学家应当用大众可以了解的方式，告诉大家他在做什么，每个科学家都应当视此为己任。

关于动物的书，已经有很多了，内容良莠不齐，有真实的经历，也有虚构的故事。因此，再多一本讲真事的书，应该也不会有什么害处。不过，我并不是说好书就必须是真实的。我在孩提时代读过两本关于动物的书：塞尔玛·拉格洛夫（Selma Lagerlof）的《尼尔斯骑鹅旅行记》和鲁德亚德·吉卜林的《丛林故事》。它们对我的心智成长带来了莫大的好处，但即便用最宽松的标准衡量，它们也算不上是真实的故事。这两本书里面几乎没有关于动物的科学事实。但就像这两本书的作者一样，诗人可以使用诗的破格修辞法（poetic licence）来描述动物，让他们笔下的动物与科学事实大相径庭。他们可以大胆地让动物像人一样说话，他们可以给动物的行为赋予人类的动机，但他们仍然能够成功地保留野生动物的总体特征。尽管他们讲的是童话故事，但却表现出了野生动物的真实形象，这是多么令人惊奇的事。人们在读这些书的时候，会这么觉得：如果一只阅历丰富的老雁或者一头聪明伶俐的黑豹会讲话，它们说的事情，一定与塞尔玛·拉格洛夫笔下的"阿卡"和鲁德亚德·吉卜林笔下的"巴格希拉"一模一样。

与画家或者雕塑家塑造动物的做法类似，在描述动物行为时，充满想象力的作家不必拘泥于严格的事实。但是这三类艺术家都应当视此为其神圣职责，他们都必须要知道自己在哪些地方偏离了事实。在做艺术性的描述时，比做真实的描述时要了解的知识还要多。违背真正的艺术精神、浅薄而可鄙的做法，莫过于假借艺术破格之名，来掩盖其对事实的无知。

我是一名科学家，不是诗人。所以在这本小书里，我并不打算用任何艺术手法来更好地描述自然。这么做只会适得其反，要想写出一本多少有些魅力的书，我唯一的机会就是严格遵守科学事实。因此，写书时我基本遵守了我们这一行的方法，希望亲爱的读者能够通过我的书，对动物朋友身上的无限美妙略有所知。

（选自康拉德·洛伦茨《所罗门王的指环》，
刘志良译，中信出版社 2012 年版，第 7—16 页）

鱼缸中的暴行（节选）

康拉德·洛伦茨

看似平静和谐的鱼缸里隐藏着残忍的杀手：龙虱幼虫贪婪而狡猾，擅长猎杀移动中的物体，在得不到食物的时候甚至会自相残杀，彼此因为对方的毒液而丧命；大蜻蜓幼虫是伏击能手，能够准确地锁定猎物，眨眼间取其性命。

他咧着嘴笑得多么开心，

他伸爪子时多么熟练，

欢迎小鱼光临，

他那笑盈盈的嘴巴！

——《爱丽丝梦游仙境》，刘易斯·卡罗尔（Lewis Carroll）

在池塘的世界里，有不少可怕的"暴徒"，而在鱼缸里，我们也会亲眼目睹动物的种种暴行，这就是残酷的生存斗争。如果你新捞一些水生生物放到鱼缸，很快就会看到诸如此类的冲突。因为在新来的动物中，可能有水生甲虫——龙虱的幼虫。如果以捕食者自身体形大小来看，龙虱幼虫在捕食猎物时表现出的贪婪和狡猾，让老虎、狮子、狼、虎鲸等著名杀手都相形见绌。与龙虱幼虫相比，这些杀手也只如绵羊一般。

这是一种体形苗条、线条流畅的昆虫，体长 5 厘米左右。它有六条腿，两侧布满坚硬的刚毛，形成了宽大的桨叶，使它能够在水中准确、快速地游动。宽大扁平的头上长有一双巨大的钳状颚，这双颚是中空的，不仅是毒液注射器，还是其消化道的入口。它潜伏在水草中间，以闪电般的速度冲向猎物，扎到猎物下方，猛地抬起头，把猎物咬住。对于这些杀手而言，"猎物"就是移动的物体，或者任何有"动物"味道的生物。我有过好几次这样的经历：我正静静地站在池塘中，却被龙虱幼虫"吃"了。一旦被它注入有毒的消化液，即便是人也会感到十分痛苦。

体外消化的动物很少，而龙虱幼虫就是其中之一。它们利用中空的钳状颚，把腺体分泌物注射到猎物体内，这种分泌物会把猎物所有内脏都溶解为液体，然后由消化道入口吸入体内。即便是大型猎物，比如肥大的蝌蚪或蜻蜓幼虫，也挣扎不了几下就全身僵硬。大多数水生生物身体内部呈透明色，当其被龙虱幼虫捕获时，内脏会逐渐变得浑浊，就像被注入甲醛一样。它们的身体先是会肿起来，然后逐渐萎缩成一张软塌塌的皮，挂在杀手的双颚上，最终脱落。鱼缸里空间有限，不消几天，所有长度在 6 毫米以上的生物，统统都会被吃掉。在得不到食物的情况下，它们将自相残杀。这时，体形大小和强壮程度已不重要，而是看谁先咬到对方。

我经常看到两只个头差不多的龙虱幼虫几乎同时咬住对方，彼此因为体内毒液扩散而同归于尽。很少有动物会为了饱腹而攻击与自己大小差不多的同类。我确信，老鼠和一些啮齿目的动物会这么做。据说狼也存在类似的行为，不过根据我的观察分析，对此深表怀疑。但即便在食物充足的情况下，龙虱幼虫也会吃掉同等大小的同类，据我所知，没有哪种其他动物会这么做。

另一种杀手更优雅一些，没有龙虱幼虫那么残忍，那就是大蜻蜓（aeschna）的幼虫。成熟的蜻蜓是名副其实的空中之王，虫中之鹰，因为它能够在飞行中捕食。如果你把池塘里捞到的动物都放到水盆里，打算把其中的"暴徒"清理出来，除了龙虱幼虫，你可能会发现还有一种流线型的昆虫特别引人注目，因为它的运动方式很独特。这些苗条的"鱼雷"上有黄、绿色的花纹，把腿紧紧贴在自己身旁，动起来就像出膛的子弹。真奇怪，它们到底是怎么移动的呢？你要是把它们放到一个浅盘里，单独观察，就能发现原来这些幼虫是靠喷水驱动的。它们的腹部末端会喷出一股强劲的水流，驱动它们向前快速移动。它们肠道的末端形成了一个囊，里面布满气管鳃，这既是它的呼吸器官，也是它的发动机。

蜻蜓幼虫并不在游动过程中捕食，它对猎物进行伏击：当猎物进入它的视线，就被死死盯住了，它缓慢地调整头部和身体，对准猎物的方向，密切关注猎物的行踪。在无脊椎动物中，这种瞄准猎物的方式并不常见。与龙虱幼虫相反，蜻蜓幼虫可以察觉极缓慢的动作，因此爬行中的蜗牛常常成为它的猎物。蜻蜓幼虫一步一步，缓慢地向猎物靠近。在还有 3—5 厘米的距离时，受害者就已经在杀手残忍的双颚间挣扎，而这一切只发生在电光火石间。要是不给这个过程拍个慢镜头，你就只能看到有个舌头一样的东西从幼虫头部飞出，瞬间就把猎物卷到自己嘴边。如果你见过变色龙捕食，就会立即想起它黏糊糊的舌头是怎样甩来甩去的。不过蜻蜓幼虫的"回旋镖"不是舌头，而是变形的"下唇"，包括两个可以活动的关节，末端还有一个螯。

仅凭蜻蜓幼虫对猎物的视觉定位能力，就让人觉得它"聪明"得不可思议，如果你还能观察到它的其他特点，就更会佩服它的智商。龙虱幼虫常常会饥不择食，但蜻蜓幼虫不会这样，它不会去招惹个头超过一定尺寸的动物，哪怕自己已经饿了好几周。我曾经把蜻蜓幼虫和鱼放在一个盘里长达几个月之久，但从没见过蜻蜓幼虫会攻击或伤害过个头比自己大的生物。更令人惊奇的是，如果猎物已经被一只蜻蜓幼虫捕获而缓慢地前后拖动，这时，其他蜻蜓幼虫就不会再去争夺；但如果你把一块肉放到玻璃喂食棒的末端，在它们眼前以同样的方式移动，它们就会立即上前把肉吃掉。在我阳台上的鱼缸里，总会有几只蜻蜓幼虫在发育。它们长得很慢，需要一年时间。然后在夏季的某一天，伟大的时刻到来了：幼虫沿着植物的茎秆缓慢地向上爬出水面。就像所有需要蜕皮的动物一样，它会长时间趴在那里，然后背部的外皮突然裂开，一只完美的昆虫缓慢地从壳中爬出。要再过几个小时，翅膀才会完全坚硬，这之前会经历一个奇妙的过程：它释放很大的压力排出一种速凝液进入翅脉细小的脉络中。

当它的翅膀完全舒展开，你就可以敞开窗户，祝福鱼缸中的这位客人一路好运，祝它在昆虫生涯中一帆风顺。

（选自康拉德·洛伦茨《所罗门王的指环》，刘志良译，中信出版社 2012 年版，第 39—46 页）

悲悯情怀

汉斯·克里斯汀·安徒生（Hans Christian Andersen, 1805—1875），19 世纪丹麦童话作家，被誉为"世界儿童文学的太阳"。代表作有《坚定的锡兵》《海的女儿》《拇指姑娘》《卖火柴的小女孩》《丑小鸭》《皇帝的新装》等。安徒生的童话往往不排斥黑暗与现实，反而以充满磨砺、历经艰辛的故事来传递乐观与希望，背后流露出作者深切的悲悯情怀。

《皇帝的新装》通过供述一个愚蠢的皇帝被两个骗子愚弄，穿上了一件看不见的——实际上根本不存在的新装，赤裸裸地举行游行大典的丑剧，深刻地揭露了皇帝昏庸及大小官吏虚伪、奸诈、愚蠢的丑恶本质，褒扬了无私无畏、敢于揭假的天真烂漫的童心。

《海的女儿》是安徒生早期的作品，充满绮丽的幻想、乐观的精神。该文讲述了海公主小人鱼为了追求到一个人的高洁的不死的灵魂而经历的一系列磨难，讴歌了小人鱼对爱情、灵魂、理想的追求，表现了她善良纯洁的品格、坚强的毅力和牺牲精神。

《影子》则是安徒生中期的作品。其风格由早期的浪漫乐观转为冷静沉郁，带有很强的思辨色彩和现实主义批判精神。该文讲述的是一个学者的影子消失了，几年后影子发迹，反过来要求这个学者做他的影子的故事，内蕴复杂，将读者对人性的思考引入深处。

海的女儿

安徒生

在海的远处，水是那么蓝，像最漂亮的矢车菊花瓣；而且又是那么清，像最明亮的玻璃；并且它是那么深，深得任何锚链都达不到底。想要从海底一直达到水面，必须有很多很多教堂尖塔一个接着一个地连起来才可以。海底的人就住在那下面。

但是，人们千万不要认为那儿只是一片铺满了白沙的海底。不是的，那里面生长着最奇异的植物。那些植物的枝干跟叶子是那么柔软，只要水稍稍流动一下，它们就漂动起来，似乎它们是活着的东西。所有大小的鱼儿在这些植物中间游来游去，像天空的飞鸟。海里最深的地方就是海王宫殿所在的地方。宫殿的墙是用珊瑚垒成的，它那些尖顶的高窗子是用最亮的琥珀砌成的；但是屋顶上却铺着黑色的蚌壳，它们随着水的流动能自如地开合。这是蛮好看的，因为每一颗蚌壳里面都含有亮晶晶的珍珠，随便哪一颗珍珠都能成为王后帽子上最重要的装饰品。

住在这海底下的海王已经做了很多年的鳏夫，而且他有老母亲为他打理家务。老母亲是一个聪明的女人，不过对于自己高贵的出身总是觉得不可一世，所以她的尾巴上总戴着一打牡蛎——其余的显贵只能每人戴上半打。除此之外，她是值得大大的称赞的，尤其是因为她特别爱那些小小的海公主——她的孙女们。她们是六个漂亮的孩子，而她们之中，那个最小的要算是最漂亮的了。她的皮肤又嫩又滑，像玫瑰的花瓣；她的眼睛是天蓝色的，像最深的湖水。可是，跟其他的公主一样，她没有腿，她身体的下部分是一条鱼尾。

她们能把全部漫长的日子花费在王宫里。在墙上长有鲜花的大厅里，那些琥珀镶的大窗户是开着的，鱼儿朝着她们游来，就好像我们打开窗户的时候，燕子就飞进来一样。不过鱼儿径直游向这些小小的公主，到她们的手里找东西吃，让她们来抚摸自己。

宫殿外面有一个非常大的花园，里边生长着很多火红和深蓝色的树木；树上的果子亮得像金子，花朵开得像燃烧着的火，花枝和叶子在不停地摇摆。地上全部是最细的沙子，而且蓝得像硫黄发出的光焰。在这儿，到处都闪着一种奇异的、蓝色的光芒。你很容易以为自己是在高高的空中而不是在海底，你的头上和脚下全是一片蓝色。当海沉静的时候，你可以看见太阳，它就像一朵紫色的花，从它的花萼里射出各种色彩的光。

在花园里面，每一位小公主都有属于自己的一小块地方，在那上面她能随意栽种。有的将自己的花坛装扮得像一条鲸鱼，有的觉得最好将自己的花坛装扮得像一个小人鱼。不过最年幼的那位却把自己的花坛装扮得圆圆的，像一轮太阳，并且她也只种像太阳一样鲜红的花儿。她是一个古怪的孩子，不大爱说话，总是静静地在想些什么。当姐妹们用她们从沉船里找到的最奇特的东西来装饰她们花园的时候，她除了种像天空的太阳一样艳红的花朵之外，只愿意有一个漂亮的大理石像。这石像代表一个帅气的男子，它是用一块洁白的石头雕刻出来的，跟一条遭难的船一起沉到海底。她在那石像旁边种了一株跟玫瑰花那样红的垂柳。这树长得特别茂盛。它鲜艳的枝叶垂向这个石像，一直垂到蓝色的沙底。它的倒影含有一种紫蓝的色调，跟它的枝条一样，那影子也从不静止，树根跟树顶看起来似乎在做着互相亲吻的游戏。

她最大的乐趣是听一些有关外面人类世界的故事。她的老祖母不得不将自己所有一切有关船只和城市、人类和动物的知识说给她听。尤其让她感到美好的一件事情是：地上的花儿可以散发出香气来，而海底上的花儿却不可以；地上的森林是绿色的，并且人们所看见的在树枝间游来游去的鱼儿可以唱得那么清脆和好听，让人感到愉快。老祖母所说的"鱼儿"实际上就是小鸟，可是假如老祖母不那样讲的话，小公主就听不明白这些故事了，因为她还从来没有看见过一只小鸟。

"等你到了十五岁的时候，"老祖母说，"我就允许你浮到海面上去。那时你能坐在月光底下的石头上，看巨大的船只从你身边驶过去。你也能看到树林和城市。"

在这即将要到来的一年，这些姐妹中有一位到了十五岁；不过其他的呢——哦，她们一个比一个小一岁。所以最年幼的那位公主还要整整地等五个年头才可以从海底浮上来，去看人类的这个世界。但是每一位都答应下一位说，她会把她第一天所看到的东西说给大家听，毕竟她们的祖母所讲的实在是不太够了——她们所希望知道的东西真不知有多少！

她们谁也不如那位年幼的妹妹愿望强烈，而她恰恰要等待得最久，并且她是那么沉默和富于深思。不知有多少个夜晚，她站在开着的窗户旁边，透过深蓝色的海水向上面凝望，凝望着鱼儿晃动着它们的尾巴和鳍。她还看见月亮和星星——当然，它们射出的光微微发淡，不过透过海水，它们看上去要比在我们人眼中大得多。如果有一块跟黑云似的东西在它们下面浮过去的话，她就知道那不是一条鲸鱼在她上面游过去，而是一条装载着许多旅客的船在航行。不过那些旅客们怎么也想象不到，他们下面有一个漂亮的小人鱼，在向着他们船的龙骨伸出她一双洁白的手。

这时最大的那位公主已经满十五岁了，能够游到水面上去了。

在她回来的时候，她有无数的事情要说。可是她说，最美的事情是在海上风平浪静的时候，在月光下，躺在沙滩上面，紧靠着海岸凝望那大城市里亮得跟无数星星一样的灯光，安静地听着音乐、喧闹声，还有马车和人的声音，观看教堂的圆塔跟尖塔，倾听叮当的钟声。正因为她不可以到那儿去，所以她也就最渴望那些东西。

啊，最小的妹妹听得多么入神啊！当她晚间站在开着的窗户旁边，透过深蓝色的海水向上面望的时候，她便想起了那个大城市和它里面熙熙攘攘的声音。然后她似乎能听到教堂的钟声在朝她这里飘来。

第二年，第二个姐姐获得许可，能浮出水面，随便向哪里游去。她浮出水面的时候，太阳刚刚下落，她觉得那景象真是美极了。她说，那时整个的天空看起来如同一块黄金，而云呢——哦，她实在没有办法把它们的美描述出来！它们在她头上掠过，一会儿红，一会儿紫。可是，比它们飞得还要快的、像一片又白又长的面纱的，是一群掠过水面的野天鹅。它们飞向太阳，她也朝太阳游去。不过太阳落了，一片玫瑰色的晚霞慢慢地在海面跟云之间消逝了。

又过了一年，第三个姐姐游上去了。她是她们中最大胆的，所以她游到一条流进海里的大河里去了。她看到一些漂亮的青山，上面种满了一行行的葡萄。宫殿和田庄在繁茂的树林中若隐若现；她听到各种鸟儿唱得那么美好，太阳照得那么暖和，她有时必须沉入水里，好让她灼热的面孔可以得到一点清凉。在一个小河湾里，她遇到一群人间的小孩子，他们光着身子，在水中游来游去。她倒非常想跟他们玩一会儿，不过他们吓了一跳，逃跑了。然后一个很小的黑色动物走了过来——那是一条小狗，不过她从来没有看见过的小狗。它对她汪汪地叫得非常凶，使得她害怕起来，立刻逃到大海里去了。不过她永远忘不了那壮丽的森林，那绿色的山，那些可以在水里游泳的可爱的小宝宝——虽然他们没有跟鱼一样的尾巴。

第四个姐姐就不是那么大胆了，她停留在荒凉的大海上。她说，最美妙的事儿就是停在海上，因为你能从这儿向四周遥远的地方望去，而天空悬在上面跟一个巨大的玻璃钟一样。她看见过船只，可是这些船只离她非常远，看上去像一只只海鸥。她看见过快乐的海豚翻着跟斗，庞大的鲸鱼从鼻孔里喷水，就像有无数的喷泉在围绕着它们一样。

现在轮到那第五个姐姐了，她的生日恰好是在冬天，所以她可以看见其他的姐姐们在第一次浮出海面时所没有看见的东西。海染上了一片绿色，巨大的冰山在周围移动。她说每一座冰山看上去都像一颗珠子，不过却比人类建造的教堂塔还要大得多。它们以各种奇奇怪怪的形状出现，它们像钻石一样射出光彩。她曾经在一个最大的冰山上坐过，让海风吹动她细长的头发，所有船只绕过她坐着的那块地方，惊惶地远远避开了。可是在黄昏时分，天上突然布起了一片乌云，电闪起来了，雷鸣起来了，黑色的巨浪推起整块整块的冰，让它们在血红的雷电中闪着光。所有船只都收了帆，形成一种惊惶和恐怖的气氛，不过她却安静地坐在那浮动的冰山上，看着蓝色的闪电弯弯曲曲地射进反光的海中。

这些姐妹们不管哪一位，只要是第一次浮到海面上去，总是特别高兴地观看那些新鲜和美丽的东西。不过现在呢，她们已经是大女孩子了，能够随便游到她们喜欢去的地方，所以这些东西就不再会引起她们的兴趣了。她们渴望回到家中来。一个来月之后，她们就说：最终还是住在海里好——家里是那么舒服啊！

在傍晚的时候，这五个姐妹经常手挽着手地浮上来，在水面上排成一行。她们可以唱出好听的歌声——比人类的任何声音都要美。当风暴快要到来、她们觉得有些船只快要出事的时候，她们就游到那些船的前面，唱起特别动听的歌来，说海底下是多么可爱，并且告诉那些水手不要害怕沉到海底；不过那些人却听不懂她们的歌词，他们认为这是飓风的声息。他们也想不到他们能在海底看到多么美好的东西，因为假如船沉了的话，船上的人也都淹死了，他们只有作为死人才可以到达海王的宫殿。

有一天晚上，当姐妹们手挽着手游出海面的时候，最小的那位妹妹孤单地待在后面，看着她们。看样子她是想要哭一场似的，可是人鱼是没有眼泪的，所以她更感到难受。

"啊，我多么希望我已经到了十五岁啊！"她说，"我知道我肯定会喜欢上面的世界，喜欢住在那个世界里的人的。"

最后，她终于到了十五岁了。

"你明白，你现在能离开我们的手了。"她的祖母老王太后说，"来吧，让我把你打扮得跟你的那些姐姐一样吧。"

然后她给这小姑娘的头发上戴上一个百合花做的花环，不过这花的每一个花瓣都是半颗珍珠。老太太又让八个大牡蛎紧紧地附贴在公主的尾上，来表示她尊贵的地位。

"这叫我非常难受！"小人鱼说。

"当然了，为了美丽，一个人是要吃点苦头的。"老祖母说。

唉，她倒非常想摆脱这些装饰品，把那沉重的花环扔到一边！她花园里的那些红花，她戴起来要合适得多，不过她不敢这样办。"再见吧！"她说。然后她轻盈和明朗得如一个水泡，冒出水面了。

当她把头探出海面的时候，太阳已经下落了，不过所有的云还是像玫瑰花和黄金一样地发着光；同时，在那淡红的天上，太白星已经在漂亮地、光亮地眨着眼睛。空气是温暖的、新鲜的。海特别平静，那儿停着一条有三根桅杆的大船。船上只挂了一张帆，由于没有一丝儿风吹动，水手们正坐在护桅索的周围跟帆桁的上面。

那儿有音乐，也有歌声。当黄昏渐渐变得阴暗的时候，各式各样的灯笼就全亮起来了，它们看上去就像飘在空中的世界各国的旗帜。小人鱼径直向船窗那儿游去。每次当海浪将她托起来的时候，她能透过像镜子一样的窗玻璃，看见里面站着很多服装华丽的男子；不过他们之中最帅的一位是那有一对大黑眼珠的王子——可以肯定他的年龄还不到十六岁。今天是他的生日，正由于这个缘故，今天才这样热闹。

水手们在甲板上跳舞。当王子出来的时候，有一百多发火箭一齐朝天空射出。天空被照得跟白天一样，所以小人鱼特别惊恐，赶快沉到水底。不过，不一会儿她又把头伸出来了——这时她觉得似乎满天的星星都在朝她落下，她从没看见过这样的焰火。很多巨大的太阳在四周发出嘘嘘的响声，光耀夺目的大鱼在朝蓝色的空中飞跃。这一切都映在这清明的、平静的海上。这船全身都被照得那么亮，连每根很小的绳子都能看得出来，船上的人当然更能看清楚了。啊，这位年轻的王子是多么帅气啊！当音乐在这光辉灿烂的夜里渐渐消逝的时候，他和水手们握着手，大笑，微笑……

夜已经很深了，可是小人鱼没有办法把她的目光从这条船和这位帅气的王子身上挪开。那些彩色的灯笼灭了，火箭不再朝空中发射了，炮声也停止了。不过在海的深处响起了一种嗡嗡和隆隆的声音。她坐在水上，一起一伏地漂着，所以她可以看到船舱里的东西。不过船加快了速度，它的帆都先后升起来了。浪涛大起来了，沉重的乌云飘起来了，远处打起闪电来了。啊，恐怖的大风暴要到来了！水手们因此都收下了帆。那条巨大的船在这狂暴的海上摇摇摆摆地朝前急驶。浪涛跟庞大的黑山一样高涨，它想要折断桅杆。不过这船像天鹅一样，一会儿投进浪涛里面，一会儿又在高大的浪头上抬起头来。

小人鱼认为这是一种很有趣的航行，不过水手们的看法却不是这样的。这条船这时发出断裂的声音；它粗厚的板壁被袭来的浪涛打折了，船桅像芦苇一样在半腰折断了。然后船开始倾斜，水朝舱里冲了进去。这时小人鱼才明白他们遭遇了危险。她也要当心漂在水上的船梁和船的残骸。

天空立刻变得漆黑，她什么也看不见。然而当出现闪电的时候，天空又显得特别明亮，让她能看到船上的每一个人。这时每个人都在尽量为自己寻找生路。她非常注意那位王子。当那条船裂开、向海的深处下沉的时候，她看见了他。她马上变得特别高兴起来，因为他这时要落到她这儿来了。不过她又记起人类是不能生活在水里的，他只有成了死人，才可以进入她父亲的宫殿。

不可以，决不可以让他死去！所以她从那些漂着的船梁和木板之间游过去，丝毫也没有想到它们可能将她砸死。她深深地沉入水里，然后又在浪涛中高高地浮出来，最后她终于到了那王子的身旁。在这狂暴的海里，他根本没有力量再浮起来，他的手臂跟腿开始支持不住了，他帅气的眼睛已经闭起来了。如果不是小人鱼及时赶来，他一定会淹死的。她将他的头托出水面，让浪涛载着她和他一起随便漂流到什么地方去。

天明的时候，风暴已经过去了。那条船连一块碎片也没留下。鲜红的太阳升起来了，在水上明亮地照着。它好像在这位王子的脸上注入了生命，可是他的眼睛仍然是闭着的。小人鱼将他清秀的高额吻了一下，将他透湿的长发理向脑后。她认为他的样子非常像海底小花园里的那尊大理石像。她又吻了他一下，希望他可以苏醒过来。

这时她看见她前面展开一片陆地和一群蔚蓝色的高山，山顶上闪耀着的白雪看上去像睡着的天鹅。沿着海岸是一片漂亮的绿色树林，林子前边有一个教堂或是修道院——她不清楚究竟叫什么，总是一个建筑物罢了。它的花园里长着一些柠檬树和橘子树，门前长着很高的棕榈。海在那儿形成一个小湾，水是特别平静的，不过从这儿一直到那积有许多细沙的石崖附近，都是非常深的。她托着这位帅气的王子向那儿游去，她将他放到沙上，特别仔细地将他的头高高地搁在温暖的太阳光里。

钟声在那幢高大的白色建筑物中响起来了，有很多年轻女子穿过花园走了出来。小人鱼远远地朝海里游去，游到露在海面上的几座大石头的后面。她用很多海水的泡沫盖住了自己的头发和胸脯，好让谁也看不见她娇小的面孔。她在那儿凝望着，看有谁会来到那个可怜的王子身边。

过了一会儿，一个年轻的女子走过来了。这女子似乎特别吃惊，时间不久，便找了许多人来。小人鱼看到王子逐渐苏醒过来了，并且向四周的人发出微笑。不过他没有对小鱼人做出微笑的表情——当然，他一点也不清楚救他的人就是她。她感到特别难过，所以当他被抬进那幢雄伟的房子里去的时候，她伤心地跳进海里，回到她父亲的宫殿里去了。

她一直是一个沉静和深思的孩子，这时她变得更是这样了。她的姐姐们全问她，第一次升到海面上去，到底看到了一些什么东西，可是她什么也说不出来。

有好多个晚上和早晨，她浮出水面，朝她曾经放下王子的那个地方游去。她看见那花园里的果子熟了，被摘下来了；她看见高山顶上的雪融化了；不过她看不见那个王子。所以她每次回到家去，总是更感到痛苦。她唯一感到安慰的是坐在她的小花园里，用双手抱着跟那位王子相似的漂亮的大理石像。不过她再也不照料她的花儿了。这些花儿似乎是生长在旷野中的东西，铺得到处都是，它们的长梗和叶子跟树枝交织在一起，让这地方显得特别阴暗。

后来她再也忍受不住了，可是只要她把她的心事告诉给一个姐姐，马上其余的人也就全知道了。不过除了她们和别的一两个人鱼以外（她们只把这秘密转告给自己几个知心的朋友），其他的人什么也不知道。她们之中有一个清楚那个王子是什么人。这个人鱼也看见过那次在船上举行的庆祝，她清楚这位王子是从什么地方来的，他的王国在哪里。

"走吧，小妹妹！"其他的公主说。她们彼此把手搭在肩上，一长排地浮到海面上，一直游到一块她们觉得是王子的宫殿的地方。

那宫殿是用一种发光的淡黄色石块建筑的，里面有很多宽大的大理石台阶——有一个台阶还一直伸进海里呢。华美的、金色的圆塔从屋顶上伸向空中。在围绕着那整个建筑物的圆柱中间，竖着许多大理石像，它们看上去像是活人一样。透过那些高大窗户的明亮玻璃，人们能看到一些富丽堂皇的大厅，里面挂着贵重的丝窗帘和织锦，墙上装饰着大幅的图画——就是只看看这些东西也是一桩特别愉快的事情。在最大的厅堂中间，有一个巨大的喷泉在喷着水。水柱一直朝上面的玻璃圆屋顶喷去，而阳光又透过这玻璃射下来，照到水上，照到生长在这大水池里的植物上。

这时她知道王子住在什么地方，在那儿的水上她度过好几个黄昏和黑夜。她远远地朝陆地游去，比其他的姐姐敢去的地方还远。当然，她甚至游到那条窄小的河流里去，直到那个壮丽的大理石阳台下面——它长长的影子倒映在水上。她在那儿坐着，瞧着那个年轻的王子，不过这位王子却还认为月光中只有他一个人呢。

有好多个晚上，她看见他在音乐声中乘着那条飘着很多旗帜的华丽的船。她从绿灯芯草中朝上面偷望。当风吹起她银白色的长面罩的时候，假如有人看到的话，他们总认为这是一只天鹅在展开它的翅膀。

有好多个夜里，在渔夫们打着火把出海捕鱼的时候，她听到他们对这位王子说了很多称赞的话语。她高兴起来，认为当浪涛把他冲击得半死的时候，是她救了他的生命；她记起他的头是如何紧紧地躺在她的怀里，她是那么热情地吻着他。不过这些事儿他自己一点也不知道，他连做梦都不会想到她。

她逐渐地开始爱起人类来，逐渐地开始盼望能够生活在他们中间。她认为他们的世界比她的天地大得多。当然，他们可以乘船在海上行驶，可以爬上高耸入云的大山，同时他们的土地，连带着森林跟田野伸展开来，让她望都望不尽。她渴望知道的东西真是不少，不过她的姐姐们都不能回答她所有的问题。所以她只有问她的老祖母。老祖母对"上层世界"——那是老祖母给海边国家所起的恰当的名字——的确知道得相当详细。

"假如人类不淹死的话，"小人鱼问，"他们能永远活下去么？他们会不会跟我们住在海里的人一样死去呢？"

"一点也没错，"老祖母说，"他们也会死的，并且他们的生命甚至比我们还要短暂呢。我们能活到三百岁，但是当我们在这儿的生命结束时，我们就变成了水中的泡沫。我们甚至连一座坟墓都不留给我们这儿心爱的人呢。我们没有不灭的灵魂。

我们向来得不到一个死后的生命。我们跟那绿色的海草一样，一旦割断了，就再也绿不了！相反，人类有灵魂，他永远活着，即使身体变为尘土，他仍然活着。他升向明朗的天空，一直升向那些闪耀着的星星！就像我们升到水面、看见人间的世界一样，他们升到那些神秘的、华美的、我们永远不会看到的地方。"

"为什么我们没有一个不灭的灵魂呢？"小人鱼悲伤地问，"只要我可以变成人，能够进入天上的世界，哪怕在那儿只活一天，我都愿意放弃我在这儿的可以活几百岁的生命。"

"你千万不能起这种念头，"老祖母说，"比起上面的人类，我们在这儿的生活要幸福和美好得多！"

"那么我就只能死去化成泡沫在水上漂浮了。我将再也听不见浪涛的音乐，看不见漂亮的花朵和鲜红的太阳吗？难道我没办法得到一个不灭的灵魂吗？"

"没有！"老祖母说，"唯有当一个人爱你，把你当作比他父母还要亲近的人的时候，唯有当他把他全部的思想和爱情都放在你身上的时候，唯有当他让牧师把他的右手放进你的手里，答应现在跟将来永远对你忠诚的时候，他的灵魂才可以转移到你的身上去，然后你就会得到一份人类的快乐。他就可以分给你一个灵魂，并且同时他自己的灵魂又可以保持不灭。不过这类事情是一直不会有的！我们在这儿海底所认为漂亮的东西——你的那条鱼尾——他们在陆地上却认为特别难看：他们不明白什么叫作美丑。在他们那儿，一个人想要显得漂亮，必须长有两根呆笨的支柱——他们把它们叫作腿！"

小人鱼叹了一口气，悲伤地望了自己的鱼尾巴一眼。

"我们放高兴些吧！"老祖母说，"在我们可以活着的这三百年中，让我们跳舞吧。这毕竟是一段相当长的时间，以后我们也能在我们的坟墓里开心地休息了。今晚我们就在宫里开一个舞会吧！"

那真是一个壮观的场面，人们在陆地上是从未见过的。这个宽广的舞厅里的墙壁和天花板是用厚并且透明的玻璃砌成的。成百上千的草绿色和粉红色的巨大贝壳一排一排地竖在四边，它们里面燃着蓝色的火焰，照亮整个舞厅，照透了墙壁，也照亮了外面的海。人们能看到无数的大小鱼群朝这座水晶宫里游来，有的鳞上发着紫色的光，有的亮起来似乎是白银和金子。一股宽大的激流流过舞厅的中央，海里的男人和女人，唱着动听的歌，就在那激流上跳舞。这样优美的歌声，生活在陆地上的人们是唱不出来的。

在那些人中间，小人鱼唱得最动听。大家为她鼓掌，她心中有好一会儿感到特别快乐，因为她知道，在陆地上和海里只有她的声音最美。可是她马上又想起上面的那个世界，她忘不了那个帅气的王子，也忘不了她因为没有他那样不灭的灵魂而引起的悲愁。所以她偷偷地走出她父亲的宫殿：当里面正充满了歌声和快乐的时候，她却悲伤地坐在她的小花园里。忽然，她听见一声号角从水面上传来。她想："他一定是在上边行船了。他——我爱他胜过我的爸爸和妈妈；他——我每时每刻都在想念他。我把我一生的幸福放到他的手里，我要牺牲一切来争取他和一个不灭的灵魂。当现在我的姐姐们正在父亲的宫殿里跳舞的时候，我要去拜访那位海的巫婆。我一直是特别害怕她的，可是她也许可以教给我一些办法并帮助我吧。"

然后小人鱼走出了花园，朝一个掀起泡沫的旋涡走去——巫婆就住在它的后面。她以前从未走过这条路，那儿没有花，也没有海草，只有光溜溜的一片灰色沙底，朝旋涡那儿伸去。水在那儿像一架喧闹的水车一样旋转着，将它所碰到的东西都转到水底去。要到达巫婆住的地方，她必须走过那急转的旋涡。有好长一段路程经过一条冒着热泡的泥地——巫婆把那地方叫作她的泥煤田。在那后面有一个可怕的森林，她的房子就在里面，全部的大树和灌木林都是些珊瑚虫———一种半植物和半动物的东西。它们看上去很像地里露出来的多头蛇。它们的枝丫都是长长的、黏糊糊的手臂，它们的手指都像蠕虫一样柔软。它们从根到顶全是一节一节地在颤动。它们紧紧地抓住它们在海里可以抓得到的东西，丝毫也不放松。

小人鱼在这森林前面停下脚步，特别惊慌。她的心害怕得跳起来，她差点想转身回去。不过当她一想起那位王子和人的灵魂的时候，就又有了勇气。她将她漂动着的长头发牢牢地缠在她的头上，好让珊瑚虫抓不住她。她把双手紧紧地贴在胸前，然后她像水里跳着的鱼儿似的，在这些丑陋的珊瑚虫中间向前跳走，而那些珊瑚虫只有在她后面挥舞着它们柔软的长臂和手指。她看见它们每一个都抓住了一个什么东西，无数的小手臂缠住它，跟坚固的铁环一样。那些在海里淹死并沉到海底下的人们，在那些珊瑚虫的手臂里，露出白色的骸骨。它们紧紧地抓着船舵和箱子，抱着陆上动物的骸骨，还抱着一个被它们抓住和勒死了的小人鱼——这对她说来，是最可怕的事情。

这时她来到了森林中一块黏糊糊的空地，那儿又大又肥的水蛇在翻动着，露出它们淡黄色的、丑陋的肚皮。在那块空地中央有一幢用死人的白骨垒成的房子，海的巫婆正坐在那儿，用她的嘴喂一只癞蛤蟆，就像我们人用糖喂一只小金丝雀一样。她把那些丑陋的、肥胖的水蛇叫作她的小鸡，并且让它们在她肥大的、松软的胸口上爬来爬去。

"我清楚你是来求什么的。"海的巫婆说，"你真傻！但是，漂亮的公主，我还是会让你达到你的目的的，因为这件事将给你一个悲惨的结局。你想要去掉你的鱼尾，长出两根支柱，好让你像人类一样能够走路。你想要让那个王子爱上你，让你能得到他，因此也得到一个不灭的灵魂。"这时巫婆便可恶地大笑了一通，癞蛤蟆跟水蛇都滚到地上来，在四周爬来爬去。"你来得正是时候，"巫婆说，"明天太阳出来以后，我就没法帮助你了，只有等待一年再说。我能煎一服药给你喝，你带着这服药，在太阳出来以前，赶紧游向陆地。你坐在海滩上，把这服药吃掉，然后你的尾巴就能分作两半，收缩成为人类所谓的漂亮腿子了。不过这是很痛的——这就像是有一把尖刀砍进你的身体。只要看到你的人，一定会说你是他们所见到的最漂亮的孩子！你将仍然会保持你游泳似的步子，任何舞蹈家也不会跳得像你那样轻柔。可是你的每一个步子都会让你觉得好像是在尖刀上行走，好像你的血在朝外流。假如你能忍受得了这些苦痛的话，我就能帮助你。"

"我能忍受。"小人鱼用颤抖的声音说，这时她想到了那个王子和她要获得一个不灭灵魂的志愿。

"不过要记住，"巫婆说，"你一旦获得了人的形体，你就再也不可以变成人鱼了，你就再也不可以走下水来，回到你姐姐或你爸爸的宫殿里来了。并且假如你得不到那个王子的爱情，假如你不能让他为你而忘记自己的父母，一心一意地爱你，叫牧师来把你们的手放在一起结成夫妇的话，你就不能得到一个不灭的灵魂。在他和别人结婚后的头一天早晨，你的心就会碎裂，你就会化成水上的泡沫。"

"我不怕！"小人鱼说。不过她的脸像死一样惨白。

"不过你还得给我酬劳！"巫婆说，"并且我所要的也并不是一件微小的东西。在海底的人们中，你的声音要算是最动听的了。毫无疑问，你想用这声音去迷住他，不过这个声音你得交给我。我必须得到你最好的东西，作为我的贵重药物的交换品！我要把我自己的血放进这药里，好让它尖锐得像一柄两面都快的刀子！"

"可是，假如你把我的声音拿去了，"小人鱼说，"那么我还有什么东西剩下呢？"

"你还有漂亮的身材呀，"巫婆回答说，"你还有轻盈的步子和富于表情的眼睛呀。有了这些东西，你就非常容易迷住一个男人的心了。嗯，你已经丢掉了勇气吗？伸出你小小的舌头吧，我要把它割下来作为报酬，你也能得到这服强烈的药剂了。"

"就这么办吧。"小人鱼说。然后巫婆就把药罐准备好，来煎这服富有魔力的药了。

"清洁是一件好事。"她说。然后她将几条蛇打成一个结，用它来清洗这罐子。随后她把自己的胸口抓破，让她的黑血滴进罐子里去。药的蒸汽奇形怪状地升向空中，看起来是非常怕人的。每隔一会儿巫婆就加一点什么新的东西到药罐里去。在药煮到滚开的时候，有一个像鳄鱼的哭声飘出来了。后来药算是煎好了，它的样子像特别清亮的水。

"拿去吧！"巫婆说，然后她就把小人鱼的舌头割掉了。小人鱼这时成了一个哑巴，既不可以唱歌，也不可以说话。

"在你穿过我的森林回去的时候，假如珊瑚虫捉住了你的话，"巫婆说，"你只要把这药水洒一滴到它们的身上，它们的手臂和指头就会裂成碎片向四边飞散。"不过小人鱼没有这样做的必要，因为当珊瑚虫一看见这亮晶晶的药水——它在她的手里亮得如同一颗闪耀的星星——的时候，它们就在她前面恐慌地缩回去了。这样，她非常快地就走过了森林、沼泽和急转的旋涡。

她能看到她父亲的宫殿了，那宽大的舞厅里的火把都灭了，无疑，里面的人都入睡了。可是她不敢再去看他们，因为她这时已经是一个哑巴了，并且就要永远离开他们了。她的心痛苦得几乎要裂成碎片，她悄悄地走进花园，在每个姐姐的花坛上摘下一朵花，对着王宫用手指飞了一千个吻，然后她就游出这深蓝色的海。

当她看见那王子的宫殿的时候，太阳还没有升起来。她庄重地走上那大理石台阶。月亮照得透亮，特别美丽。小人鱼喝下那服强烈的药剂，她立刻觉到好像有一柄两面都快的刀子劈开了她纤细的身体，她立刻昏过去了，倒下去好像死去一样。当太阳照到海上的时候，她才醒过来，她感到一阵剧痛。这时那位年轻貌美的王子正站在她的前面，他乌黑的眼珠正在看着她，看得她不好意思得低下头来。这时她发现自己的鱼尾已经没有了，而拥有两条只有少女才有的、最漂亮的小白腿。但是她没有穿衣服，因此她用她浓密的长头发来遮掩自己的身体。王子问她是谁，怎么会在这儿，她用她深蓝色的眼睛温柔而又悲伤地看着他，因为她现在已经不会说话了。王子牵着她的手，将她带进宫殿里去，就像那巫婆以前和她说的一样，她感觉每一步都像是在锥子和利刃上行走，但是她情愿忍受这痛苦。她挽着王子的手臂，走起路来轻盈得像一个水泡。王子和所有的人看着她那文雅轻盈的步子，感到惊奇。

于是，她穿上了丝绸和细纱做的名贵衣服，她是宫里最漂亮的人，但是她是一个哑巴，既不能唱歌，也不能讲话。漂亮的女奴隶，穿着丝绸，戴着金银首饰走到前面，为王子和他的父母唱着歌。有一个奴隶唱得很迷人，王子情不自禁鼓起掌来，对她微笑了一下。这个时候小人鱼就感到一阵心痛，她知道，自己的歌声曾经比这歌声要美得多！她想："啊！只希望他知道，为了要和他在一起，我永远牺牲了我的声音！"

现在奴隶们随着美妙的音乐，跳起优雅的、轻盈的舞蹈来。于是，小人鱼就举起自己那双美丽的、白嫩的手，用脚尖站着，在地板上轻盈地跳着舞——从来没有人这样跳舞。她的每一个动作都衬托出她的美丽，她的眼睛比奴隶们的歌声更能打动人的心。

所有人都看得入了迷，尤其是那位王子——他把她叫作自己的"孤儿"。她不停地跳舞，尽管每次当她的脚接触地面的时候，就像是在锋利的刀上行走一样。王子说，她以后应该永远和他在一起；然后她就得到了特许，睡在他门外的一个天鹅绒的垫子上面。

他让人为她做了一套男子穿的衣服，好让她能够陪他骑着马同行。他们走进香气扑鼻的树林，绿色的树枝划过他们的肩膀，鸟儿在新鲜的叶子后面唱着歌。她与王子爬上高山，即使她纤细的脚已经流出血来，并且大家也都看见了，她依然只是大笑，继续伴随着他，一直到他们看见云朵在下面移动，就像一群向遥远国家飞去的小鸟为止。

在王子的宫殿里，夜里大家都熟睡了以后，她就朝那宽大的台阶走去。为了让自己那双发烧的脚可以感到一点清凉，她就踩在寒冷的海水里。这时候她不禁想起了住在海底的家人。

有一天夜里，她的姐姐们手挽着手浮出来。她们一面游泳，一面唱出凄怆的歌曲。这时候她就朝她们招手。她们认出了她，她们说她曾经那么让她们难过。从此以后，她们每天晚上都来看她。有一天晚上，她遥远地看到了多年不曾浮出海面的老祖母和戴着王冠的海王。他们向她伸出手来，但是他们不像她的那些姐姐，不敢游近岸边。

王子一天比一天更爱她，他就像爱一个好孩子那样爱她，可是他从来没有娶她为王后的想法。但是她一定要做他的妻子，要不然她就不能得到一个不灭的灵魂，并且会在他结婚的头一个早上变成海上的泡沫。

"在所有人中，你是最爱我的吗？"当他把她抱进怀里亲她额头的时候，小人鱼的眼睛好像在这样问。

"是的，你就是我最亲爱的人！"王子说，"因为在所有人当中，你拥有一颗最善良的心。你是我最亲爱的人，你特别像我那次见到过的一个年轻女子，但是我永远也看不见她了。那时候我坐在一条船上——这船已经沉了——巨浪把我打到一个神庙旁的岸边，有几个年轻女子在那祈祷，她们中最年轻的一个在岸边看见了我，因此救了我的生命。我只看见过她两次，她就是我在这世界上唯一爱的人。因为你和她很像，你几乎取代了她留在我的灵魂中的记忆。她是属于这个神庙的，因此我的幸运就是让你属于我，让我们永远不要分开！"

"啊，他居然不知道是我救了他的生命！"小人鱼想，"我将他从海里托上来，送到神庙所在的一个树林里。我躲在泡沫后面，窥望会不会有人来。我看到那个漂亮的姑娘——他爱她胜过爱我。"这时候小人鱼深深地叹了一口气——她哭不出声音来。"这个姑娘是属于那个神庙的——他曾说过。她永远不会走向这个人类的世界里来——他们永远不会见面了。我是和他在一起，每天看见他的。我要照顾他、喜爱他，为他奉献出我的生命！"

这时，大家在传说王子就要结婚了，他的妻子就是邻国国王的一个女儿，他为这事特别准备好了一条漂亮的船。王子对外说是要到邻近王国去观光，事实上他是为了要去看邻国国王的女儿。他打算带着一大批随员一起去。小人鱼摇了摇头，微笑了一下，她比所有人都能猜透王子的心事。

"我要去旅行一下！"他对她说，"我要去看一位漂亮的公主，这是我父母的命令，不过他们不会强迫我把她作为未婚妻带回家来！我不会爱她的。你就像神庙里的那个漂亮的姑娘，而她却不像。假如我要选择新娘的话，那么我一定先选你——我亲爱的、有一双可以讲话的眼睛的哑巴孤女。"

接着他吻了她鲜红的嘴唇，抚摸着她的长头发，把他的头贴在她的心上，弄得她的这颗心又幻想起人间的幸福和一个不灭的灵魂来。

"你不害怕海吗，我的哑巴孤儿？"他问。此时他们正站在那条华丽的船上，它正朝着邻近的王国开去。他和她探讨着风暴和平静的海、生活在海里的奇奇怪怪的鱼儿和潜水夫在海底可以看到的东西。对于这类事情，她只是微微一笑，因为关于海底的事儿她比谁都清楚。

在月光照着的夜里，大家都睡了，唯独掌舵人站在舵旁。这时候她就坐在船边上，聚精会神地看着下面清澈的海水，她感觉看见了她父亲的王宫。她的老祖母头上戴着银子做的王冠，正高高地站在王宫顶上，透过急流朝这条船的龙骨看。不一会儿，她的姐姐们都浮到水面上来了，她们悲伤地看着她，痛苦地扭着她们白净的手。她朝她们招手、微笑，同时好想告诉她们，说她现在一切都很美好和幸福。这时船上的一个侍者突然朝她这边走来，她的姐姐们立刻沉到水里，侍者认为自己所看到的那些白色的东西，不过是些海上的泡沫。

第二天清早，船开进邻国壮丽都城的港口，全部教堂的钟都响起来了，号笛从很多高楼上吹来，士兵们拿着飘扬的旗子和明晃晃的刺刀在行军礼。每天都有一个宴会。舞会和晚会在轮流举行着，但是公主还没有出现，大家说她在一个遥远的神庙里受教育，学习皇家的一切美德，最后她终于出现了。

小人鱼急切地想要看看她的美貌。她不得不承认公主的美丽，她从来没有看见过比这更美的相貌了。她的皮肤是那么细嫩、洁白，在她黑长的睫毛后面是一对微笑的、忠诚的、深蓝色的眼睛。

"就是你！"王子说，"那时候我像一具死尸躺在岸上的时候，救活我的就是你！"接着，他把这位害羞的新嫁娘紧紧地拥抱在自己的怀里。"啊，我太幸福了！"他对小人鱼说，"我从来不敢奢望的最好的礼物，现在终于变为事实了。你会为我的幸福而高兴吧，因为你是所有人中最喜欢我的人！"

小人鱼把他的手亲了一下，她感觉她的心在碎裂。他举行婚礼后的头一个早晨就会带给她死亡，就会让她变成海上的泡沫。

教堂的钟全部响起来了，传令人骑着马在街上宣布王子订婚的喜讯。每一个祭台上，芬芳的油脂在珍贵的油灯里燃烧。祭司们挥着香炉，新郎和新娘互相挽着手来接受教主的祝福。小人鱼现在穿着丝绸，戴着金饰，托着新嫁娘的披纱，但是她的耳朵听不到这欢乐的音乐，她的眼睛看不到这神圣的仪式。她想起了她要死亡的早晨，和她在这世界已经失去了的全部东西。

这天晚上，新郎和新娘来到船上。礼炮响起来了，旗帜在飘扬着。一个金色和紫色的皇家帐篷在船中间架起来了，里面摆设着最美丽的垫子。在那儿，这对美丽的新婚夫妇将度过他们这清凉和安静的夜晚。

风儿在吹着船帆，船在这清澈的海上缓慢地航行着，没有很大的波动。

当天色渐渐暗下来的时候，彩色的灯光就亮了起来，水手们快乐地在甲板上跳起舞来。小人鱼忍不住想起她第一次浮到海面上来的情景，想到她那时候看到的同样华丽和欢乐的场面，于是她开始跳起舞来，飞翔着，好像一只被追逐的燕子在飞翔着一样。大家都在喝彩、称赞她，她从来没有跳得那么漂亮。锋利的刀子似乎在砍她的细嫩的脚，但是她并没感觉到痛，因为她的心比这还要痛。

她知道这是她看见他的最后一晚——为了他，她离开了她的群族和家庭，她交换了自己美丽的声音，她每天承受着没有止境的疼痛，但是他却一点儿也不知道。今夜是她和他在一起呼吸同样空气的最后一晚，这是她可以看见深沉的海和布满了星星的天空的最后一夜。然而一个没有思想和梦境的永恒的夜在等待着她——没有灵魂，并且也得不到一个灵魂的她。直到半夜过后，船上的一切还是开心和愉快的，她笑着，跳着，但是她心中怀着死的想法。王子吻着自己漂亮的新娘，新娘抚弄着他的乌黑的头发，他们手挽着手到那华丽的帐篷里去休息。

船上现在已经很安静了，只有舵手站在舵旁。小人鱼把她洁白的手臂倚在舷墙上，朝东面凝望，等待着晨曦的出现——她知道，头一道阳光就会叫她死亡，她看到自己的姐姐们从波涛中浮现出来了。她们像自己一样苍白，她们漂亮的长头发已经不在风中飘荡了——因为它已经被剪掉了。

"我们已经把头发交给了那个巫婆，但愿她能帮助你，让你今后不至于死亡。她给了我们一把刀子，拿去吧，你看，它是那么快！在太阳没有出来之前，你必须把它插进那个王子的心里去。当他的热血流到你脚上时，你的双脚又会连到一起，变为一条鱼尾，那时候你就可以恢复人鱼的原样，你就可以回到咱们这儿的水里来；这样，在你没有变成无生命的咸水泡沫之前，你仍然可以活过你三百年的岁月。快动手吧！在太阳没有出来以前，不是他死，就是你死了！咱们的老祖母悲痛得连她的白发都掉光了，就像我们的头发在巫婆的剪刀下落掉一样。杀死那个王子，赶快回来吧！快动手呀！你没有看见天上的红光吗？几分钟以后，太阳就出来了，那时你就必然死亡！"

她们发出一个奇怪的、深沉的叹气声，随后她们便沉入浪涛里去了。

小人鱼把那帐篷上紫色的帘子掀开，看到这位漂亮的新娘把头枕在王子的怀里睡着了。她弯下腰，在王子清秀的眉毛上亲了一下，随后她朝天空凝视——朝霞渐渐地变得更亮了。她向尖刀看了一眼，接着又望向这个王子——他正在梦里喃喃地念着他的新娘的名字，他脑海中只有他的新娘。刀子在小人鱼的手里发抖。就在这时候，她把那把刀子远远地向浪花里扔去，刀子沉下去的地方，浪花发出一道红光，就像有很多血滴溅出了水面。她又一次将她模糊的视线投向那王子，然后她就从船上跳到海里，她感觉她的身躯在融化，变为泡沫。

这时太阳从海里升起来了，阳光柔和地、温暖地照在冰冷的泡沫上。因为小人鱼并没有感觉到死亡，她看见光明的太阳，并且在她上面漂浮着无数透明的、漂亮的生物。透过它们，她可以看见船上的白帆和天空的彩云，它们的声音是和谐的音乐。可是那是虚无缥缈的，人类的耳朵根本没有办法听见，就像地上的眼睛不能看到它们一样。它们没有翅膀，就凭它们轻飘的形体在空中飘动。小人鱼感觉自己也获得了它们那样的形体，慢慢地从泡沫中升了起来。

"我将朝谁走去呢？"她问。她的声音和这些生物一样，显得虚无缥缈，人世间的所有音乐都不能和它相比。

"到天空的女儿那儿去呀！"另一个的声音回答说，"人鱼是没有不灭的灵魂的，并且永远都不会有这样的灵魂，除非她拥有一个平常人的爱情。她永恒的存在要依靠外来的力量。天空的女儿同样没有永恒的灵魂，但是她们可以通过善良的行为创造出一个灵魂。我们飞向炎热的国度里去，那边散布着病疫的空气在伤害着人类，我们应该吹起清凉的风，然后把花香在空气中散布，我们应该散布健康和愉快的精神。三百年以后，当我们尽力做完了我们可能做的所有善行之后，我们就可以拥有一个不灭的灵魂，就可以分享人类一切永恒的幸福了。你，可怜的人鱼，和我们一样，曾经全心全意地为这个目标而奋斗。你承受过痛苦，你坚持下去了，你已经超升到精灵的世界里来了。通过你的善良的工作，在三百年以后，你就可以为你自己创造出一个不灭的灵魂。"

小人鱼朝上帝的太阳举起了她光亮的手臂，她第一次感觉到要流出眼泪了。

在这条船上，人声和活动又开始了。她看见王子和他漂亮的新娘在寻找她。他们伤心地看着那翻腾的泡沫，就像他们知道她已经跳到浪涛里去了似的。在冥冥中她亲吻着这位新娘的前额，她对王子微笑。随后她就跟其他的空气中的孩子们一道，骑上玫瑰色的云朵，升到天空里去了。

"这样，三百年以后，我们就可以升入天国！"

"我们也许还不用等那么久！"一个声音低语着，"我们无形无影地飞进人类的房屋里去，这里面生活着一部分孩子。每一天如果我们找到一个好孩子，他给他父母带来欢乐、值得他父母爱他的话，上帝就答应缩短考验我们的时间。当我们飞过屋子的时候，孩子是不会知道的。当我们幸福地对着他笑的时候，我们就可以在这三百年中减去一年；如果我们看到一个顽皮和恶劣的孩子，而不得不伤心地哭出来的时候，那么每一滴眼泪都使考验我们的日子增加一天。"

影子

安徒生

在太阳威力很大的热带，人们的皮肤通常棕黑得像红木；在最热的国家，他们就是黑人。有一次，一位学者从北方的寒带来到一个热带国家，他本想像在家乡那样到处漫游，但是很快就改变了主意。他发现他必须像一切有头脑的人那样整天待在房子里，关紧每一扇门窗，因此那些房子像是屋里所有的人都睡着了，或者里面根本没有人。他住的那条小街上的房子都很高，太阳从早晒到晚，叫人实在受不了。这位寒带来的学者年轻而且聪明，但是他觉得像坐在火炉里，变得精疲力竭，浑身无力，瘦得连他的影子也缩小了，没有在家乡的时候大。太阳连这点剩下的影子也不给留，他要到晚上太阳下去以后才能看到它。灯一拿进房间，看到影子伸展在墙上，甚至到了天花板上，那么高，这真是一件乐事；它实在需要好好伸展身体，好恢复它的力气。

这位学者有时候也要到外面阳台上伸伸腰；星星一出现在明净美丽的天空上，他就觉得恢复了生机。在这个时刻，人们也开始在这条街上所有的阳台上出现；因为在热带，每个窗子都有一个阳台，人们可以在这上面呼吸新鲜的晚间空气，这是他们十分需要的，哪怕已习惯了使他们的皮肤棕黑得有如红木的这种炎热。因此这条街一下子就显得生气蓬勃起来了。这里坐着鞋匠、裁缝和各色各样人。在下面街上，人们端出桌子和椅子，点上几百支蜡烛，又聊天又唱歌，十分快活。有人走路，有马车驶过，有骡子跑着，它们一面跑，挽具上的铃铛一面丁零丁零响。然后是在庄严的音乐和教堂的丧钟声中，死人被送往墓地。这的确是这条街上的众生相。

只有一座房子，就在这位外国学者住的房子对面，和所有这种情景相反，因为它静悄悄的。然而那里住着人，因为阳台上摆着花，在烈日下开得很漂亮，如果不是有人细心浇水，它们是不可能这样的。因此这房子里一定有人这样做。晚上阳台上的门半开着，虽然前面房间黑黑的，却能听到房子内部传出来的音乐声。这位外国学者认为这音乐很愉快；但这也许是他的想象，因为在这些炎热国家里样样令他高兴，只除了太阳的热力。学者房东说他也不知道对面房子住的是谁——没有见过那里有人。至于音乐，他认为非常单调乏味，单调乏味透了。

"就像是什么人在练习一首他弹奏不了的曲子，老是一个曲子。我想他自以为最后能行，不过我认为不管他练习多久也办不到。"

有一次外国学者半夜醒来。他是开着阳台门睡觉的；风吹起了门帘，他看到对面房子的阳台整个儿十分亮。花像是色彩鲜艳的火焰，在花丛中站着一位苗条的美丽的姑娘。他只觉得光是从她身上发出来的，耀花他的眼睛。不过他只是刚睁开它们，因为他正从睡梦中醒来。他一下子跳下床，轻轻地爬到门帘后面。但是她不见了——光也消失了；花不再像火焰，虽然它们美丽如常。门半开着，从里面的房间响起音乐，那么甜蜜，那么悦耳，它产生最迷人的思想，使人感到入迷。谁会住在那里呢？真正的进口在哪里呢？因为在街上也好，在旁边的小巷也好，整个下面一层是店铺。人们是不能随便进到那里面去的。

一天晚上，这位外国学者坐在阳台上。他自己的房间里点着灯，就在他后面。因此很自然，他的影子就落到对面房子的墙上。这样，他坐在阳台上的花丛间，人一动，影子也跟着动。

"我想，我的影子是对面能看到会动的唯一东西，"学者说，"瞧它在花丛间坐得多么愉快。门半开着，影子该聪明一点走进去看看，回来告诉我看到了什么。这样你也可以有点用处，"他开玩笑说，"拜托你这就走进去好不好？"他说着向影子点点头，影子也向他点点头。"现在去吧，不过别一去不回来了。"

接着外国学者站起来，对面阳台的影子也站起来；外国学者转身，影子也转身。如果这时候有人在看，他们就会看到影子一直走进对面阳台上那扇半开着的门，就像学者走进他自己的房间，放下了门帘。第二天早晨他出来喝咖啡读报。

"这是怎么回事？"他站在阳光中叫起来，"我把我的影子丢掉了。这么说，它昨天晚上真的一去不回了。这太糟糕啦。"

这真使他十分苦恼，倒不是因为他的影子不见了，而是因为他知道一个故事，正是讲一个人没有了影子。在他本国，这个故事尽人皆知。等到他回去讲他自己的亲身遭遇，大家只会说他是抄那个故事。他可不希望人家这样说他。因此他决定干脆不说出这件事，这个决定是十分明智的。

晚上他又到外面阳台上，预先把灯放在背后，因为他知道，一个影子总是要随着它的主人的，但是他没有办法把它引出来。他把身体缩小，把身体伸直，但是没有影子，没有影子出现。他拼命说"唔，唔"要叫影子出来，但是完全没有用处。这真是太恼人了。不过在炎热的国家，一切长得非常快。一个星期一过，他很高兴地看到，当他在阳光里走时，一个新的影子已经从他的脚底下生出来了，因此根子一定还保留着。过了三星期，他已经完全有了一个和他相称的影子，在他回北方家乡时，这影子还在长大，最后大到他恨不得只要一半就够了。这位学者回到了家，就写书谈他要在这个世界上寻找的真善美。就这样，一天天一年年过去——许多许多年过去了。

有一天晚上他正坐在书房里，听见有人很轻地敲门。"进来。"他说。但是没有人进来。他于是走过去把房门打开，只见面前站着一个人，瘦得叫他吃惊。不过那人穿着讲究，像位绅士。"请问你是哪一位？"他说。

"啊，我希望您会认识我，"那高雅的陌生人说，"我得到了那么多，我连肉体都有了，衣服穿上了。您永远想不到会看见我这种样子。您不认识您的旧影子了吗？啊，您永远想不到我会再回来。自从我离开您以后，我发达了。我已经富有了，我想不再做事，享享清福，这一点我很容易就能做到。"他一面说，一面用手指把戴在脖子上的很粗的一根金表链的一串贵重坠子弄得克勒克勒响。他的几个指头上戴着钻戒，全是真的。

"我吃惊得还糊里糊涂呢，我一定是在做梦。"学者说，"这都是怎么一回事啊？"

"事情很不寻常，"影子说，"不过您本人就是一位不寻常的人，您知道得很清楚，从您小时候起我就跟着您的脚印走。等到您觉得我已经有足够的经历，相信我可以单独生活了，您放我走了，我这才离开了您走我自己的路，如今我正处在飞黄腾达的顶峰。但是我觉得有一种渴望，要在您死前再见您一次，我要再看看这个地方，因为一个人对自己的出生地总是怀念的。我知道您如今有了另外一个影子。我欠您什么吗？如果有，请说出来是什么。"

"不！这真是你吗？"学者说，"这真是再惊人不过了。我永远想不到一个人的旧影子会变成一个人。"

"就告诉我，我欠了您什么，"影子说，"因为我不想欠任何人的债。"

"你怎么能这样说话呢？"学者说，"我们之间能有什么债不债的问题呢？你和任何人一样自由自在。我极其高兴听听你的好运气。坐下吧，老朋友，告诉我这到底是怎么一回事，在那热带国家，你在我对面那座房子里看到了什么吧？"

"好，我都来告诉您，"影子坐下说，"但是您必须答应我，在这个城市，不管在什么地方碰到我，不要跟人说我曾经是您的影子。我正想结婚，因为我维持一个家庭真是绰绰有余。"

"你就放心吧，"学者说，"我不跟任何人说你实际上是谁。这里是我的手——我答应，在人与人之间一个词就足够了。"

"在人与影子之间，"影子说。因为他忍不住要这么说一句。

他竟变成了一个人，这真正是再惊人不过了。他穿着一套最漂亮的黑西装，一双擦亮的皮鞋，戴一顶可以压扁得只剩帽顶帽边的大礼帽，再有就是刚才已经提到过的金链、坠子和钻戒。说实在的，正是这影子穿着十分考究，这使他成为一个人。"现在我来告诉您您所想知道的事情。"影子说着，把一只穿着锃亮的皮靴的脚牢牢踩在学者新影子的一条胳臂上，那新影子躺在他的脚下像一只鬈毛狗。他这样做也许是出于骄傲，也许是怕新影子会粘着他，但是地上的影子还是那样安安静静地躺着，好听听仔细，因为它想知道一个影子怎么能被它的主人打发走，而又变成一个人的。

"您知道吗，"影子说，"在您对面那房子里住着世界上最了不起的人物？那是诗神。我在那里待了三星期，却更像待了三千年，因为我读了用诗歌和散文写的一切。说实在的，我可以说，我把什么都看到了和学到了。"

"诗神！"学者叫起来，"不错，她隐居在一些大城市里。诗神！我见过她一次，只有一转眼的工夫，是在瞌睡使我的眼皮沉重地垂下的时候。她出现在阳台上，像灿烂的北极光在我眼前一闪，周围是火焰一样的花。告诉我，那天晚上你在阳台上，你进了门，你看见什么了？"

"我发觉自己进了一个前厅，"影子说，"您还坐在我对面，朝房间里看。那里没有灯，或者至少那部分是暗的，然而整套房间的门开着，里面那些房间灯火辉煌。灯光亮得会把我杀死，要是我走得离那姑娘太近的话。但是我很谨慎小心，等候时机，这是每个人都应该做的。"

"你到底看到什么了？"学者问道。

"我什么都看到了，我这就讲给您听。不过——完全不是由于我骄傲，但作为一个自由人，又拥有我所拥有的知识，更不要说我所拥有的财富了——我希望称呼我为'您'而不是'你'。"

"请您原谅，"学者说，"这是个老习惯，不容易改。您说得很对，我要尽力想到这一点。不过现在把您看到的一切告诉我吧。"

"当然，一切，"影子说，"因为我看到并且知道了一切。"

"里面那些房间是什么样子的？"学者问道，"里面像一个凉快的树林还是像一座神庙？那些房间像从高山顶上看到的星空吗？"

"里面正如您说的一样，"影子说，"不过我没有完全走进去——我仍旧留在前厅的微光中——但是我的位置非常好——我能够看到和听到诗宫里所发生的一切。"

"但是您看到什么啦？古代的神在那些房间穿来穿去吗？古代的英雄们在重新战斗吗？有可爱的孩子们在玩，讲述他们的梦吗？"

"我告诉您，我到过那里，因此您不用怀疑，可以看到的一切我都看到了。如果您到过那里，您就不会再是一个人，然而我却变成了一个人。与此同时，我开始发现我的内在本质，我对诗歌的天生爱好。真的，我过去和您在一起的时候，我不大想到这一点，但是您会记得，在日出和日落的时候我总是大得多，在月光中我甚至比您本人还清晰，只是当时我并不明白我的内在本质。在前厅我发现了。我变成了一个人；我出来时完全成形了。但是您已经离开了这热带国家。作为一个人，不穿靴子不穿衣服，没有人的外表，我觉得这样真不好意思走来走去。于是我用了我的办法，我可以告诉您，因为您不会把它写到书里去。我躲到一个卖糕饼女人的斗篷底下，但是她一点儿也不知道她遮蔽了一个人。我到晚上才敢出来，在月光里跑过一条条街。我贴着墙伸直我的身体，这使我的背痒痒的。很舒服。我跑到东跑到西，我从最高的窗子望进房间，我从屋顶上望下去，我看到了别人看不到或者实在不该看的东西。事实上这是一个丑恶的世界，要不是做人有点了不起，我还真不愿意做一个人呢。我看到在丈夫和妻子之间，在父母和子女——可爱无比的孩子——之间发生的最悲惨的事。我看到了没有人能知道但都会很高兴知道的事——他们邻居的恶行。如果我写出来在报上发表，大家会多么起劲地读啊！但是我不写成文章，却直接给那些人本人写信，于是把我所到的城市弄得全城大起恐慌。他们太怕我了，然而又亲亲热热地爱我。教授推选我为教授，裁缝送给我新衣服。这样一来，我得到了很好的供奉。造币厂长为我造币。女人们说我英俊。于是我就成了您现在所看到的这样一个人。现在我必须说再见了。这是我的名片。我住在街上有太阳的一边，雨天总待在家里。"影子告别了。

"这一切太惊人了。"学者说。

一天天一年年过去，许多年过去，影子又来了。"您现在过得好吗？"他问道。

"啊！"学者说，"我在写论述真善美的书，但是这种事没有人要听。我感到十分失望，因为我对这件事是认真考虑的。"

"我正好从来不这样做，"影子说，"所以我发福变胖，人人都该如此。您不懂得这个世界，您这样会生病的，您应该去旅行。夏天我要去旅行，您和我一起去好吗？我很高兴有个旅伴。您肯做我的影子和我一起去旅行吗？这会给您极大的乐趣，一切费用全由我付。"

"这不是太过分了吗？"学者问道。

"这只是个看法问题，"影子回答说，"不管怎么说，旅行对您是有好处的，如果您肯当我的影子，您去旅行不花一个子儿。"

"我觉得这很怪。"学者说。

"但是世界就是这个样子，"影子回答说，"而且永远是这个样子。"于是他走了。

学者一切都乱套了。使他伤心和烦恼的事接连而来，他所论述的真善美对于大多数人来说，其价值犹如牛吃牡丹。最后他病倒了。"你那副样子真像个影子。"人们对他说，他听了不由得浑身一个冷战，因为他们这话正好说中了他的心事。

"您真正需要去一个矿泉疗养所，"影子下一次来看他时说，"您没有别的机会了。看在老相识的分上，我把您带去。您的一切路费我包了，您可以写游记供我们在路上消遣。我很高兴去一个矿泉休养所。我的胡子不能按规矩长出来，这都由于虚弱的缘故，但是我必须有胡子。现在理智一点接受我的建议吧。我们将像亲密朋友一样旅行。"

最后他们一起出发了。如今影子做了主人，主人成了影子。他们一起坐马车、骑马或者步行，或是肩并肩，或是一前一后，这要看太阳的位置如何而定。影子总是知道什么时候就他的主位，但是学者毫不在意，因为他有一颗善良的心，极其温和客气。

有一天主人对影子说："我们两个从小一起长大，现在我们又成了旅伴，我们来为我们的友谊干杯，彼此不再用您相称不好吗？"

"您说的非常坦率并充满好意，"影子说，他如今是真正的主人，"我也这样坦率和充满好意地对您。您是一位学者，知道人性多么古怪。有些人忍受不了包装纸的气味，它使他们作呕。有人听到钉子刮玻璃的声音会感觉酸到骨髓。我一听到有人用你来称呼我，我本人就有类似感觉。我感到被它踩扁，就像我过去和您在一起时所处的地位一样。您明白，这是一个感觉问题而不是骄傲问题。我不能答应您用你来称呼我，我倒愿意用你来称呼您，因此您的希望将可以实现一半。"接下来影子就称呼他的前主人为你。

"这太过分了，"后者说，"我对他说话要称呼他为您，而他对我说话却称呼我为你。"不过他只好服从。

最后他们来到了矿泉疗养所，那里有许多外国人，其中有一位美丽的公主，她的真正毛病是眼睛太尖，看得人人不舒服。她一下子看到这位新来的人全然与众不同。"大家说他到这里来是为了使他的胡子长出来，"她想，"但是我知道他来的真正原因，他不能投射出一个影子。"于是她对这件事十分好奇，有一天散步时她和这位外国绅士说起话来。作为一位公主，她不必太拘礼，因此她直截了当对他说："您的毛病在于不能投射出一个影子。"

"公主殿下的病一定快要康复了，"他说，"我知道您抱怨眼睛太尖，但在这件事情上这毛病完全没有了。我正好有一个最不寻常的影子，您没看见一个人老是在我身边吗？人们常常用比自己的衣服更好的衣料来给他们的仆人做制服，我就是这样把我的影子打扮得像一个人。不仅如此，我还给他一个他自己的影子。这很花钱，不过我喜欢我的东西与众不同。"

"这是怎么回事？"公主想，"我的毛病真正好了吗？这一定是世界上最好的矿泉疗养所。我们这里的矿泉有真正神奇的威力。不过我先不离开这里，因为它开始使我感到乐趣。这位外国王子——因为他一定是个王子——使我感到无上的快乐。我只希望他的胡子不要长出来，否则他马上要离开的。"

晚上公主和影子一起在大聚会厅跳舞。她体态轻盈，但是他体态更轻盈，她以前从未遇到过这样好的舞伴。她告诉他来自什么国家，发现他知道这个国家并且到过，但那时候她不在国内。他曾从窗外看过她父亲的王宫，从上面和下面的窗子看的。他看到了许多东西，因此公主说什么他能回答什么，还隐约说出一些事情使她大为吃惊。她想他一定是天下第一聪明人，对他的知识佩服得五体投地。当她再度和他共舞时，她爱上了他，这一点影子马上发觉了，因为她用她的眼睛把他看得透而又透。他们又跳了一个舞，她差不多要告诉他她爱他了，但是她比较慎重。她想到了她的国家、她的王位、她有一天要统治的许多百姓。"他是一个聪明人，"她心里说，"这是一件好事，他跳起舞来令人佩服，这也非常好。但是他有扎实的学问吗？这是一个重要问题，我必须先考考他。"于是她问他一个最难的问题，连她本人也无法回答它，影子听后做了一个最古怪的鬼脸。

"你回答不出来。"公主说。

"这个问题我小时候就略知一二，"他回答说，"我相信连我的影子，就站在那儿门边的，也能够回答。"

"你的影子，"公主说，"这的确非常惊人。"

"我不说得那么肯定，"影子说，"不过我想他能回答。他跟随我多年，听我说过那么多话，我想他大致上能做到。不过公主殿下务必让我说明，他对被当作人看待感到十分自豪，要让他心情好，这样他就会正确回答，必须把他当作一个人看待。"

"我很乐意这样做。"公主说。于是她走到站在门口的学者面前，跟他谈太阳，谈月亮，谈绿树林，谈远近的人，学者愉快而聪明地对答如流。

"他有一个这样聪明的影子，他本人一定是个多么了不起的人啊！"她想，"如果我选择他做丈夫，这对我的国家和我的百姓真是一种福气，我一定这么办。"于是公主和影子很快就订了婚，但是在她回国以前，对谁一个字也不说。

"谁也不会知道，"影子说，"连我自己的影子也不知道。"他说这话是有他特殊道理的。

不久，公主回她统治的国家，影子陪着她回去。

"听我说，我的朋友，"影子对学者说，"现在我无比幸运和有权有势，我要对你做一件不寻常的好事。你可以住在我的王宫里，和我一起乘坐王家马车，一年有十万大洋收入。不过你必须让每个人称你为影子，永远不要斗胆说你曾经是一个人。一年一度，当我在阳光中坐在阳台上，你必须躺在我的脚下，像影子应做的那样。因为我必须告诉你，我要和公主结婚了，我们的婚礼将在今晚举行。"

"不过这真是太荒唐了，"学者说，"我不能，也绝不屈服于这种傻事。这将是欺骗整个国家，也将是欺骗公主。我要揭发一切，说我是一个人，而你只是一个穿上人衣服的影子。"

"没有人会相信你的话，"影子说，"现在理智一点吧，不然我就叫卫兵。"

"我直接去见公主。"学者说。

"但是我先到，"影子说，"你会被关进监狱。"结果就是如此，因为卫兵们一知道他要和国王的女儿结婚，都服从他。

"你在发抖，"影子一出现在公主面前，公主说，"出什么事了吗？你今天绝对不能生病，因为今天晚上我们要举行婚礼。"

"我遇到了可能发生的最可怕的事，"影子说，"只要想想，我的影子疯了。我想这样一个浅薄的可怜头脑承受不了多少东西。他想他已经变成一个真正的人，而我成了他的影子。"

"太可怕了，"公主叫道，"把他关起来了吗？"

"噢，是的，当然，因为我怕他再也好不起来。"

"可怜的影子！"公主说，"他太不幸了。把他从脆弱的存在中解脱出来实在会是一件好事。的确，当我想到这些日子人们常常站在下层人士一边犯上时，把他悄悄干掉会是上策。"

"这样对他实在太严厉了，因为他曾经是一个忠实的仆人。"影子说着，假装叹了一口气。

"你真是一个高尚的人。"公主说，并向他鞠了个躬。

晚上全城灯火通明，礼炮轰轰鸣响，兵士们持枪行礼。这确实是一个隆重的婚礼。公主和影子步出阳台露面，接受再一次的欢呼。但是所有这些欢庆声音，学者一概没有听见，因为他已经被处死了。

（以上两篇选自安徒生《安徒生童话全集》）

奋勇前进

1949 年 4 月 21 日，中国人民革命军事委员会主席毛泽东、中国人民解放军总司令朱德发布向全国进军的命令，要求人民解放军奋勇前进，坚决、彻底、干净、全部地歼灭中国境内一切敢于抵抗的国民党反动派，解放全国人民，保卫中国领土主权的独立和完整。这是推翻国民党反动统治的军事总动员令，命令坚定，气势恢宏。中国革命战争史上前所未有的大进军就此展开，中国历史的新纪元即将开启！

向全国进军的命令

各野战军全体指挥员战斗员同志们，南方各游击区人民解放军同志们：

由中国共产党的代表团和南京国民党政府的代表团经过长时间的谈判所拟定的国内和平协定，已被南京国民党政府所拒绝。南京国民党政府的负责人员之所以拒绝这个国内和平协定，是因为他们仍然服从美国帝国主义和国民党匪首蒋介石的命令，企图阻止中国人民解放事业的推进，阻止用和平方法解决国内问题。经过双方代表团的谈判所拟定的国内和平协定八条二十四款，表示了对于战犯问题的宽大处理，对于国民党军队的官兵和国民党政府的工作人员的宽大处理，对于其他各项问题亦无不是从民族利益和人民利益出发作了适宜的解决。拒绝这个协定，就是表示国民党反动派决心将他们发动的反革命战争打到底。拒绝这个协定，就是表示国民党反动派在今年一月一日所提议的和平谈判，不过是企图阻止人民解放军向前推进，以便反动派获得喘息时间，然后卷土重来，扑灭革命势力。拒绝这个协定，就是表示南京李宗仁政府所谓承认中共八个和平条件以为谈判基础是完全虚伪的。因为，既然承认惩办战争罪犯，用民主原则改编一切国民党反动军队，接收南京政府及其所属各级政府的一切权力以及其他各项基础条件，就没有理由拒绝根据这些基础条件所拟定的而且是极为宽大的各项具体办法。在此种情况下，我们命令你们：

（一）奋勇前进，坚决、彻底、干净、全部地歼灭中国境内一切敢于抵抗的国民党反动派，解放全国人民，保卫中国领土主权的独立和完整。

（二）奋勇前进，逮捕一切怙恶不悛的战争罪犯。不管他们逃至何处，均须缉拿归案，依法惩办。特别注意缉拿匪首蒋介石。

（三）向任何国民党地方政府和地方军事集团宣布国内和平协定的最后修正案。对于凡愿停止战争、用和平方法解决问题者，你们即可照此最后修正案的大意和他们签订地方性的协定。

（四）在人民解放军包围南京之后，如果南京李宗仁政府尚未逃散，并愿意于国内和平协定上签字，我们愿意再一次给该政府以签字的机会。

中国人民革命军事委员会主席 毛泽东

中国人民解放军总司令 朱 德

选自《毛泽东选集》（第四卷）

英雄气概

　　为了实现中华民族的独立解放，为了让人民过上安宁和平的生活，毛泽东与蒋介石斗智斗勇数十年，殚精竭虑，历尽艰辛。1949 年 4 月 23 日，国民党千余里长江防线全部崩溃，南京国民党反动政府遂宣告覆灭，此刻，毛泽东所领导的中国共产党和人民解放军终于推翻了蒋家王朝的统治。翻江倒海的心情，雄浑激荡的英雄气概都凝铸在这 56 个字里面。

长征

毛泽东

红军不怕远征难，
万水千山只等闲①。
五岭逶迤腾细浪②，
乌蒙磅礴走泥丸③。
金沙水拍云崖暖④，
大渡桥横铁索寒⑤。
更喜岷山千里雪，
三军⑥过后尽开颜⑦。

① 等闲：不怕困难，不可阻止。
② 逶迤：形容道路、山脉、河流等弯弯曲曲，连绵不断的样子。细浪：作者自释："把山比作'细浪''泥丸'，是'等闲'之意。"
③ 泥丸：小泥球。此句意思是：险峻的乌蒙山在红军战士的脚下，就像是一个小泥球一样。
④ 云崖暖：是指浪花拍打悬崖峭壁，溅起阵阵雾水，在红军的眼中像是冒出的蒸汽一样。
⑤ 寒：影射敌人的冷酷与形势的严峻。
⑥ 三军：作者自注："红军一方面军，二方面军，四方面军。"
⑦ 尽开颜：长征的红军到达目的地了，他们取得了胜利，所以个个都笑逐颜开。

消息也可以生动感人

> 消息的语言是指用来简明扼要、准确及时报道新闻事实的语言，其基本表达方式是叙述，特征是客观、确切（准确）、简练、朴实和通俗。在消息的语言中，中性词包含了褒贬的意味，修饰性的限制性多于形容性。法新社驻华记者比昂尼克在文中客观陈述了记者的镜头，而这些镜头是最感人的，如开电梯的姑娘听到周总理逝世"顿时放声痛哭"，口译人员听到消息时"眼中含着泪，嘴唇颤抖"，表达了对总理的爱戴之情。这些来自不同阶层的群众的悲痛表现，真实、亲切，读来令人泪下。因此，生动感人的报道也可以通过限制性词语来表达，新闻语言的客观性与新闻的可读性也可以相得益彰。

　　法新社[①]北京 1976 年 1 月 9 日电（记者　比昂尼克）北京电台于今日清晨当地时间 5 时宣布周恩来总理逝世的消息，但是，大部分中国人还不知道他们的总理已经逝世。

　　当新华社的电传打字机于当地时间 4 时过一点儿发出这条消息时，中国几乎所有的街道都没有行人。

　　在法新社所在的那所大楼里，当记者把消息告诉开电梯的姑娘时，她顿时放声痛哭。

　　在对一位中国口译人员表示慰问时，他眼中含着泪，嘴唇颤抖地说："我们没有料到。我们非常爱戴他。他是一位杰出的革命家。"

　　中国人民对周恩来极其爱戴，这样说并不夸张，他们感到与周恩来非常接近。

　　预计全中国都将表现出巨大的悲伤，就像今天清晨听到这个悲伤消息的那位中国少女所表现出的那样。

[①] 法国新闻社，成立于 1944 年，是与路透社、美联社和合众社齐名的西方四大世界性通讯社之一。法新社是西方四大通讯社中资格最老的一个。

哀我华夏，祈愿和平

　　南京大屠杀是抗日战争时期日军对中国实施的一次规模最大、持续时间最长的烧杀淫掠暴行。据不完全统计，在整个南京大屠杀中，遭日军集体屠杀并焚尸灭迹的战俘和难民超过 19 万人，被零星屠杀经当时的慈善机构收埋尸骨的达 15 万人，屠杀总人数不低于 34 万，占当时南京总人口的 34% 以上。南京大屠杀是日本军国主义残暴本性的大暴露，是现代文明史上最黑暗的一页，它激起了中华民族对日本侵略者的更大痛恨，增强了全国人民捍卫国家独立和主权、坚持抗战到底的坚强决心。

　　2014 年 2 月 27 日，十二届全国人大常委会第七次会议通过决定，以立法形式将 12 月 13 日设立为南京大屠杀死难者国家公祭日。对南京大屠杀遇难者的纪念，表明了中国人民反对侵略战争、捍卫人类尊严、维护世界和平的坚定立场。

　　2014 年 12 月 13 日，在南京大屠杀死难者国家公祭仪式上，习近平总书记搀扶着 85 岁的南京大屠杀幸存者代表夏淑琴一同走上公祭台，为国家公祭鼎揭幕。一起参加揭幕的还有 13 岁的阮泽宇，他的祖辈惨死在日寇的屠刀之下。

　　　泱泱华夏，赫赫文明。仁风远播，大化周行。
　　　洎①及近代，积弱积贫。九原板荡，百载陆沉。
　　　侵华日寇，毁吾南京。劫掠黎庶，屠戮苍生。
　　　卅万亡灵，饮恨江城。日月惨淡，寰宇震惊。
　　　兽行暴虐，旷世未闻。同胞何辜，国难正殷。
　　　哀兵奋起，金戈鼍鼓②。兄弟同心，共御外侮。

---

① 洎（jì）：到。
② 金戈鼍（tuó）鼓：意指金色的戈鼍皮的鼓。鼍：扬子鳄。

捐躯洒血，浩气干云。尽扫狼烟，重振乾坤。

乙酉既捷，家国维新。昭昭前事，惕惕后人。

国行公祭，法立典章。铸兹宝鼎，祀我国殇。

永矢弗谖①，祈愿和平。中华圆梦，民族复兴。

——《南京大屠杀死难者国家公祭鼎铭文》

2014年12月13日，南京大屠杀死难者国家公祭仪式上，77名中学生齐声诵读的《和平宣言》发出了对和平的呼唤。

巍巍金陵，滔滔大江，钟山花雨，千秋芬芳。

一九三七，祸从天降，一二一三，古城沦丧。

侵华倭寇，掳掠烧杀，尸横遍野，血染长江。

三十余万，生灵涂炭，炼狱六周，哀哉国殇。

举世震惊，九州同悼，雪松纪年，寒梅怒放。

亘古浩劫，文明罹难，百年悲叹，警钟鸣响。

积贫积弱，山河蒙羞，内忧外患，国破家亡。

民族觉醒，独立解放，改革振兴，国运日昌。

前事不忘，后事之师，殷忧启圣，多难兴邦。

七十七载，青史昭彰，生生不息，山高水长。

二零一四，国家公祭，中外人士，齐聚广场。

白花致哀，庄严肃穆，丹忱抒写，和平诗章。

大道之行，天下为公，大德曰生，和气致祥。

和平发展，时代主题，民族复兴，世代梦想。

龙盘虎踞，彝训鼎铭，继往开来，永志不忘。

——《和平宣言》冯亦同

---

① 永矢弗谖（xuān）：语出《诗经·卫风·考盘》，意指永不忘记。矢：发誓。谖：忘记，通"萱"。

人生选择

"我的梦很美满，预备卒业回来，救治像我父亲似的被误的病人的疾苦，战争时候便去当军医，一面又促进了国人对于维新的信仰。"鲁迅先生怀着救国救民的强烈愿望选择去日本学医，就在学医期间，看电影事件使鲁迅受到极大的刺激，促使他萌发"弃医从文"的思想。"所以我们的第一要著，是在改变他们的精神，而善于改变精神的是，我那时以为当然要推文艺，于是想提倡文艺运动了。"由此我们可以看出，鲁迅从东京到仙台学医，又从仙台弃医从文，这过程无不深深浸透着强烈的救国救民的爱国主义思想感情，实践着他的"我以我血荐轩辕"的誓言。一个有志青年的人生选择，不仅是个人的选择，往往还与民族的前途、国家的命运结合起来。

《呐喊》自序

鲁迅

我在年青时候也曾经做过许多梦，后来大半忘却了，但自己也并不以为可惜。所谓回忆者，虽说可以使人欢欣，有时也不免使人寂寞，使精神的丝缕还牵着已逝的寂寞的时光，又有什么意味呢，而我偏苦于不能全忘却，这不能全忘的一部分，到现在便成了《呐喊》的来由。

我有四年多，曾经常常，——几乎是每天，出入于质铺和药店里，年纪可是忘却了，总之是药店的柜台正和我一样高，质铺的是比我高一倍，我从一倍高的柜台外送上衣服或首饰去，在侮蔑里接了钱，再到一样高的柜台上给我久病的父亲去买药。回家之后，又须忙别的事了，因为开方的医生是最有名的，以此所用的药引也奇特：

冬天的芦根，经霜三年的甘蔗，蟋蟀要原对的，结子的平地木，……多不是容易办到的东西。然而我的父亲终于日重一日的亡故了。

有谁从小康人家而坠入困顿的么，我以为在这途路中，大概可以看见世人的真面目；我要到 N 进 K 学堂去了①，仿佛是想走异路，逃异地，去寻求别样的人们。我的母亲没有法，办了八元的川资，说是由我的自便；然而伊哭了，这正是情理中的事，因为那时读书应试是正路，所谓学洋务，社会上便以为是一种走投无路的人，只得将灵魂卖给鬼子，要加倍的奚落而且排斥的，而况伊又看不见自己的儿子了。然而我也顾不得这些事，终于到 N 去进了 K 学堂了，在这学堂里，我才知道世上还有所谓格致，算学，地理，历史，绘图和体操。生理学并不教，但我们却看到些木版的《全体新论》和《化学卫生论》之类了。我还记得先前的医生的议论和方药，和现在所知道的比较起来，便渐渐的悟得中医不过是一种有意的或无意的骗子，同时又很起了对于被骗的病人和他的家族的同情；而且从译出的历史上，又知道了日本维新是大半发端于西方医学的事实。

因为这些幼稚的知识，后来便使我的学籍列在日本一个乡间的医学专门学校里了。我的梦很美满，预备卒业回来，救治像我父亲似的被误的病人的疾苦，战争时候便去当军医，一面又促进了国人对于维新的信仰。我已不知道教授微生物学的方法，现在又有了怎样的进步了，总之那时是用了电影，来显示微生物的形状的，因此有时讲义的一段落已完，而时间还没有到，教师便映些风景或时事的画片给学生看，以用去这多余的光阴。其时正当日俄战争的时候，关于战事的画片自然也就比较的多了，我在这一个讲堂中，便须常常随喜我那同学们的拍手和喝彩。有一回，我竟在画片上忽然会见我久违的许多中国人了，一个绑在中间，许多站在左右，一样是强壮的体格，而显出麻木的神情。据解说，则绑着的是替俄国做了军事上的侦探，正要被日军砍下头颅来示众，而围着的便是来赏鉴这示众的盛举的人们。

①N：指南京，K 学堂指江南水师学堂。作者于 1898 年到南京江南水师学堂肄业，第二年改入江南陆师学堂附设的矿务铁路学堂，1902 年毕业后即由清政府派赴日本留学，1904年进仙台的医学专门学校，1906 年中止学医，回东京准备从事文艺运动。参看《朝花夕拾》中《琐记》及《藤野先生》二文。

这一学年没有完毕，我已经到了东京了，因为从那一回以后，我便觉得医学并非一件紧要事，凡是愚弱的国民，即使体格如何健全，如何茁壮，也只能做毫无意义的示众的材料和看客，病死多少是不必以为不幸的。所以我们的第一要著，是在改变他们的精神，而善于改变精神的是，我那时以为当然要推文艺，于是想提倡文艺运动了。在东京的留学生很有学法政理化以至警察工业的，但没有人治文学和美术；可是在冷淡的空气中，也幸而寻到几个同志了，此外又邀集了必须的几个人，商量之后，第一步当然是出杂志，名目是取"新的生命"的意思，因为我们那时大抵带些复古的倾向，所以只谓之《新生》。

《新生》的出版之期接近了，但最先就隐去了若干担当文字的人，接着又逃走了资本，结果只剩下不名一钱的三个人。创始时候既已背时，失败时候当然无可告语，而其后却连这三个人也都为各自的运命所驱策，不能在一处纵谈将来的好梦了，这就是我们的并未产生的《新生》的结局。

我感到未尝经验的无聊，是自此以后的事。我当初是不知其所以然的；后来想，凡有一人的主张，得了赞和，是促其前进的，得了反对，是促其奋斗的，独有叫喊于生人中，而生人并无反应，既非赞同，也无反对，如置身毫无边际的荒原，无可措手的了，这是怎样的悲哀呵，我于是以我所感到者为寂寞。

这寂寞又一天一天的长大起来，如大毒蛇，缠住了我的灵魂了。

然而我虽然自有无端的悲哀，却也并不愤懑，因为这经验使我反省，看见自己了：就是我决不是一个振臂一呼应者云集的英雄。

只是我自己的寂寞是不可不驱除的，因为这于我太痛苦。我于是用了种种法，来麻醉自己的灵魂，使我沉入于国民中，使我回到古代去，后来也亲历或旁观过几样更寂寞更悲哀的事，都为我所不愿追怀，甘心使他们和我的脑一同消灭在泥土里的，但我的麻醉法却也似乎已经奏了功，再没有青年时候的慷慨激昂的意思了。

S会馆①里有三间屋，相传是往昔曾在院子里的槐树上缢死过一个女人的，现在

①S会馆指绍兴县馆，在北京宣武门外。从1912年5月至1919年11月，作者住在这会馆里。

槐树已经高不可攀了，而这屋还没有人住；许多年，我便寓在这屋里钞古碑。客中少有人来，古碑中也遇不到什么问题和主义，而我的生命却居然暗暗的消去了，这也就是我惟一的愿望。夏夜，蚊子多了，便摇着蒲扇坐在槐树下，从密叶缝里看那一点一点的青天，晚出的槐蚕又每每冰冷的落在头颈上。

那时偶或来谈的是一个老朋友金心异[①]，将手提的大皮夹放在破桌上，脱下长衫，对面坐下了，因为怕狗，似乎心房还在怦怦的跳动。

"你抄了这些有什么用？"有一夜，他翻着我那古碑的钞本，发了研究的质问了。

"没有什么用。"

"那么，你钞他是什么意思呢？"

"没有什么意思。"

"我想，你可以做点文章……"

我懂得他的意思了，他们正办《新青年》，然而那时仿佛不特没有人来赞同，并且也还没有人来反对，我想，他们许是感到寂寞了，但是说：

"假如一间铁屋子，是绝无窗户而万难破毁的，里面有许多熟睡的人们，不久都要闷死了，然而是从昏睡入死灭，并不感到就死的悲哀。现在你大嚷起来，惊起了较为清醒的几个人，使这不幸的少数者来受无可挽救的临终的苦楚，你倒以为对得起他们么？"

"然而几个人既然起来，你不能说决没有毁坏这铁屋的希望。"

是的，我虽然自有我的确信，然而说到希望，却是不能抹杀的，因为希望是在于将来，决不能以我之必无的证明，来折服了他之所谓可有，于是我终于答应他也做文章了，这便是最初的一篇《狂人日记》。从此以后，便一发而不可收，每写些小说模样的文章，以敷衍朋友们的嘱托，积久就有了十余篇。

在我自己，本以为现在是已经并非一个切迫而不能已于言的人了，但或者也还

[①] 金心异：指钱玄同，当时《新青年》的编辑委员之一。《新青年》提倡文化革命后不久，林纾曾写过一篇笔记体小说《荆生》，痛骂文化革命的提倡者，其中有一个人物叫"金心异"，即影射钱玄同。

未能忘怀于当日自己的寂寞的悲哀罢，所以有时候仍不免呐喊几声，聊以慰藉那在寂寞里奔驰的猛士，使他不惮于前驱。至于我的喊声是勇猛或是悲哀，是可憎或是可笑，那倒是不暇顾及的；但既然是呐喊，则当然须听将令的了，所以我往往不恤委婉了一点，在《药》的瑜儿的坟上平空添上一个花环，在《明天》里也不叙单四嫂子竟没有做到看见儿子的梦，因为那时的主将是不主张消极的。至于自己，却也并不愿将自以为苦的寂寞，再来传染给也如我那年青时候似的正做着好梦的青年。

这样说来，我的小说和艺术的距离之远，也就可想而知了，然而到今日还能蒙着小说的名，甚而至于且有成集的机会，无论如何总不能不说是一件侥幸的事，但侥幸虽使我不安于心，而悬揣人间暂时还有读者，则究竟也仍然是高兴的。

所以我竟将我的短篇小说结集起来，而且付印了，又因为上面所说的缘由，便称之为《呐喊》。

1922 年 12 月 3 日，鲁迅记于北京

（选自鲁迅《呐喊》，中国友

谊出版社 2019 年版，第 001-008 页）

感怀母亲

母亲善良、有同情心、对子女无比慈爱、督促子女学习、具有奉献精神而又早逝，邹韬奋先生用他直白坦诚、褒贬分明、简单质朴的语言表达了对母亲深切的怀念。虽然伴随的时日并不长，但是无时无刻展现出来的母爱，深深地嵌在记忆里，读来令人动容。

我的母亲

邹韬奋

说起我的母亲，我只知道她是"浙江海宁查氏"，至今不知道她有什么名字！这件小事也可表示今昔时代的不同。现在的女子未出嫁的固然很"勇敢"地公开着她的名字，就是出嫁了的，也一样地公开着她的名字。不久以前，出嫁后的女子还大多数要在自己的姓上面加上丈夫的姓；通常人们的姓名只有三个字，嫁后女子的姓名往往有四个字。

在我年幼的时候，知道担任商务印书馆出版的《妇女杂志》笔政的朱胡彬夏，在当时算是有革命性的"前进的"女子了，她反抗了家里替她订的旧式婚姻，以致她的顽固的叔父宣言要用手枪打死她，但是她却仍在"胡"字上面加着一个"朱"字！近来的女子就有很多在嫁后仍只由自己的姓名，不加不减。这意义表示女子渐渐地有着她们自己的独立的地位，不是属于任何人所有的了。但是在我的母亲的时代，不但不能学"朱胡彬夏"的用法，简直根本就好像没有名字！我说"好像"，因为那时的女子也未尝没有名字，但在实际上似乎就用不着。

像我的母亲，我听见她的娘家的人们叫她做"十六小姐"，男家大家族里的人们叫她做"十四少奶"，后来我的父亲做官，人们便叫她做"太太"，她始终没有用她自己名字的机会！我觉得这种情形也可以暗示妇女在封建社会里所处的地位。

我的母亲在我十三岁的时候就去世了。我生的那一年是在九月里生的，她死的那一年是在五月里死的，所以我们母子两人在实际上相聚的时候只有十一年零九个月。我在这篇文里对于母亲的零星追忆，只是这十一年里的前尘影事。

我现在所能记得的最初对于母亲的印象，大约在两三岁的时候。我记得有一天夜里，我独自一人睡在床上，由梦里醒来，朦胧中睁开眼睛，模糊中看见由垂着的帐门射进来的微微的灯光。在这微微的灯光里瞥见一个青年妇人拉开帐门，微笑着把我抱起来。她嘴里叫我什么，并对我说了什么，现在都记不清了，只记得她把我负在她的背上，跑到一个灯光灿烂人影憧憧往来的大客厅里，走来走去"巡阅"着。大概是元宵吧，这大客厅里除有不少成人谈笑着外，有二三十个孩童提着各色各样的纸灯，里面燃着蜡烛，三五成群地跑着玩。我此时伏在母亲的背上，半醒半睡似的微张着眼看这个，望那个。那时我的父亲还在和祖父同住，过着"少爷"的生活；父亲有十来个弟兄，有好几个都结了婚，所以这大家族里有着这么多的孩子。母亲也做了这大家族里的一分子。她十五岁就出嫁，十六岁那年养我，这个时候才十七八岁。我由现在追想当时伏在她的背上睡眼惺忪所见着的她的容态，还感觉到她的活泼的欢悦的柔和的青春的美。我生平所见过的女子，我的母亲是最美的一个，就是当时伏在母亲背上的我，也能觉到在那个大客厅里许多妇女里面，没有一个及得到母亲的可爱。我现在想来，大概在我睡在房里的时候，母亲看见许多孩子玩灯热闹，便想起了我，也许蹑手蹑脚到我床前看了好几次，见我醒了，便负我出去一饱眼福。这是我对母亲最初的感觉，虽则在当时的幼稚脑袋里当然不知道什么叫做母爱。

后来祖父年老告退，父亲自己带着家眷在福州做候补官。我当时大概有了五六岁，比我小两岁的二弟已生了。家里除父亲母亲和这个小弟弟外，只有母亲由娘家带来的一个青年女仆，名叫妹仔。"做官"似乎怪好听，但是当时父亲赤手空拳出来做官，家里一贫如洗。

我还记得，父亲一天到晚不在家里，大概是到"官场"里"应酬"去了，家里没有米下锅；妹仔替我们到附近施米给穷人的一个大庙里去领"仓米"，要先在庙前人山人海里面拥挤着领到竹签，然后拿着竹签再从挤得水泄不通的人群中，带着粗布袋挤到里面去领米；母亲在家里横抱着哭涕着的二弟踱来踱去，我在旁坐在一只小椅上呆呆地望着母亲，当时不知道这就是穷的景象，只诧异着母亲的脸何以那样苍白，她那样静寂无语地好像有着满腔无处诉的心事。妹仔和母亲非常亲热，她们竟好像母女，共患难，直到母亲病得将死的时候，她还是不肯离开她，把孝女自居，寝食俱废地照顾着母亲。

母亲喜欢看小说，那些旧小说，她常常把所看的内容讲给妹仔听。她讲得娓娓动听，妹仔听着忽而笑容满面，忽而愁眉双锁。章回的长篇小说一下讲不完，妹仔就很不耐地等着母亲再看下去，看后再讲给她听。往往讲到孤女患难，或义妇含冤的凄惨的情形，她两人便都热泪盈眶，泪珠尽往颊上涌流着。那时的我立在旁边瞧着，莫名其妙，心里不明白她们为什么那样无缘无故地挥泪痛哭一顿，和在上面看到穷的景象一样地不明白其所以然。现在想来，才感觉到母亲的情感的丰富，并觉得她的讲故事能那样地感动着妹仔。如果母亲生在现在，有机会把自己造成一个教员，必可成为一个循循善诱的良师。

我六岁的时候，由父亲自己为我"发蒙"，读的是《三字经》，第一天上的课是"人之初，性本善；性相近，习相远"。一点儿莫名其妙！一个人坐在一个小客厅的炕床上"朗诵"了半天，苦不堪言！母亲觉得非请一位"西席"老夫子，总教不好，所以家里虽一贫如洗，情愿节衣缩食，把省下的钱请一位老夫子。说来可笑，第一个请来的这位老夫子，每月束脩只须四块大洋（当然供膳宿），虽则这四块大洋，在母亲已是一件很费筹措的事情。我到十岁的时候，读的是"孟子见梁惠王"，教师的每月束修已加到十二元，算增加了三倍。到年底的时候，父亲要"清算"我平日的功课，在夜里亲自听我背书，很严厉，桌上放着一根两指阔的竹板。我的背向着他立着背书，背不出的时候，他提一个字，就叫我回转身来把手掌展放在桌上，他拿起这根竹板很重地打下来。我吃了这一下苦头，痛是血肉的身体所无法避免的感觉，当然失声地哭了，但是还要忍住哭，回过身去再背。不幸又有一处中断，背不下去，经他再提一字，再打一下。呜呜咽咽地背着那位前世冤家的"见梁惠王"的"孟子"！

我自己呜咽着背，同时听得见坐在旁边缝纫着的母亲也唏唏嘘嘘地泪如泉涌地哭着。

我心里知道她见我被打，她也觉得好像刺心的痛苦，和我表着十二分的同情，但她却时时从呜咽着的断断续续的声音里勉强说着"打得好"！她的饮泣吞声，为的是爱她的儿子；勉强硬着头皮说声"打得好"，为的是希望她的儿子上进。由现在看来，这样的教育方法真是野蛮之至！但于我不敢怪我的母亲，因为那个时候就只有这样野蛮的教育法；如今想起母亲见我被打，陪着我一同哭，那样的母爱，仍然使我感念着我的慈爱的母亲。背完了半本"梁惠王"，右手掌打得发肿有半寸高，偷向灯光中一照，通亮，好像满肚子装着已成熟的丝的蚕身一样。母亲含着泪抱我上床，轻轻把被窝盖上，向我额上吻了几吻。

当我八岁的时候，二弟六岁，还有一个妹妹三岁。三个人的衣服鞋袜，没有一件不是母亲自己做的。她还时常收到一些外面的女红来做，所以很忙。我在七八岁时，看见母亲那样辛苦，心里已知道感觉不安。记得有一个夏天的深夜，我忽然从睡梦中醒了起来，因为我的床背就紧接着母亲的床背，所以从帐里望得见母亲独自一人在灯下做鞋底，我心里又想起母亲的劳苦，辗转反侧睡不着，很想起来陪陪母亲。但是小孩子深夜不好好地睡，是要受到大人的责备的，就说是要起来陪陪母亲，一定也要被申斥几句，万不会被准许的（这至少是当时我的心理），于是想出一个借口来试试看，便叫声母亲，说太热睡不着，要起来坐一会儿。出乎我意料之外的，母亲居然许我起来坐在她的身边。我眼巴巴地望着她额上的汗珠往下流，手上一针不停地做着布鞋——做给我穿的。这时万籁俱寂，只听到滴嗒的钟声，和可以微闻得到的母亲的呼吸。我心里暗自想念着，为着我要穿鞋，累母亲深夜工作不休，心上感到说不出的歉疚，又感到坐着陪陪母亲，似乎可以减轻些心里的不安成分。当时一肚子里充满着这些心事，却不敢对母亲说出一句。才坐了一会儿，又被母亲赶上床去睡觉，她说小孩子不好好地睡，起来干什么！现在我的母亲不在了，她始终不知道她这个小儿子心里有过这样的一段不敢说出的心理状态。

母亲死的时候才廿九岁，留下了三男三女。在临终的那一夜，她神志非常清楚，忍泪叫着一个一个子女嘱咐一番。她临去最舍不得的就是她这一群的子女。

我的母亲只是一个平凡的母亲，但是我觉得她的可爱的性格，她的努力的精神，她的能干的才具，都埋没在封建社会的一个家族里，都葬送在没有什么意义的事务上，否则她一定可以成为社会上一个更有贡献的分子。我也觉得，像我的母亲这样被埋没葬送掉的女子不知有多少！

写于 1936 年 1 月 10 日

（转引自胡适等著《母亲》，丁帆编，译林出版社 2020 年版，第 83—87 页）

母亲勤劳俭朴、善良真诚、宽厚隐忍、坚忍刚强，老舍先生采用口语与书面语相结合的形式，通过记叙母亲一生的身世、经历、性格及遭遇来刻画母亲形象，细节细腻，凝练含蓄。母亲劳苦一生，孩子来不及报答，母亲便已永远离去，这是最大的苦痛，"还说什么呢？心痛！心痛！"。

我的母亲

老舍

　　母亲的娘家是在北平德胜门外，土城儿外边，通大钟寺的大路上的一个小村里。村里一共有四五家人家，都姓马。大家都种点不十分肥美的土地，但是与我同辈的兄弟们，也有当兵的，作木匠的，作泥水匠的，和当巡察的。他们虽然是农家，却养不起牛马，人手不够的时候，妇女便也须下地作活。

　　对于姥姥家，我只知道上述的一点。外公外婆是什么样子，我就不知道了，因为他们早已去世。至于更远的族系与家史，就更不晓得了；穷人只能顾眼前的衣食，没有功夫谈论什么过去的光荣；"家谱"这字眼，我在幼年就根本没有听说过。

　　母亲生在农家，所以勤俭诚实，身体也好。这一点事实却极重要，因为假若我没有这样的一位母亲，我之为我恐怕也就要大大的打个折扣了。

　　母亲出嫁大概是很早，因为我的大姐现在已是六十多岁的老太婆，而我的大甥女还长我一岁啊。我有三个哥哥，四个姐姐，但能长大成人的，只有大姐，二姐，三姐，三哥与我。我是"老"儿子。生我的时候，母亲已四十一岁，大姐二姐已都出了阁。

　　由大姐与二姐所嫁入的家庭来推断，在我生下之前，我的家里，大概还马马虎虎的过得去。那时候定婚讲究门当户对，而大姐丈是作小官的，二姐丈也开过一间酒馆，他们都是相当体面的人。

　　可是，我，我给家庭带来了不幸：我生下来，母亲晕过去半夜，才睁眼看见她的老儿子——感谢大姐，把我揣在怀里，致未冻死。

　　一岁半，我把父亲"克"死了。兄不到十岁，三姐十二三岁，我才一岁半，全仗母亲独力抚养了。父亲的寡姐跟我们一块儿住，她吸鸦片，她喜摸纸牌，她的脾气极坏。为我们的衣食，母亲要给人家洗衣服，缝补或裁缝衣裳。在我的记忆中，她的手终年是鲜红微肿的。白天，她洗衣服，洗一两大绿瓦盆。她做事永远丝毫也不敷衍，就是屠户们送来的黑如铁的布袜，她也给洗得雪白。晚间，她与三姐抱着一盏油灯，还要缝补衣服，一直到半夜。她终年没有休息，可是在忙碌中她还把院子屋中收拾得清清爽爽。桌椅都是旧的，柜门的铜活久已残缺不全，可是她的手老使破桌面上没有尘土，残破的铜活发着光。院中，父亲遗留下的几盆石榴与夹竹桃，永远会得到应有的浇灌与爱护，年年夏天开许多花。

　　哥哥似乎没有同我玩耍过。有时候，他去读书；有时候，他去学徒；有时候，他也去卖花生或樱桃之类的小东西。母亲含着泪把他送走，不到两天，又含着泪接他回来。我不明白这都是什么事，而只觉得与他很生疏。与母亲相依如命的是我与三姐。因此，她们作事，我老在后面跟着。她们浇花，我也张罗着取水；她们扫地，我就撮土……从这里，我学得了爱花，爱清洁，守秩序。这些习惯至今还被我保存着。

　　有客人来，无论手中怎么窘，母亲也要设法弄一点东西去款待。舅父与表哥们往往是自己掏钱买酒肉食，这使她脸上羞得飞红，可是，殷勤的给他们温酒作面，又给她一些喜悦。遇上亲友家中有喜丧事，母亲必把大褂洗得干干净净，亲自去贺吊——份礼也许只是两吊小钱。到如今，我的好客的习性，还未全改，尽管生活是这么清苦，因为自幼儿看惯了的事情是不易改掉的。

　　姑母时常闹脾气。她单在鸡蛋里找骨头。她是我家中的阎王。直到我入了中学，她才死去，我可是没有看见母亲反抗过。"没受过婆婆的气，还不受大姑子的吗？命当如此！"母亲在非解释一下不足以平服别人的时候，才这样说。是的，命当如此。母亲活到老，穷到老，辛苦到老，全是命当如此。她最会吃亏。给亲友邻居帮忙，她总跑在前面：她会给婴儿洗三——穷朋友们可以因此少花一笔"请姥姥"钱——她会刮痧，她会给孩子们剃头，她会给少妇们绞脸……凡是她能作的，都有求必应。但是，吵嘴打架，永远没有她。她宁吃亏，不逗气。当姑母死去的时候，母亲似乎把一世的委屈都哭了出来，一直哭到坟地。不知道哪里来的一位侄子，声称有承继权，母亲便一声不响，教他搬走那些破桌烂板凳，而且把姑母养的一只肥肉鸡也送给他。

　　可是，母亲并不软弱。父亲死在庚子闹"拳"的那一年。联军入城，挨家搜索财物鸡鸭，我们被搜两次。母亲拉着哥哥与三姐坐在墙根，等着"鬼子"进门，街门是开着的。"鬼子"进门，一刺刀先把老黄狗刺死，而后入室搜索，他们走后，母亲把破衣箱搬起，才发现了我。假若箱子不空，我早就被压死了。皇上跑了，丈夫死了，鬼子来了，满城是血光火焰，可是母亲不怕，她要在刺刀下，饥荒中，保护着儿女。北平有多少变乱啊，有时候兵变了，街市整条的烧起，火团落在我们院中。有时候内战了，城门紧闭，铺店关门，昼夜响着枪炮。这惊恐，这紧张，再加上一家饮食的筹划，儿女安全的顾虑，岂是一个软弱的老寡妇所能受得起的？可是，在这种时候，母亲的心横起来，她不慌不哭，要从无办法中想出办法来。她的泪会往心中落！这点软而硬的性格，也传给了我。我对一切人与事，都取和平的态度，把吃亏当作当然的。但是，在作人上，我有一定的宗旨与基本的法则，什么事都可将就，而不能超过自己画好的界限。我怕见生人，怕办杂事，怕出头露面；但是到了非我去不可的时候，我便不敢不去，正像我的母亲。从私塾到小学，到中学，我经历过起码有二十位教师吧，其中有给我很大影响的，也有毫无影响的，但是我的真正的教师，把性格传给我的，是我的母亲。母亲并不识字，她给我的是生命的教育。

当我在小学毕了业的时候，亲友一致的愿意我去学手艺，好帮助母亲。我晓得我应当去找饭吃，以减轻母亲的勤劳困苦。可是，我也愿意升学。我偷偷地考入了师范学校——制服，饭食，书籍，宿处，都由学校供给。只有这样，我才敢对母亲说升学的话。入学，要交十元的保证金，这是一笔巨款！母亲作了半个月的难，把这巨款筹到，而后含泪把我送出门去。她不辞劳苦，只要儿子有出息。当我由师范毕业，而被派为小学校校长，母亲与我都一夜不曾合眼。我只说了句："以后，您可以歇一歇了！"她的回答只有一串串的眼泪。我入学之后，三姐结了婚。母亲对儿女都是一样疼爱的，但是假若她也有点偏爱的话，她应当偏爱三姐，因为自父亲死后，家中一切的事情都是母亲和三姐共同撑持的。三姐是母亲的右手，但是母亲知道这右手必须割去，她不能为自己的便利而耽误了女儿的青春。当花轿来到我们的破门外的时候，母亲的手就和冰一样的凉，脸上没有血色——那是阴历四月，天气很暖。大家都怕她晕过去。可是，她挣扎着，咬着嘴唇，手扶着门框，看花轿徐徐的走去。不久，姑母死了。三姐已出嫁，哥哥不在家，我又住学校。家中只剩母亲自己。她还须自晓至晚的操作，可是终日没人和她说一句话。新年到了，正赶上政府倡用阳历，不许过旧年。除夕，我请了两小时的假。由拥挤不堪的街市回到清炉冷灶的家中。母亲笑了。及至听说我还须回校，她愣住了。半天，她才叹出一口气来。到我该走的时候，她递给我一些花生："去吧，小子！"街上是那么热闹，我却什么也没看见，泪遮迷了我的眼。今天，泪又遮住了我的眼，又想起当日孤独的过那凄惨的除夕的慈母。可是，慈母不会再候盼着我了，她已入了土！

儿女的生命是不依顺着父母所投下的轨道一直前进的，所以老人总免不了伤心。我廿三岁，母亲要我结婚，我不要。我请来三姐给我说情，老母含泪点了头。我爱母亲，但是我给了她最大的打击。时代使我成为逆子。廿七岁，我上了英国。为了自己，我给六十多岁的老母以第二次打击。在她七十大寿的那一天，我还远在异域。那天，据姐姐们后来告诉我，老太太只喝了两口酒，很早的便睡下。她想念她的幼子，而不便说出来。

七七抗战后，我由济南逃出来。北平又像庚子那年似的被鬼子占据了，可是母亲日夜惦念的幼子却跑到西南来。母亲怎样想念我，我可以想象的到，可是我不能回去。每逢接到家信，我总不敢马上拆看，我怕，怕，怕，怕有那不详的消息。人，即使活到八九十岁，有母亲便可以多少还有点孩子气。失了慈母便像花插在瓶子里，虽然还有色有香，却失去了根。有母亲的人，心里是安定的。我怕，怕，怕家信中带来不好的消息，告诉我已是失去了根的花草。

去年一年，我在家信中找不到关于老母的起居情况。我疑虑，害怕。我想象的到，没有不幸，家中念我流亡孤苦，或不忍相告。母亲的生日是在九月，我在八月半写去祝寿的信，算计着会在寿日之前到达。信中嘱咐千万把寿日的详情写来，使我不再疑虑。十二月二十六日，由文化劳军的大会上回来，我接到家信。我不敢拆读。就寝前，我拆开信，母亲已去世一年了！

生命是母亲给我的。我之能长大成人，是母亲的血汗灌养的。我之能成为一个不十分坏的人，是母亲感化的。我的性格，习惯，是母亲传给的。她一世未曾享过一天福，临死还吃的是粗粮！唉！还说什么呢？心痛！心痛！

（选自老舍《老舍作品精选 》，长江文艺出版社 2019 年版，第 279—283 页）

粗鄙的外貌，深邃的灵魂

费奥多尔·米哈伊洛维奇·陀思妥耶夫斯基（1821—1881），俄国作家。茨威格（1881—1942），奥地利小说家、诗人、剧作家和传记作家，他极其擅长铺陈，步步蓄力，甚至来调侃这位大家的外貌，但是在这些"粗鄙"的外貌之下，往往隐藏着深邃的伟大灵魂，因为"精神和信仰已经把他从沉闷低级的肉体生活里解救出来"，这种巨大的反差，带给人强烈的震撼。

三大师·陀思妥耶夫斯基·面容

茨威格

他的面容乍一看似乎是一张农民的脸。深深凹陷的面颊呈泥土色，简直有些肮脏。多年的苦难，弄得他的面颊全是皱褶，皮肤干裂，像被野火烧过的旷野，久旱渴望甘霖；那二十年顽疾犹如吸血鬼吸干了他脸上的鲜血和色泽。左右两根斯拉夫人的颧骨犹如两块巨大的石块突显出来，蓬乱的胡须宛如枝叶交错的灌木丛遮住了他线条生硬的嘴巴和风化岩石般的下巴。泥土、岩石、森林，一片惨兮兮的原始的风景，这便是陀思妥耶夫斯基面庞的下半部。在这张农民的，几乎可以说是乞丐的脸上，一切都阴暗、世俗，毫无美丽之处；平平坦坦，毫无色彩，毫无光泽，渐渐隐入黑暗，在山石上迸裂开来的一片俄罗斯的草原。即便是两只深深下陷的眼睛，也很难穿过山石的缝隙，照亮这块朽坏的泥土，因为眼里笔直的火焰射到外面，并不明亮，并不令人目迷神眩，这双眼睛仿佛把火一样尖锐的目光一直向内烧到血液之中，消耗殆尽。等到这双眼睛闭上，死神立即扑到这张脸上；平素支撑着那些朽坏轮廓的神经质的高压，便沉没在阒无生气的昏睡之中。

　　这张脸也和他的作品一样，首先唤醒了杂乱无章的感情引发的恐惧，紧接着迟疑不决地出现畏缩，然后激情迸发，呈现出逐渐高涨的着魔和赞赏。因为只有尘世的坠落，他面颊的肉体上的坠落，才昏沉沉地处于这阴郁崇高的自然的悲哀之中。但是在这狭窄的农民似的脸庞之上，他那高爽挺拔的额头高高隆起，活像一座拱顶罩在上面，白光四射，精神大教堂从阴影和黑暗之中升起，千锤百炼，闪闪发光，坚硬的大理石叠在他皮肉柔软的泥土，和他头发杂乱的丛莽之上。这脸上所有的光线都向上涌动，观看他的肖像，总感觉到这宽阔爽朗，气宇轩昂，有王者气度的额头，只要这张日渐衰老的脸在疾病之中越来越显得愁苦，越来越死气沉沉，这个额头便似乎越来越光芒四射，似乎在向外扩展。这个额头犹如天宇不可动摇地高悬在他憔悴病弱残疾的身体上面，犹如圣灵光圈笼罩在尘世间的悲哀之上。这个胜利的精神

陀思妥耶夫斯基　康·特鲁托夫斯基绘 1847 年

所有的神圣的外壳在任何画像上散发出来的光芒，也不如在那尸床上的光辉更加灿烂辉煌，眼皮已经松软无力地盖在黯淡无光的眼睛之上，失去色泽的双手灰白，可是依然坚强，贪婪地紧紧握住一字架（一个农妇从前送给那囚徒的一只寒碜的十字架）。像清晨的太阳照射着隔夜的大地，那额头照耀着灵魂已经脱壳的脸颊，以它的光辉宣示同样的信息，就像他所有的著作一样：精神和信仰已经把他从沉闷低级的肉体生活里解救出来。在最低下的地方也永远是陀思妥耶夫斯基最后的宏伟之处，他的脸庞从来也没有比他死后说话更有力量。

（节选自茨威格《三大师》）

磨难造就成功

玛丽·居里（Marie Curie, 1867—1934），出生于华沙，世称"居里夫人"，法国著名波兰裔科学家、物理学家、化学家。居里夫人生长在波兰遭到沙俄占领的时期，受到政治上和经济上的残酷压迫。1895年，居里夫人和比埃尔·居里结婚。她和比埃尔·居里在很困难的条件下细心分析，在1898年先后发现了两种新元素：钋和镭。

在她的指导下，人们第一次将放射性同位素用于治疗癌症。由于长期接触放射性物质，居里夫人于1934年7月4日因再生障碍性恶性贫血逝世。

居里夫人不仅在工作上对人类做出巨大贡献，她的严于律己、客观、坚强、公正的判断等道德品质也受到爱因斯坦、钱三强等著名科学家的高度评价。让我们从中国原子能科学事业的创始人、两弹一星功勋奖章获得者钱三强的角度，了解居里夫人对科学事业、对世界进步的巨大贡献。

居里夫人传·中译本序

钱三强

当人们谈起近代科学的历史时，不能不联想到原子能时代的开创者之一——居里夫人。作为一位杰出的科学家，她一生中所做出的贡献卓越非凡，是世界上第一个两次诺贝尔奖获得者；作为一位伟大的女性，她赢得了世界人民的同情、支持和敬仰。

　　然而，居里夫人的一生，有成功也有磨难。

　　她出生于一个被沙俄占领的波兰教师家庭。民族的压迫，社会的冷遇，生活的贫困，激发了她的爱国热情和发奋精神，她决心努力学习，用知识武装自己。1891年，她靠自己当家庭教师积攒下的钱，从华沙到法国巴黎大学求学。经过刻苦努力，三年中她先后获得了物理学和数学学士学位 (Licence)，并取得进研究室工作的机会。1894 年，她结识了居里先生。为科学献身的理想，把他们永远联系在一起。

　　他们生活清贫，工作、学习却十分紧张。1896 年，在居里夫人分娩大女儿伊雷娜期间，法国亨利·柏克勒尔发现了铀的放射性。她怀着极大兴趣阅读了柏克勒尔的报告，开始系统地探索除铀以外，是否还有别的化学元素具有类似的放射性。于是，她对当时已知的 80 种元素一一进行测试，先是发现已知元素钍和铀一样能放出射线，进而发现了两个比铀的放射性更强的新元素。居里夫人时刻不忘自己的祖国，她决定用波兰 (Poland) 命名第一个新发现的元素为"钋" (polonium)，另一个新元素为"镭"。科学的攀登还有更艰巨的路程。他们要开始进一步的研究工作，但没有适用的实验室和缺乏其他物质条件，仅仅在巴黎市立理化学校内找到一间上漏下潮的破旧棚子，略加修整后就成了他们的"实验室"。在这里，他们不但进行了大量、周密的科学研究，还要从事繁重的化学工艺的操作，从几十吨铀沥青矿废渣中进行无数次的溶解、蒸发、分离和提纯。经过整整四年的辛勤劳动，终于第一次提炼出了十分之一克多一点的纯氯化镭，并测定了镭的原子量。后来还第一次获得了金属镭。1903 年，巴黎大学授予居里夫人国家理学博士学位，又和居里先生、柏克勒尔一起获得了这一年的诺贝尔物理学奖。

　　磨难接踵而至。1906 年，居里先生因车祸不幸逝世。居里夫人尽管内心悲痛，却仍然以坚强的意志生活着，工作着，她继任了居里先生在巴黎大学的讲座，指导实验室工作，潜心研究着各种放射性元素；同时，她还完全担负起供养老居里先生和教育两个女儿的责任。

　　居里夫人成了世界公认的卓越科学家以后，还不断受到科学界顽固保守势力的冷遇和压抑。1911 年，她接受朋友们的劝说，参加了法国科学院院士的竞选，结果却以一票之差落选。反对者所持理由之一是，女人不能成为科学院院士。然而公正的人们敬仰她，就在同年 12 月，她第二次获得了诺贝尔奖（化学奖）；不久，法国医学科学院选她为院士。

科学不是为了个人荣誉，不是为了私利，而是为人类谋幸福。这是居里夫人和居里先生一贯遵循的原则。在他们发现镭后，为了使镭尽快地服务于人民，他们立即公开了提取镭的方法，拒绝申请专利权，尽管那时他们的生活还很艰难。在第一次世界大战期间，为了救护伤员，居里夫人把 X 射线设备装到汽车上，奔走在战场各处巡回医疗，挽救了大批受弹伤士兵的生命。她热爱人民，而对自己却想得极少。在她刚开始从事放射性研究时，由于不了解射线对人体的破坏作用，没有采取必要的防护措施；后来又长期在条件很差的环境里工作，致使有害物质严重危害了她的身体，得了恶性贫血病。就是在她生命垂危的时刻，她也没有因为一生的磨难和不幸遭遇，有过丝毫抱怨和遗憾。

使她兴奋的是，巴黎大学为她盖起了镭学研究所，东边是居里实验室，西边是研究射线对生物的作用的巴斯德实验室。在居里实验室这个名副其实的国际科学机构里，她每天指导各种有关物理与化学的研究工作。在她的指导下，居里实验室完成了有关放射性研究的论文达 500 篇以上，其中有许多是开创性的研究成果；最为突出，同时也是她最高兴的是，1934 年她的长女伊雷娜和女婿约里奥发现了人工放射现象，并于 1935 年获得了诺贝尔化学奖。她的实验室培养了一批优秀的法国和外国的科学家，后来法国的学生们大多数成为法国原子能事业的骨干，现任法国原子能总署的高级专员泰亚克，就是其中的一个。

在了解了居里夫人的光辉一生以后，我们从中得到的教益和启迪是深刻而广泛的。第一，受压迫，处困境的人们，只要意志坚强，不畏艰难，勤奋学习，勇于攀登，胜利与成功之路是可以走通的。第二，要接受和支持新生事物，要用创新精神去从事科学研究和其他一切工作，并且要有百折不挠的毅力和勇气去完成它。第三，在科学的道路上，有时特别是妇女工作者，可能会遇到不应有的压抑和歧视，但只要有信心，有脚踏实地的忘我工作精神，保守的枷锁和禁锢，是可以打破的。第四，在科学研究和其他工作中，一定的物质条件是必要的，但是更重要的是要自己动手，自力更生地去创造条件，永远保持艰苦奋斗的精神。

我到法国去做研究工作时（1937年），居里夫人已经去世。但我在居里实验室工作了十年，我的老师正是居里夫人的长女约里奥－居里夫人。她的简朴的生活，对虚荣的蔑视态度和对青年的热情关心与指导，以及研究室里的浓厚的学术和民主讨论的气氛等，都继承着居里夫人的优良传统，使我荣幸地，又是间接地受到了居里夫人的学术和品德的教育。

1978年，我有机会重返阔别三十年的巴黎，我怀着崇敬和激动的心情，参观了居里夫人和我的老师以及我本人工作过的实验室。那里的一切，几乎没有什么改变，只是当时的实验室现在成为纪念馆；在实验室的小花园里，伫立着两尊铜塑头像，一尊是居里夫人，一尊是居里先生；过去的"比埃尔·居里街"，现在改成"比埃尔和玛丽·居里街"；邻近的"先贤祠"，埋葬着居里夫人的老朋友、进步的科学家佩韩和郎之万；居里夫妇和约里奥－居里夫妇，都静静地长眠于"梭镇"坟地。他们的生命停止了，然而，他们为人类创建的丰功伟绩，是永远不会磨灭的！

艾芙·居里为她的母亲撰了这本言情并茂的传记，使后人得以了解这位伟大科学家自强不息的一生，我们应该深深感谢她的劳作。

一九八三年四月

（选自艾芙·居里《居里夫人传》，左明彻译，

商务印书馆1984年版，中译本序）

生命的旅程

格奥尔格·勃兰兑斯（1842—1927），丹麦著名的文学评论家和文学史家。

在文中，作者描写了人类攀登高塔的共同情景，以及几种人在各自不同的领域中奋斗、劳作的情景。根据这一思路，我们不妨把作者理解的"人生"理解为"奋斗"和"劳作"。按说还可以描写更多的人的生活劳动的场面和情景，但作者只是举例性地做了简单的概述，突出这几种人的一些特点和优秀品质。这属于以小见大的写法，也就是通过个别展现一般。

人生

格奥尔格·勃兰兑斯　罗洛 译

这里有一座高塔，是所有的人都必须去攀登的。它至多不过有一百来级。这座高塔是中空的。如果一个人一旦达到它的顶端，就会掉下来摔得粉身碎骨。但是任何人都很难从那样的高度摔下来。这是每一个人的命运：如果他达到注定的某一级，预先他并不知道是哪一级，阶梯就从他的脚下消失，好像它是陷阱的盖板，而他也就消失了。只是他并不知道那是第二十级或是第六十三级，或是另外的哪一级；他所确实知道的是，阶梯中的某一级一定会从他的脚下消失。

最初的攀登是容易的，不过很慢。攀登本身没有任何困难，而在每一级上，从塔上的瞭望孔望见的景致都足够赏心悦目。每一件事物都是新的。无论近处或远处的事物都会使你目光依恋流连，而且瞻望前景还有那么多的事物。越往上走，攀登越困难了，而且目光已不大能区别事物，它们看起来似乎都是相同的。每一级上似乎也难以再有任何值得留恋的东西。这时也许应该走得更快一些，或者一次连续登上几级，然而这是不可能做到的。

通常是一个人一年登上一级，他的旅伴祝愿他快乐，因为他还没有摔下去。当他走完十级登上一个新的平台后，对他的祝贺也就更热烈些。每一次人们都希望他能长久地攀登下去，这希望也就显露出更多的矛盾。这个攀登的人一般是深受感动，但忘记了留在他身后的很少有值得自满的东西，并且忘记了什么样的灾难正隐藏在前面。

这样，大多数被称作正常人的一生就如此过去了，从精神上来说，他们是停留在同一个地方。

然而这里还有一个地洞，那些走进去的人都渴望自己挖掘坑道，以便深入到地下。而且，还有一些人渴望去探索许多世纪以来前人所挖掘的坑道。年复一年，这些人越来越深入地下，走到那些埋藏矿物的地方。他们熟悉那地下的世界，在迷宫般的坑道中探索道路，指导或是了解或是参与地下深处的工作，并乐此不疲，甚至忘记了岁月是怎样逝去的。

这就是他们的一生，他们从事向思想深处发掘的劳动和探索，忘记了现时的各种事件。他们为他们所选择的安静的职业而忙碌，经受着岁月带来的损失和忧伤，以及岁月悄悄带走的欢愉。当死神临近时，他们会像阿基米德在临死前那样提出请求："不要弄乱我画的圆圈。"

在人们眼前，还有一个无穷无尽地延伸开去的广阔领域，就像撒旦在高山上向救世主所显示的那些王国。对于那些在一生中永远感到饥渴的人，渴望着征服的人，人生就是这样：专注于攫取更多的领地，得到更宽阔的视野，更充分的经验，更多地控制人和事物。军事远征诱惑着他们，而权力就是他们的乐趣。他们永恒的愿望就是使他们能更多地占据男人的头脑和女人的心。他们是不知足的，不可测的，强有力的。他们利用岁月，因而岁月并不使他们厌倦。他们保持着青年的全部特征：爱冒险，爱生活，爱争斗，精力充沛，头脑活跃，无论他们多么年老，到死也是年轻的。

好像鲑鱼迎着激流，他们天赋的本性就是迎向岁月的激流。然而还有这样一种工场——劳动者在这个工场中是如此自在，终其一生，他们就在那里工作，每天都能得到增益。在不知不觉中他们变老了。的确，对于他们，只需要不多的知识和经验就够了。然而还是有许多他们做得最好的事情，是他们了解最深、见得最多的。在这个工场里生活变了形，变得美好，过得舒适。因而那开始工作的人知道他们是否能成为熟练的大师只能依靠自己。一个大师知道，经过若干年之后，在钻研和精通技艺上停滞不前是最愚蠢的。他们告诉自己：一种经验（无论那可能是多么痛苦的经验），一个微不足道的观察，一次彻底的调查，欢乐和忧伤，失败和胜利，以及梦想、臆测、幻想，无不以这种或那种方式给他们的工作带来益处。因而随着年事渐长，他们的工作也更重要更丰富。他们依靠天赋的才能，用冷静的头脑信任自己的才能，相信它会使他们走上正路，因为天赋的才能是属于他们自己的。他们相信在工场中，他们能够做出有益的事情。在岁月的流逝中，他们不希望获得幸福，因为幸福可能不会到来。他们不害怕邪恶，而邪恶可能就潜伏在他们自身之内。他们也不害怕失去力量。

如果他们的工场不大，但对他们来说已够大了。它的空间已足以使他们在其中创造形象和表达思想。他们是够忙碌的，因而没有时间去察看放在角落里的计时沙漏计，沙子总是在那儿向下漏着。当一些亲切的思想给他以馈赠，他是知道的，那像是一只可爱的手在转动沙漏计，从而延缓了它的停止。

（选自欣敏选编《散文名作精品》，

四川人民出版社 1995 年版，第 533—535 页）

阆苑琼楼

为配合元妃省亲，贾家大兴土木建设大观园。文中描绘的事物尽显其富丽堂皇。正殿部分"崇阁巍峨，层楼高起""金辉兽面，彩焕螭头"，贾政见了也不免说"太富丽了些"。大观园的建设充满皇家园林的富贵之气，但是贾家原籍金陵，构园时也受到了江南文人园林的影响。可以仔细观察，在园林展现的审美情趣上，苏州园林和大观园是否有异同。

大观园试才题对额 荣国府归省庆元宵（节选）

曹雪芹

贾政刚至园门前，只见贾珍带领许多执事人来，一旁侍立。贾政道："你且把园门都关上，我们先瞧了外面再进去。"贾珍听说，命人将门关了。贾政先秉正看门。只见正门五间，上面桶瓦泥鳅脊；那门栏窗槅，皆是细雕新鲜花样，并无朱粉涂饰；一色水磨群墙，下面白石台矶，凿成西番草花样。左右一望，皆雪白粉墙，下面虎皮石，随势砌去，果然不落富丽俗套，自是欢喜。遂命开门，只见迎面一带翠嶂挡在前面。众清客都道："好山，好山！"贾政道："非此一山，一进来园中所有之景悉入目中，则有何趣。"众人道："极是。非胸中大有邱壑，焉想及此。"说毕，往前一望，见白石崚嶒，或如鬼怪，或如猛兽，纵横拱立，上面苔藓成斑，藤萝掩映，其中微露羊肠小径。贾政道："我们就从此小径游去，回来由那一边出去，方可遍览。"

说毕，命贾珍在前引导，自己扶了宝玉，逶迤进入山口。抬头忽见山上有镜面白石一块，正是迎面留题处。贾政回头笑道："诸公请看，此处题以何名方妙？"

众人听说，也有说该题"叠翠"二字，也有说该提"锦嶂"的，又有说"赛香炉"的，又有说"小终南"的，种种名色，不止几十个。原来众客心中早知贾政要试宝玉的功业进益如何，只将些俗套来敷衍。宝玉亦料定此意。贾政听了，便回头命宝玉拟来。宝玉道："尝闻古人有云：'编新不如述旧，刻古终胜雕今。'况此处并非主山正景，原无可题之处，不过是探景一进步耳。莫若直书'曲径通幽处'这句旧诗在上，倒还大方气派。"众人听了，都赞道："是极！二世兄天分高，才情远，不似我们读腐了书的。"贾政笑道："不可谬奖。他年小，不过以一知充十用，取笑罢了。再俟选拟。"

说着，进入石洞来。只见佳木茏葱，奇花烔①灼，一带清流，从花木深处曲折泻于石隙之下。再进数步，渐向北边，平坦宽豁，两边飞楼插空，雕甍绣槛，皆隐于山坳树杪②之间。俯而视之，则清溪泻雪，石磴穿云，白石为栏，环抱池沿，石桥三港，兽面衔吐。桥上有亭。贾政与诸人上了亭子，倚栏坐了，因问："诸公以何题此？"诸人都道："当日欧阳公《醉翁亭记》有云'有亭翼然'，就名'翼然'。"贾政笑道："'翼然'虽佳，但此亭压水而成，还须偏于水题方称。依我拙裁，欧阳公之'泻出于两峰之间'，竟用他这一个'泻'字。"有一客道："是极，是极。竟是'泻玉'二字妙。"贾政拈髯寻思，因抬头见宝玉侍侧，便笑命他也拟一个来。宝玉听说，连忙回道："老爷方才所议已是。但是如今追究了去，似乎当日欧阳公题酿泉用一'泻'字则妥，今日此泉若亦用'泻'字，则觉不妥。况此处虽云省亲驻跸③别墅，亦当入于应制之例，用此等字眼，亦觉粗陋不雅。求再拟较此蕴藉含蓄者。"贾政笑道："诸公听此论若何？方才众人编新，你又说不如述古；如今我们述古，你又说粗陋不妥。你且说你的来我听。"宝玉道："有用'泻玉'二字，则莫若'沁芳'二字，岂不新雅？"贾政拈髯点头不语。众人都忙迎合，赞宝玉才情不凡。贾政道："匾上二字容易。再作一副七言对联来。"宝玉听说，立于亭上，四顾一望，便机上心来，乃念道："绕

---

① 烔（shǎn）：古同"㸌"，意为闪烁。

② 杪（miǎo）：梢儿。

③ 跸（bì）：本意是帝王出行时开路清道，禁止他人通行，引申为帝王出行的车驾。

堤柳借三篙翠，隔岸花分一脉香。"贾政听了，点头微笑。众人先称赞不已。

于是出亭过池，一山一石，一花一木，莫不着意观览。忽抬头看见前面一带粉垣，里面数楹修舍，有千百竿翠竹遮映。众人都道："好个所在！"于是大家进入，只见入门便是曲折游廊，阶下石子漫成甬路。上面小小两三间房舍，一明两暗，里面都是合着地步打就的床几椅案。从里间房内又得一小门，出去则是后院，有大株梨花兼着芭蕉。又有两间小小退步。后院墙下忽开一隙，得泉一派，开沟仅尺许，灌入墙内，绕阶缘屋至前院，盘旋竹下而出。

贾政笑道："这一处还罢了。若能月夜坐此窗下读书，不枉虚生一世。"说毕，看着宝玉，唬的宝玉忙垂了头。众客忙用话开释，又说道："此处的匾该题四个字。"贾政笑问："那四字？"一个道是"淇水遗风"。贾政道："俗。"又一个是"睢园雅迹"。贾政道："也俗。"贾珍笑道："还是宝兄弟拟一个来。"贾政道："他未曾作，先要议论人家的好歹，可见就是个轻薄人。"众客道："议论的极是，其奈他何。"贾政忙道："休如此纵了他。"因命他道："今日任你狂为乱道，先设议论来，然后方许你作。方才众人说的，可有使得的？"宝玉见问，答道："都似不妥。"贾政冷笑道："怎么不妥？"宝玉道："这是第一处行幸之处，必须颂圣方可。若用四字的匾，又有古人现成的，何必再作。"贾政道："难道'淇水''睢园'不是古人的？"宝玉道："这太板腐了。莫若'有凤来仪'四字。"众人都哄然叫妙。贾政点头道："畜生，畜生，可谓'管窥蠡测 ①'矣。"因命："再题一联来。"宝玉便念道："宝鼎茶闲烟尚绿，幽窗棋罢指犹凉。"贾政摇头说道："也未见长。"说毕，引众人出来。

（选自《红楼梦》第十七回）

---

① 管窥蠡测：从竹管里看天，用瓢来量海水。比喻对事物的观察和了解很狭窄、片面。管：竹管。窥：从孔隙里看。蠡：用贝壳做的瓢。测：测量。

建筑的艺术

人民大会堂和人民英雄纪念碑共同以坚挺的身躯矗立在天安门广场上。我们在《人民英雄永垂不朽——瞻仰首都人民英雄纪念碑》中感受到了人民英雄的光辉业绩，我们再通过《雄伟的人民大会堂》去领略中国人民建筑艺术的非凡智慧。

"我们"在建筑师陪同下参观人民大会堂，按照空间方位顺序，先说明外貌，后说明内部。说明外貌时，先说整体，后说局部——东面正门；说明内部时，也是先说整体布局，后说局部——万人大礼堂、宴会厅、办公大楼。说明的过程井然有序。具体说明当中，运用数量、诠释等说明方法，展现出人民大会堂的雄伟建筑和新颖结构。

雄伟的人民大会堂

孙世恺

在天安门右前方，巍然耸立着一座雄伟壮丽的大厦，这就是人民大会堂。全国各族人民的代表在这里共商国策。

庄严的人民大会堂，是首都最宏伟的建筑之一，建筑面积达十七万一千八百平方米，体积有一百五十九万六千九百立方米。一条黄绿相间的琉璃屋檐，把巍峨的大会堂的轮廓从蔚蓝的天空中勾画出来。那壮丽的柱廊，淡雅的色调，以及四周层次繁多的建筑立面，组成了一副庄严绚丽的画图。

我们在建筑师的陪同下，从天安门广场往西走，参观了人民大会堂。老远就看见镶嵌在正门顶上的国徽的闪闪金光。踏上一层楼高的花岗石大台阶，迎面是十二根浅灰色的大理石门柱。门柱有二十五米高，柱身要四个人才能合抱过来。柱距采用我国柱廊的传统样式,明间宽,紧邻的两个次间较窄,再往两旁,各四个次间又较窄。这样高大而有力的柱廊,是建筑师吸收了中外古今门柱造型的优点创造出来的。

迈进金黄色大铜门,穿过宽阔的风门厅和衣帽厅,就到了大会堂建筑的枢纽部分——中央大厅。建筑师站在这里,指着四周向我们介绍了整个建筑的布局:朝西直入万人大礼堂;往北通宴会厅;向南穿过长长的廊道,是全国人民代表大会常务委员会的办公大楼。整个建筑就是由这三部分组成的。

万人大礼堂,里面宽七十六米,深六十米,中部高三十三米,体积达八万六千立方米,像一座大厦。但是由于设计师们处理得巧妙,走进大礼堂的人放眼一看,从屋顶到地面,上下浑然一体,并不感到怎样空旷。屋顶是穹窿形的,天花板上纵横密排着近五百个灯孔。灯光齐明的时候,就像满天星斗。顶部的中心挂着红宝石般的五星灯,灯的周围是七十条瑰丽的光芒线和四十瓣镏金的向日葵花瓣,象征着全国各族人民万众一心,紧密团结在中国共产党的周围。在它的外围,有三环层次分明的水波形暗灯槽,同周围装贴的淡青色塑料板相映,形成"水天一色"的奇观。

大礼堂椭圆形,有两层挑台像两弯新月,围拱着主席台,使大礼堂成为层次分明错落有致的整体。两层挑台连地面共三层座席,有九千六百多个席位。礼堂的主席台像个小会场,能容纳三百多人。礼堂底层席位的桌柜都装有能同时翻译十二种语言的译意风,每四个席位还有一个即席发言的扩音器。第一层挑台的第一排同样装有扩音器,其余席位都有能听到一种语言的扩音小喇叭。屋顶和挑台下的灯光,能够把礼堂的各个角落照得通明。

……

在这座高大的礼堂里,尽管上下三层席位高低差距很大,底层面积达三千多平方米,最远处距离主席台有六十米,但是中间没有一根柱子。为了让我们了解建筑物的结构,设计师画了一张草图,并且告诉我们,大礼堂顶上藏着比北京新扩建的长安街路面还要宽的十二榀钢屋架。其中有六榀,一端压在一个九米高的钢筋混凝土横梁上,所有这些重量又一起压在主席台台口的两根柱子上,每根柱子都能承受三千多吨的重量。这样庞大而复杂的结构，该是一项多么艰巨的工程啊！在这里，建筑师极力推崇建筑工人的伟大智慧和创造性的劳动，是他们在短短九个月的时间内，完成了这种复杂的结构工程，同时安装了声、电、冷热风、电视转播等各种复杂的现代化的设备。

人民大会堂的北翼是宴会厅，面临长安街。从人民大会堂北门进去，穿过大理石柱廊、风门厅、衣帽厅，就进入宴会厅底层大厅。这是宴前休息的场所。往前走，是五组六十二级的汉白玉大台阶，迎面墙壁上镶嵌着以毛主席《沁园春·雪》为主题的巨幅国画。画的一边是一片白茫茫的江山，"山舞银蛇，原驰蜡象"；画的另一边，在云海茫茫中旭日东升，照耀着大地，显得"江山如此多娇"。从这里经过东西两侧的走马廊，就进入宴会厅。

有五千个席位的宴会厅，又是另一番景象。它的面积有七千平方米，比一个足球场还大，设计的精巧也是罕见的。大厅内部的高度只有十五米多，由于运用了方井高、四周低的手法，形成不同层次的对比，就显得明朗宽敞。厅内屋顶和回廊圆柱的艺术装饰最引人注意，它把整个大厅美化了，给人一种雍容典雅的感觉。

建筑师还领我们参观了设置在大厅北面东西两角的厨房。厨房直通大厅两侧的回廊，开宴的时候，服务员可以从廊道进出宴席之间。厨房里的设备都是现代化的，上部厨房与地下室冷藏间和食品加工间等，都有专用电梯和楼梯上下运输。生冷和熟食，未洗和洗净的餐具，各有专线输送。

人民大会堂的南翼是人大常委会办公楼。这是一座口字形的大楼，中间有六千平方米的庭院，里面一片草坪，是理想的集体摄影场地，也是幽静的休息场所。从这庭院穿过一座拱形的洞门，就到了人民大会堂的外面。

我们花了一整天时间看完这座大厦的时候，万道霞光洒在外面苍翠的树丛上，洒在杏黄色的墙壁上，洒在天安门的红墙黄瓦上，放射出一片光辉灿烂的异彩。

（原载于 1959 年 9 月 25 日《人民日报》，有删节）

本能就是天才

　　著名昆虫学家、文学家让·亨利·卡西米尔·法布尔（1823—1915）出生于法国南部普罗旺斯的圣莱昂的一户农家，从小过着极其穷困的生活。他在劳苦大众的怀抱中长大，理解、同情穷苦人民。他以同情劳苦人民的心去同情渺小的昆虫。在这篇《论祖传》自传体文章中，法布尔详细叙述了他童年和少年时期的生活。那时候，他对观察昆虫生活，研究昆虫世界复杂微妙的喜怒哀乐现象，已经有很浓的兴趣和锲而不舍的强烈意愿。在法布尔看来，昆虫求生存的艰苦曲折的斗争以及它们在斗争中表现的一切令人想象不到的敏慧反应，是昆虫本身生理结构形成的条件，是它们的本能与直觉的表现，而不是为了适应客观环境，逐步变形而成的结果。法布尔也借此文来说明，他对昆虫学研究的热情和智慧，完全是出于天性，与祖传影响毫无关系。

论祖传

法布尔

　　人人都有自己的才能和自己的性格。有的时候这种性格看起来好像是从我们的祖先那里遗传下来的，然而要想再追究这些性格是来源于何处，却又是一件非常非常困难的事情。

　　例如，有一天看到一个牧童，他正低声地数着一颗颗小石子，计算这些小石子的总数，把这当作一种消遣，于是他长大后竟然成了十分著名的教授，最后，他也许可以成为数学家。另外又有一个孩子，他的年龄比起别的小孩子们也大不了多少，别的孩子们只注意玩闹的事情，然而他却不和别的小孩子们在一起玩儿，而是整日幻想一种乐器的声音，于是当他独自一人的时候，竟听到一种神秘的合奏曲子了。可见这个小孩是很有音乐天才的。第三个小孩，长得又小又瘦，年龄也很小，也许他吃面包和果酱时，还会不小心涂到脸上，但他竟然有他独自的爱好——喜欢雕塑黏土，制成各种各样的小模型，这些小模型被他雕塑得各具形态。如果这个小孩子运气好的话，他将来总有一天会成为一名著名的雕刻家的。

我知道，在背后议论别人的私事，是十分让人讨厌的一种行为，但是我想也许大家能允许我来讲一番，并借这个机会来介绍我自己和我的研究。

在我很小很小的时候，我已经有一种与自然界的事物接近的感觉。如果你认为我的这种喜欢观察植物和昆虫的性格是从我的祖先那里遗传下来的，那简直是一个天大的笑话，因为，我的祖先们都是没有受过教育的乡下佬，对其他的东西都一无所知。他们唯一知道和关心的，就是他们自己养的牛和羊。在我的祖父辈之中，只有一个人翻过书本儿，甚至就连他对于字母的拼法在我看来也是十分不可信的。至于如果要说到我曾经受过什么专门的训练，那就更谈不上了，从小就没有老师教过我，更没有指导者，而且也常常没有什么书可看。不过，我只是朝着我眼前的一个目标不停地走，这个目标就是有朝一日在昆虫的历史上，多少加上几页我对昆虫的见解。

回忆过去，在很多年以前，那时候我还是一个不懂事的小孩子，那时我才刚刚学会认字母，然而，我对于当时我那种初次学习的勇气和决心，至今都感到非常骄傲。

我记得很清楚的一次经历是我第一次去寻找鸟巢和第一次去采集野菌的情景，当时那种高兴的心情真令我直到今天还难以忘怀。

记得有一天，我去攀登离我家很近的一座山。在这座山顶上，有一片很早就引起我浓厚兴趣的树林，从我家的小窗子里看出去，可以看见这些树木朝天立着，在风中摇摆，在雪里弯腰，我很早就想能有机会跑到这些树林那儿去看一看了。这一次的爬山，爬了好长的时间，而我的腿又很短，所以爬的速度十分缓慢，草坡十分陡峭，就跟屋顶一样。

忽然，在我的脚下，我发现了一只十分可爱的小鸟。我猜想这只小鸟一定是从它藏身的大石头上飞下来的。不到一会儿工夫，我就发现了这只小鸟的巢。这个鸟巢是用干草和羽毛做成的，而且里面还排列着六个蛋。这些蛋具有美丽的纯蓝色，而且十分光亮，这是我第一次找到鸟巢，是小鸟们带给我许多的快乐中的第一次。我简直高兴极了，于是我伏在草地上，十分认真地观察它。

这时候，母鸟十分焦急地在石上飞来飞去，而且还"塔克！塔克！"地叫着，表现出一种十分不安的样子。我当时年龄还太小，甚至还不能懂得它为什么那么痛苦，当时我心里想出了一个计划，我首先带回去一只蓝色的蛋，作为纪念品。然后，过两星期后再来，趁着这些小鸟还不能飞的时候，将它们拿走。我还算幸运，当我把蓝鸟蛋放在青苔上，小心翼翼地走回家时，恰巧遇见了一位牧师。

他说"呵！一个萨克锡柯拉的蛋！你是从哪里捡到这只蛋的？"

我告诉他前前后后捡蛋的经历，并且说："我打算再回去拿走其余的蛋，不过要等到当新生出的小鸟们刚长出羽毛的时候。"

"哎，不许你那样做！"牧师叫了起来，"你不可以那么残忍，去抢那可怜母鸟的孩子。现在你要做一个好孩子，答应我从此以后再也不要碰那个鸟巢。"

从这一番谈话当中，我懂得了两件事。第一件，偷鸟蛋是件残忍的事。第二件，鸟兽同人类一样，它们各自都有各自的名字。

于是我自己问自己道："在树林里的，在草原上的，我的许多朋友，它们是叫什么名字呢？萨克锡柯拉的意思是什么呢？"

几年以后，我才晓得萨克锡柯拉的意思是岩石中的居住者，那种下蓝色蛋的鸟是一种被称为石鸟的鸟儿。

有一条小河沿着我们的村子旁边悄悄地流过，在河的对岸，有一座树林，全是光滑笔直的树木，就像高高耸立的柱子一般，而且地上铺满了青苔。

在这座树林里，我第一次采集到了野菌。这野菌的形状，猛一眼看上去，就好像是母鸡生在青苔上的蛋一样。还有许多别的种类的野菌形状不一，颜色也各不相同。有的形状长得像小铃儿，有的形状长得像灯泡，有的形状像茶杯，还有些是破的，它们会流出像牛奶一样的泪，有些当我踩到它们的时候，变成蓝蓝的颜色了。其中，有一种最稀奇的，长得像梨一样，它们顶上有一个圆孔，大概是一种烟筒吧。我用指头在下面一戳，会有一簇烟从烟筒里面喷出来，我把它们装满了好大一袋子，等到心情好的时候，我就把它们弄得冒烟，直到后来它们缩成一种像火绒一样的东西为止。

在这以后，我又好几次回到这片有趣的树林。我在乌鸦队里，研究真菌学的初步功课，通过这种采集所得到的一切，是呆在房子里不可能获得的。

在这种一边观察自然与一边做试验的方法相结合的情况之下，我的所有功课，除两门课，差不多都学过了。我从别人那里，只学过两种科学性质的功课，而且在我的一生中，也只有这两种：一种是解剖学，一种是化学。

第一种得力于造诣很深的自然科学家摩根·斯东，他教我如何在盛水的盆中看蜗牛的内部结构。这门功课的时间很短，但是能学到很多东西。

我初次学习化学时，运气就比较差了。在一次实验中，玻璃瓶爆炸，使多数同学受了伤，有一个人眼睛险些儿瞎了，老师的衣服也被烧成了碎片，教室的墙上沾污了许多斑点。后来，我重新回到这间教室时，已经不是学生而是教师了，墙上的斑点却还留在那里。这一次，我至少学到了一件事，就是以后我每做一种试验，总是让我的学生们离开远一点。

我有一个最大的愿望，就是想在野外建立一个试验室。当时我还处于在为每天的面包问题而发愁的生活状况下，这真是一件不容易办到的事情！我几乎四十年来都有这种梦想，想拥有一块小小的土地，把土地的四面围起来，让它成为我私人所有的土地；寂寞、荒凉、太阳曝晒、长满荆草，这些都是为黄蜂和蜜蜂所喜好的环境条件。在这里，没有烦扰，我可以与我的朋友们，如猎蜂手，用一种难解的语言相互问答，这当中就包含了不少观察与试验呢。

在这里，也没有长的旅行和远足，以至于白白浪费了时间与精力，这样我就可以时时留心我的昆虫们了！

最后，我实现了我的愿望。在一个小村落的幽静之处，我得到了一小块土地。这是一块哈麻司，这个名字是给我们洽布罗温司的一块不能耕种，而且有许多石子的地方起的。那里除了一些百里香，很少有植物能够生长起来。如果花费功夫耕耘，是可以长出东西的，可是实在又不值得。不过到了春天会有些羊群从那里走过，如果碰巧当时下点雨，也是可以生长一些小草的。

然而，我自己专有的哈麻司，却有一些掺着石子的红土，并且曾经被人粗粗地耕种过了。有人告诉我说，在这块地上生长过葡萄树，于是我心里真有几分懊恼，因为原来的植物已经被人用二脚叉弄掉了，现在已经没有百里香了。百里香对于我也许有用，因为可以用来做黄蜂和蜜蜂的猎场，所以我不得已又把它们重新种植起来。

这里长满了偃卧草、刺桐花以及西班牙的牡莉植物——那是长满了橙黄色的花，并且有硬爪般的花序的植物。在这些上面，盖着一层伊利里亚的棉蓟，它那耸然直立的树枝干，有时长到六尺高，而且末梢还长着大大的粉红球，还带有小刺，真是武装齐备，使得采集植物的人不知应从哪里下手摘取才好。在它们当中，有穗形的矢车菊，长了好长一排钩子，悬钩子的嫩芽爬到了地上。假使你不穿上高筒皮鞋，就来到有这么多刺的树林里，你就要因为你的粗心而受到惩罚了。

这就是我四十年来拼命奋斗得来的属于我的乐园啊！

在我的这个稀奇而又冷清的王国里，是无数蜜蜂和黄蜂的快乐的猎场，我从来没有在单独的一块地方，看见过这么多的昆虫。各种生意都以这块地为中心，来了猎取各种野味的猎人、泥土匠、纺织工人、切叶者、纸板制造者，同时也有石膏工人在拌和泥灰，木匠在钻木头，矿工在掘地下隧道，以及牛的大肠膜（用来隔开金箔）工人，各种各样的人都有。

快看啊！这里有一种会缝纫的蜜蜂。它剥下开有黄花底的刺桐的网状线，采集了一团填充的东西，很骄傲地用它的腮（即颚）带走了。它准备到地下，用采来的这团东西储藏蜜和卵。那里是一群切叶蜂，在它们的身躯下面，带着黑色的，白色的，或者血红色的，切割用的毛刷，它们打算到邻近的小树林中，把树叶子割成圆形的小片用来包裹它们的收获品。这里又是一群穿着黑丝绒衣的泥水匠蜂，它们是做水泥与沙石工作的。在我的哈麻司里我们很容易在石头上发现它们工作用的工具。另外，这有一种野蜂，它把窝巢藏在空蜗牛壳的盘梯里。还有一种，把它的蛴螬安置在干燥的悬钩子的秆子的木髓里。第三种，利用干芦苇的沟道做它的家。至于第四种，住在泥水匠蜂的空隧道中，而且连租金都用不着付。还有的蜜蜂生着角，有些蜜蜂后腿头上长着刷子，这些都是用来收割的。

我的哈麻司的墙壁建筑好了，到处可以看到成堆成堆的石子和细沙，这些全是建筑工人们堆弃下来的，并且不久就被各种住户给霸占了。泥水匠蜂选了个石头的缝隙，用来做它们睡眠的地方。若是有凶悍的蜥蜴，一不小心压到它们的时候，它们就会去攻击人和狗。它们挑选了一个洞穴，伏在那里等待路过的蜣螂。黑耳毛的鹀鸟，穿着黑白相间的衣裳，看上去好像是黑衣僧，坐在石头顶上唱简单的歌曲。那些藏有天蓝色的小蛋的鸟巢，会在石堆的什么地方才能找到呢？当石头被人搬动的时候，在石头里面生活的那些小黑衣僧自然也一块儿被移动了。我对这些小黑衣僧感到十分惋惜，因为它们是很可爱的小邻居。至于那个蜥蜴，我可不觉得它可爱，所以对于它的离开，我心里没有丝毫的惋惜之情。

在沙土堆里，还隐藏了掘地蜂和猎蜂的群落，令我感到遗憾的是，这些可怜的掘地蜂和猎蜂们后来无情地被建筑工人给无辜地驱逐走了。但是仍然还有一些猎户们留着，它们成天忙忙碌碌，寻找小毛虫。还有一种长得很大的黄蜂，竟然胆大包天地敢去捕捉毒蜘蛛，在哈麻司的泥土里，有许多这种相当厉害的蜘蛛居住着。而且你可以看到，还有强悍勇猛的蚂蚁，它们派遣出一个兵营的力量，排着长长的队伍，向战场出发，去猎取它们强大的俘虏。

此外，在屋子附近的树林里面，住满了各种鸟雀。它们之中有的是唱歌鸟，有的是绿莺，有的是麻雀，还有猫头鹰。在这片树林里有一个小池塘，池中住满了青蛙，五月份到来的时候，它们就组成震耳欲聋的乐队。在居民之中，最最勇敢的要数黄蜂了，它竟不经允许地霸占了我的屋子。在我的屋子门口，还居住着白腰蜂。

每次当我要走进屋子里的时候，我必须十分小心，不然就会踩到它们，破坏了它们开矿的工作。在关闭的窗户里，泥水匠蜂在软沙石的墙上建筑土巢。我在窗户的木框上一不小心留下的小孔，被它们利用来做门户。在百叶窗的边线上，少数几只迷了路的泥水匠蜂建筑起了蜂巢。午饭时候一到，这些黄蜂就翩然来访，它们的目的，当然是想看看我的葡萄成熟了没有。

这些昆虫全都是我的伙伴，我的亲爱的小动物们，我从前和现在所熟识的朋友们，它们全都住在这里，它们每天打猎，建筑窝巢，以及养活它们的家族。而且，假如我打算移动一下住处，大山离我很近，到处都是野草莓树、岩蔷薇和石楠植物，黄蜂与蜜蜂都是喜欢聚集在那里的。我有很多理由，使我为了乡村而逃避都市，来到西内南，做些除杂草和灌溉莴苣的事情。

（选自 法布尔《昆虫记》，

郭漫改编，航空工业出版社 2011 年版，第 1—5 页）

从小事中洞察人性

　　《一件小事》从主题上来说，是以作为雇主的"我"与车夫形成对比，并且以"我"的前后思想变化为对比从而突出勤劳、善良、敢于负责任、正直无私的车夫的高大形象，表达了作者对于车夫这类劳动人民的赞美之情。"一件小事"，生活中这样的小事有无数件，而且每天都在发生。鲁迅先生用详细、生动而又透彻的笔调来描写这件小事，从普通的平凡中悟出不平凡的道理。老女人最终有没有被撞其实并不重要，重要的是这位车夫为别人着想的行为深深地打动了鲁迅先生，也打动了每一位读者。不管地位的高低，钱财的多少，只要怀着一颗仁爱的心，拥有高尚的品质，生活便会过得舒畅。

一件小事

鲁迅

　　我从乡下跑进京城里，一转眼已经六年了。其间耳闻目睹的所谓国家大事，算起来也很不少；但在我心里，都不留什么痕迹，倘要我寻出这些事的影响来说，便只是增长了我的坏脾气——老实说，便是教我一天比一天的看不起人。

　　但有一件小事，却于我有意义，将我从坏脾气里拖开，使我至今忘记不得。

　　这是民国六年的冬天，北风刮得正猛，我因为生计关系，不得不一早在路上走。一路几乎遇不见人，好不容易才雇定了一辆人力车，叫他拉到S门去。不一会，北风小了，路上浮尘早已刮净，剩下一条洁白的大道来，车夫也跑得更快。刚近S门，忽而车把上带着一个人，慢慢地倒了。

　　跌倒的是一个老女人，花白头发，衣服都很破烂。伊从马路边上突然向车前横截过来；车夫已经让开道，但伊的破棉背心没有上扣，微风吹着，向外展开，所以终于兜着车把。幸而车夫早有点停步，否则伊定要栽一个大筋斗，跌到头破血出了。

伊伏在地上；车夫便也立住脚。我料定这老女人并没有伤，又没有别人看见，便很怪他多事，要是自己惹出是非，也误了我的路。

我便对他说，"没有什么的。走你的罢！"

车夫毫不理会，——或者并没有听到，——却放下车子，扶那老女人慢慢起来，搀着臂膊立定，问伊说：

"您怎么啦？"

"我摔坏了。"

我想，我眼见你慢慢倒地，怎么会摔坏呢，装腔作势罢了，这真可憎恶。车夫多事，也正是自讨苦吃，现在你自己想法去。

车夫听了这老女人的话，却毫不踌躇，搀着伊的臂膊，便一步一步的向前走。我有些诧异，忙看前面，是一所巡警分驻所，大风之后，外面也不见人。这车夫扶着那老女人，便正是向那大门走去。

我这时突然感到一种异样的感觉，觉得他满身灰尘的后影，刹时高大了，而且愈走愈大，须仰视才见。而且他对于我，渐渐地又几乎变成一种威压，甚而至于要榨出皮袍下面藏着的"小"来。

我的活力这时大约有些凝滞了，坐着没有动，也没有想，直到看见分驻所里走出一个巡警，才下了车。

巡警走近我说："你自己雇车罢，他不能拉你了。"

我没有思索的从外套袋里抓出一大把铜元，交给巡警，说，"请你给他……"

风全住了，路上还很静。我走着，一面想，几乎怕敢想到我自己。以前的事姑且搁起，这一大把铜元又是什么意思？奖他么？我还能裁判车夫么？我不能回答自己。

这事到了现在，还是时时记起。我因此也时时煞了苦痛，努力的要想到我自己。几年来的文治武力，在我早如幼小时候所读过的"子曰诗云"一般，背不上半句了。

独有这一件小事，却总是浮在我眼前，有时反更分明，教我惭愧，催我自新，并增长我的勇气和希望。

1920 年 7 月

（选自鲁迅《呐喊》）

大自然的语言

竺可桢（1890—1974）是中国近代气象学家、地理学家、教育家，浙江大学前校长。

《唐宋大诗人诗中的物候》可以让我们再次了解大自然的语言，了解古诗中物候现象及规律。该文主要运用了引用说明和举例子的说明方法，具体准确地说明了物候现象的同时，还增强了文章的说服力与生动性。

唐宋大诗人诗中的物候

竺可桢

我国古代相传有两句诗说道："花如解语应多事，石不能言最可人。"但从现在看来，石头和花卉虽没有声音和语言，却有它们自己的一套结构组织来表达它们的本质。自然科学家的任务就在于了解这种本质，使石头和花卉能说出宇宙的秘密。……正如贾思勰在《齐民要术》里所指出的那样，杏花开了，好像它传语农民赶快耕土；桃花开了，好像它暗示农民赶快种谷子。春末夏初布谷鸟来了，农民知道它讲的是什么话："阿公阿婆，割麦插禾。"从这一角度看来，花香鸟语都是大自然的语言，重要的是我们要能体会这种暗示，明白这种传语，从而理解大自然，改造大自然。

……明末的学者黄宗羲说："诗人萃天地之清气，以月、露、风、云、花、鸟为其性情，其景与意不可分也。月、露、风、云、花、鸟之在天地间，俄顷灭没，而诗人能结之不散。常人未尝不有月、露、风、云、花、鸟之咏，非其性情，极雕绘而不能亲也。"换言之，月、露、风、云、花、鸟乃是大自然的一种语言，从这种语言可以了解到大自然的本质，即自然规律。而大诗人能掌握这类语言的含意，所以能编为诗歌而传之后世。

唐白居易十五岁时，曾经写过一首咏芳草的诗：

离离原上草，

一岁一枯荣。

野火烧不尽，

春风吹又生。

……

诗人顾况看到这首诗，大为赏识。一经顾况的吹嘘，这首诗便被传诵开来。

这四句五言古诗指出了物候学上两个重要规律：第一是芳草的荣枯，有一年一度的循环；第二是这循环是随气候转移的，春风一到，芳草就苏醒了。

在温带的人们，经过一个寒冬以后，就希望春天的到来。但是，春天来临的指标是什么呢？这从许多唐宋人的诗中我们可以找到答案。李白诗：

东风已绿瀛洲草，

紫殿红楼觉春好。

王安石晚年住在江宁，有诗句云：

春风又绿江南岸，

明月何时照我还？

据宋洪迈《荣斋续笔》中指出：王荆公写这首诗时，原作"春风又到江南岸"，经推敲后，认为"到"字不合意，改了几次才下了"绿"字。

李白、王安石他们在诗中统用"绿"字来象征春天的到来，到如今，在物候学上，花木抽青也还是春天重要指标之一。王安石这句诗的妙处，还在于能说明物候是有区域性的。若把这首诗哼成"春风又绿河南岸"，就很不恰当了。因为在大河以南开封、洛阳一带，春风带来的象征，黄沙比绿叶更有代表性。

······

唐宋诗人对于候鸟，也给以极大注意。他们初春留心的是燕子，暮春、初夏注意的在西南是杜鹃，在华北、华东是布谷。如杜甫晚年入川，对于杜鹃鸟的分布，在《杜鹃》诗中说得很清楚：

西川有杜鹃，

东川无杜鹃。

······

杜鹃暮春至，

哀哀叫其间。

······

南宋诗人陆游，在七十六岁时作《初冬》诗：

平生诗句领流光，

绝爱初冬万瓦霜。

枫叶欲残看愈好，

梅花未动意先香。

······

这证明陆游是留心物候的。他不但留心物候，还用以预告农时，如《鸟啼》诗可以说明这一点：

野人无历日，鸟啼知四时；

二月闻子规，春耕不可迟；

三月闻黄鹂，幼妇悯蚕饥；

四月鸣布谷，家家蚕上簇；

五月鸣鸦舅，苗稚忧草茂

······

陆游可称为能懂得大自然语言的诗人。

我们从唐宋诗人所吟咏的物候，也可以看出物候是因地而异、因时而异的。换言之，物候在我国南方与北方不同，东部与西部不同，山地与平原不同，而且古代与今日不同。为了了解我国南北、东西、高下不同，古今时间不同而有物候的差异，必须与世界其他地区同时讨论，方能收相得益彰之效。

（选自竺可桢、宛敏渭《物候学》，科学出版社 1973 年版，有删节）

土地伦理

《沙乡年鉴》是一本描述土地和人类关系的著作，被誉为土地伦理的开山之作，是生态伦理之父奥尔多·利奥波德（1887—1948）的代表作，其中的《大雁归来》被选入中学语文课本。

《沙乡年鉴》是奥尔多·利奥波德一生观察、经历和思考的结晶。在该书中，作者不仅表达了对威斯康星沙乡农场和谐生活的追忆，也记录了为追求科学的生态观而经历的教训和痛苦，并论述了人与自然、人与土地之间的关系，试图重新唤起人们对自然应保有的爱与尊重。全书蕴含着作者的土地伦理观，语言清新优美，内容严肃深邃，字里行间体现了作者细致入微的观察，洋溢着对飞禽走兽、奇花异草的挚爱情愫。

沙乡年鉴·序

奥尔多·利奥波德

有些人可以在没有野生生物的情况下过活，而有些人则不行。我写下这些文字，便是对后者所饱含的偏爱之情与两难境遇的阐释。

在人类社会发展将野生生物彻底扼杀以前，人们一直以为，野生生物和刮风日落一样，都是大自然习以为常的存在，于是也就把野生生物的存在视为理所当然。如今，我们所面临的问题是：为了追求一种所谓更高层次的"生活水平"，是否必须要以牺牲那些自然的、野生的且又不受约束的东西为代价。对于我们中的少数人而言，目睹天鹅的机会远远要比看电视重要，看白头翁花绽放是我们的权利，就和言论自由是我们的权利一样。

我承认，在机械化为我们的早餐供应提供有效保证之前，在科学为我们揭示野生生物起源和生存方式的戏剧化情节之前，这些野生生物几乎是很少有机会和人类价值扯上关系的。于是，所有争论的焦点最后便归结为度的问题。我们中的一小部分人发现了发展过程中的边际报酬递减定律，而我们的反对派却依然对此无动于衷。

人们必须依据事物当前的存在状况来制定应对之策，我的拙作便是我的应对之策，它可以分成以下三部分。

第一部分讲述的是我和我的家人，在远离现代化喧嚣的世外桃源——小木屋，欢度周末时光时的见闻和趣事。在威斯康星的这片沙地农场，起初人们榨干了土壤的全部价值，然后它被我们这个又大又好的社会所抛弃，我们试图拿起铁铲和斧子重建这个农场，（找回我们在别处正在失去的东西。）恰恰是在这里，我们找到了，并且进一步发掘着上帝赐予我们的东西。

这些关于小木屋的素写，按季节编排在一起，便构成了一部"沙乡年鉴"。

第二部分，"素写——这儿和那儿"，讲述了一些给我思想以启迪的生命中的小插曲，这种小插曲通常表现为我与往昔同行们的一些意见龃龉，时而甚至非常痛苦。如今，这一类插曲遍布于北美大陆之上，存续了40年之久，它们为标着集体主义标签——亦即自然资源保护主义——的各种问题提供了一个很好的样板。

第三部分，"结论"，从逻辑学的角度，阐述了一些我们作为不同意见者的观点，并努力将这些观点变得合乎逻辑。只有那些与我们志同道合的读者，才会努力去寻求第三部分中提及的哲学问题的解决方法。我想，或许可以这样说，这些文字可以告诉我的同行们如何回到过去以实现认识上的统一。

如今的自然资源保护主义，已经来到了穷途末路，它与我们现有的亚伯拉罕式的土地观念背道而驰。我们滥用土地，因为我们将它当作自己的附属财产。而唯有当我们把自己看作土地的附属品时，才会以热爱和敬畏之心去利用土地。对于土地而言，我们无法使其免于被机械化武装过的人类的影响，对于我们而言，我们也无法在科学的制约下从土地中得到它之于文化的美学收获。

"土地是一个共同体"是生态学中的基本概念，但是土地应该得到热爱和尊重则是伦理范畴的事情。土地孕育了文明，这是尽人皆知的事实，如今却被我们忘在脑后。

我的这个集子，正试图将这三种概念联结起来。

当然，对于这种关于土地与人类关系的观点难免会受到个人阅历和偏见的侵染和扭曲。

但是，不论真理是否会被扭曲成谬论，有一点却始终如水晶般清澈明晰，那便是：我们现在的又大又好的社会活像一个忧郁症患者，整日惴惴于自身的经济健康，却失去了保持其自身健康的能力。整个世界是那样贪婪地想拥有更多的浴盆，结果却失去了建造浴盆乃至关掉龙头所必需的控制力。眼下，可能没有什么会比从健康的角度对过剩的物质财富进行审视更有益了。

也许，这种价值观念的转变可以通过重新评价非自然的、平淡的，但是基于自然的、野生的、无拘无束的事物而产生的事物，从而得以实现。

（选自利奥波德《沙乡年鉴》）

生命奇迹

高士其（1905—1988）是中国著名科学家、科普作家和社会活动家，中国科普事业的先驱和奠基人。半个世纪以来，高士其在全身瘫痪的情况下，写下了数百万字的科学小品、科学童话故事和多种形式的科普文章，引导了一批又一批青少年走上科学道路，被亲切地称为"高士其爷爷"。高士其逝世后，中组部确认他为"中华民族英雄"，国际小行星命名委员会也将3704号行星命名为"高士其星"。高士其先生用自己传奇的一生谱写了一位爱国知识分子为了祖国、为了人民，终身不懈地传播、普及科学文化的生命奇迹，给我们民族留下了十分宝贵的精神财富。

我的籍贯

高士其

我们姓菌的这一族，多少总不能和植物脱离关系罢。

植物是有地方性的。这也是为着气候的不齐。热带的树木，移植到寒带去，多活不成。你们一见了芭蕉、椰子之面，就知道是从南方来的。荔枝、龙眼的籍贯是广东与福建，谁也不能否认。

我菌儿却是地球通，不论是地球上哪一个角落里，只要有一些水汽和"有机物"，我都能生存。

我本是一个流浪者。

像西方的吉卜赛人，流荡成性，到处为家。

像东方的游牧部落，逐水草而搬移。

又像犹太人，没有了国家，散居异地谋生，都能各个繁荣起来，世界上大富之家，不多是他们的子孙吗？

这些人的籍贯，都很含混。

我又是地上的清道夫，替大自然清除腐物烂尸，全地球都是我工作的区域。

我随着空气的动荡而上升。有一回，我正在天空 4000 米之上飘游，忽而遇见一位满面都是胡子的科学家，驾着氢气球上来追寻我的踪迹。那时我身轻不能自主，被他收入一只玻璃瓶子里，带到他的实验室里去受罪了。

我又随着雨水的浸润而深入土中。但时时被大水所冲洗，洗到江河湖沼里面去了。那里的水，我真嫌太淡，不够味。往往不能得一饱。

犹幸我还抱着一个很大的希望：希望娘姨大姐、贫苦妇人，把我连水挑上去淘米洗菜，洗碗洗锅；希望农夫工人、劳动大众，把我一口气喝尽了，希望由各种不同的途径，到人类的肚肠里去。

人类的肚肠，是我的天堂，

在那儿，没有干焦冻饿的恐慌，

那儿只有吃不尽的食粮。

然而事情往往不如意料的美满，这也只好怪我自己太不识相了，不安分守己，饱暖之后，又肆意捣毁人家肚肠的墙壁，于是乱子就闹大了。那个人的肚子，觉着一阵阵的痛，就要吞服了蓖麻油之类的泻药，或用灌肠的手法，不是油滑，便是稀散，使我立足不定，这么一泻，就泻出肛门之外了。

从此我又颠沛流离，如逃难的灾民一般，幸而不至于饿死，辗转又归到土壤了。

初回到土壤的时候，一时寻不到食物，就吸收一些空气里的氮气，以图暂饱。有时又把这些氮气，化成了硝酸盐，直接和豆科之类的植物换取别的营养料。有时遇到了鸟兽或人的尸身，那是我的大造化，够我几个月乃至几年享用了。

天晓得，20 世纪以来，美国的生物学者，渐渐注意了伏于土壤中的我。有一次，被他们掘起来，拿去化验了。

我在化验室里听他们谈论我的来历。

有些人就说，土壤是我的家乡。

有的以为我是水国里的居民。

有的认为我是空气中的浪子。

又有的称我是他们肚子里的老主顾。

各依各人的试验所得而报告。

其实，不但人类的肚子是我的大菜馆，人身上哪一块不干净，哪一块有裂痕伤口，哪一块便是我的酒楼茶店。一切生物的身体，不论是热血或冷血，也都是我求食借宿的地方。只要环境不太干，不太热，我都可以生存下去。

干莫过于沙漠，那里我是不愿去的。埃及古代帝王的尸体，所以能保藏至今而不坏者，也是因为我不能进去的缘故。干之外再加上防腐剂，我就万万不敢去了。

热到了 60℃ 以上，我就渐渐没有生气，一到了 100℃ 的沸点，我就没有生望了。我最喜欢是暖血动物的体温，那是在 37℃ 左右罢。

热带的区域，既潮湿，又温暖，所以我在那里最惬意，最恰当。因此又有人认为我的籍贯，大约是在热带吧。

世界各国人口的疾病和死亡率，据说以中国与印度为最高，于是众人的目光又都集中在我的身上了，以为我不是中国籍，便是印度籍。

最后，有一位欧洲的科学家站起来说，说是我应属于荷兰籍。

说这话的人的意见以为，在 17 世纪以前，人类始终没有看见过我，而后来发现我的地方，却在荷兰国，德尔夫市政府的一位看门老头子的家里。

这事情是发生于公元 1675 年。

这位看门先生是制显微镜的能手。他所制的显微镜，都是单用一片镜头磨成，并不像现代的复式显微镜那么笨重而复杂，而他那些镜头的放大力度，却也不弱于现代科学家所用的。我是亲自尝过这些镜头的滋味，所以知道得很清楚。

这老头儿，在空闲的时候，便找些小东西，如蚊子的眼睛、苍蝇的脑袋、臭虫的刺、跳蚤的脚、植物的种子，乃至于自己身上的皮屑之类，放在镜头下聚精会神地细看，那时我也杂在里面，有好几番都险些被他看出来了。

但是，不久，我终于被他发现了。

有一天，是雨天吧，我就在一小滴雨水里面游泳，谁想到这一滴雨水，就被他寻去放在显微镜下看了。

他看见了我在水中活动的影子，就惊奇起来，以为我是从天而降的小动物，他看了又看，疯了似的。

又有一次，他异想天开，把自己的齿垢刮下一点点来细看，这一看非同小可，我的原形都现于他的眼前了。原来我时时都伏在那齿缝里面，想分吃一点儿"入口货"。这一次是我的大不幸，竟被他捉住了，使我族几千万年以来的秘密，一朝泄露于人间。

我在显微镜底下，东跳西奔，没处藏身，他眼也看红了，我身也疲乏了，一层大大厚厚的水晶上，映出他那灼灼如火如电的目光，着实可怕。

后来他还将我画影图形，写了一封长长的信，报告给伦敦"英国皇家学会"，不久消息就传遍了全欧洲，所以至今欧洲的人，还以为我是荷兰籍者。这是错认发现我的地点就是我的发祥地。

老实说，我就是这边住住，那边逛逛，飘飘然而来，渺渺然而去，到处是家，行踪无定，因此籍贯实在有些决定不了。

然而我也不以此为憾。鲁迅的阿Q，那种大模大样的乡下人籍贯尚且有些渺茫，何况我这小小的生物，素来不大为人们所注视，又哪里有记载可寻，历史可据呢！

不过，我既是造物主的作品之一，生物中的小玲珑，自然也有个根源，不是无中生有，半空中跳出来的，那么，我的籍贯，也许可从生物的起源这问题上，寻出端绪来吧。但这问题并不是一时所能解决的。

最近，科学家用电子显微镜和科学装备，发现了原始生物化石。在非洲南部距今31亿年前太古代地层中，找到长约0.5微米杆状细菌遗迹，据说这是最古老的细菌化石。那么，我们菌儿祖先确是生物界原始宗亲之一了。这样，我的原籍就有证据可查了。

（选自高士其《菌儿自传》，长江少年儿童出版社2021年版，第6—11页）

不负青春

2005 年 6 月 12 日，在美国斯坦福大学毕业典礼上，苹果公司 CEO 史蒂夫·乔布斯（1955—2011）发表了精彩的演讲。已被确诊身患癌症的乔布斯对在场学子讲述了自己经历的三个故事，与学子们分享了自己的创业心得，并以此激励年轻一代勇敢、积极、快乐地面对人生。乔布斯朴实而真诚的演讲不但赢得了全场数次热烈鼓掌和尖叫，也成为近年美国毕业典礼演讲中最具影响力的篇章。时至今日，这一演讲仍然对广大学子和创业者产生着深远的影响。

你要发现你的爱好

——苹果公司 CEO 史蒂夫·乔布斯在斯坦福大学的演讲

今天，我很荣幸来到这个世界上最顶尖的学府之一，参加各位的毕业典礼。

我大学没毕业。说实话，这是我离大学毕业最近的一刻。今天，我只说三个故事，不谈大道理，三个故事就好。

第一个故事，是关于人生中的点点滴滴怎么串联在一起。

我在里德学院（Reed College）待了六个月就办休学了。到我退学前，一共休学了十八个月。那么，我为什么休学？

这得从我出生前讲起。我的亲生母亲当时是个研究生，年轻未婚妈妈，她决定让别人收养我。她强烈觉得应该让有大学毕业文凭的人收养我，所以我出生时，她就准备让一对律师夫妇收养我。但是这对夫妻到了最后一刻反悔了，他们想收养女孩。所以在等待收养名单上的一对夫妻，我的养父母，在一天半夜里接到一通电话，问他们"有一名意外出生的男孩，你们要认养他吗？"而他们的回答是"当然要"。后来，我的生母发现，我现在的妈妈从来没有大学毕业文凭，我现在的爸爸则连高中毕业文凭也没有。她拒绝在认养文件上做最后签字。直到几个月后，我的养父母同意将来一定会让我上大学，她才软化态度。

十七年后，我上大学了。但是当时我无知地选了一所学费几乎跟斯坦福一样贵的大学，我那工人阶层的父母把所有积蓄都花在我的学费上。六个月后，我看不出念这个书的价值何在。那时候，我不知道这辈子要干什么，也不知道念大学能对我有什么帮助，而且我为了念这个书，花光了我父母这辈子的所有积蓄，所以我决定休学，相信船到桥头自然直。当时这个决定看来相当可怕，可是现在看来，那是我这辈子做过的最好的决定之一。

当我休学之后，我再也不用上我没兴趣的必修课，把时间拿去听那些我有兴趣的课。这一点也不浪漫。我没有宿舍，所以我睡在友人家里的地板上，靠着回收可乐空罐的五先令退费买吃的，每个星期天晚上得走七英里的路绕过大半个镇去印度教的 Hare Krishna 神庙吃顿大餐。我喜欢 HareKrishna 神庙的大餐。追寻我的好奇与直觉，我所驻足的大部分事物，后来看来都成了无价之宝。

举例来说：

当时里德学院有着大概是全国最好的书法指导。在整个校园内的每一张海报上，每个抽屉的标签上，都是美丽的手写字。因为我休学了，可以不照正常选课程序来，所以我跑去学书法。我学了有衬线与无衬线字体，学到在不同字母组合间变更字间距，学到活版印刷伟大的地方。书法的美好、历史感与艺术感是科学所无法捕捉的，我觉得那很迷人。我没预期过学的这些东西能在我生活中起些什么实际作用，不过十年后，当我在设计第一台麦金塔时，我想起了当时所学的东西，所以把这些东西都设计进了麦金塔里，这是第一台能印刷出漂亮东西的计算机。如果我没沉溺于那样一门课里，麦金塔可能就不会有多重字体跟变间距字体了。又因为 Windows 抄袭了麦金塔的使用方式，如果当年我没这样做，大概世界上所有的个人计算机都不会有这些东西，印不出现在我们看到的漂亮的字来了。

当然，当我还在大学里时，不可能把这些点点滴滴预先串在一起，但是这在十年后回顾，就显得非常清楚。我再说一次，你不能预先把点点滴滴串在一起；唯有未来回顾时，你才会明白那些点点滴滴是如何串在一起的。

所以你得相信，你现在所体会的东西，将来多少会连接在一块。你得信任某个东西，直觉也好，命运也好，生命也好，或者毅力也罢。这种做法从来没让我失望，也让我的人生整个不同起来。

我的第二个故事，有关爱与失去。

我很幸运年轻时就发现自己爱做什么事。我二十岁时，跟 Steve Wozniak 在我爸妈的车库里开始了苹果计算机的事业。我们拼命工作，苹果计算机在十年间从一间车库里的两个小伙子扩展成了一家员工超过四千人、市价二十亿美金的公司，在那之前一年，推出了我们最棒的作品——麦金塔，而我才刚迈入人生的第三十个年头，然后被炒鱿鱼了。

要怎么让自己创办的公司炒自己鱿鱼？

好吧，当苹果计算机成长后，我请了一个我以为他在经营公司上很有才干的家伙来，他在头几年也确实干得不错。可是我们对未来的愿景不同，最后只好分道扬镳，董事会站在他那边，炒了我鱿鱼，公开把我请了出去。曾经是我整个成年生活重心的东西不见了，这令我不知所措。有几个月，我实在不知道要干什么好。我觉得我令 企业界的前辈们失望——我把他们交给我的接力棒弄丢了。我见了创办 HP 的 David Packard 跟创办 Intel 的 Bob Noyce，跟他们说我很抱歉把事情搞砸得很厉害了。我成了公众的非常负面示范，我甚至想要离开硅谷。但是渐渐地，我发现，我还是喜爱着我做过的事情，在苹果的日子经历的事件没有丝毫改变我爱做的事。我被否定了，可是我还是爱做那些事情，所以我决定从头来过。

当时我没发现，但是现在看来，被苹果计算机开除，是我所经历过最好的事情。成功的沉重被从头来过的轻松所取代，每件事情都不那么确定，让我自由进入这辈子最有创意的年代。接下来五年，我开了一家叫作 NeXT 的公司，又开一家叫做 Pixar 的公司，也跟后来的老婆谈起了恋爱。Pixar 接着制作了世界上第一部全计算机动画电影——《玩具总动员》，现在是世界上最成功的动画制作公司。然后，苹果计算机买下了 NeXT，我回到了苹果。我们在 NeXT 发展的技术成了苹果计算机后来复兴的核心。我也有了个美妙的家庭。

我很确定，如果当年苹果计算机没开除我，就不会发生这些事情。这帖药很苦口，可是我想苹果计算机这个病人需要这帖药。

有时候，你会被命运的石块砸中头部，但不要丧失信心。我确信，我爱我所做的事情，这就是这些年来让我继续走下去的唯一理由。你得找出你爱的，工作上是如此，对情人也是如此。

你的工作将填满你的一大块人生，唯一获得真正满足的方法就是做你相信是伟大的工作，而做伟大工作的唯一方法是爱你所做的事。如果你还没找到这些事，继续找，别停下来。尽你全心全力，你知道你一定会找到。而且，如同任何伟大的关系，事情只会随着时间愈来愈好。所以，在你找到之前，继续找，别停下来。

我的第三个故事，关于死亡。

当我十七岁时，我读到一则格言，好像是"把每一天都当成生命中的最后一天，你就会轻松自在。"这对我影响深远，在过去33年里，我每天早上都会照镜子，自问："如果今天是此生最后一日，我今天要干些什么？"每当我连续太多天都得到一个'没事做'的答案时，我就知道我必须有所改革了。提醒自己即将步入死亡，是我在人生中下重大决定时，所用过的最重要的方法。因为几乎每件事——所有外界期望、所有名誉、所有对困窘或失败的恐惧——在面对死亡时，都消失了，只有最重要的东西才会留下。提醒自己快死了，是避免我掉入陷阱的最佳方法，这陷阱总是会提醒我那些要失去的东西。

人生不带来，死不带去，没什么道理不顺心而为。

一年前，我被诊断出癌症。我在早上七点半做断层扫描，在胰脏清楚出现一个肿瘤，我连胰脏是什么都不知道。医生告诉我，那几乎可以确定是一种不治之症，我大概活不到三到六个月了。医生建议我回家，好好跟亲人们聚一聚，这是医生对临终病人的标准建议。那代表你得试着在几个月内把你将来十年想跟小孩讲的话讲完。那代表你得把每件事情搞定，家人才会尽量轻松。那代表你得跟人说再见了。我整天想着那个诊断结果。那天晚上做了一次切片，从喉咙伸入一个内视镜，从胃进肠子，插了根针进胰脏，取了一些肿瘤细胞出来。我打了镇静剂，不醒人事，但是我老婆在场。她后来跟我说，当医生们用显微镜看过那些细胞后，他们都哭了，因为那是非常少见的一种胰脏癌，可以用手术治好。所以我接受了手术，康复了。

这是我最接近死亡的时候，我希望那会继续是未来几十年内最接近的一次。经历此事后，我可以比之前死亡只是抽象概念时要更肯定地告诉你们下面这些：

没有人想死。即使那些想进入天堂的人，也想活着上天堂。但是死亡是我们共同的目的地，没有人逃得过。这是注定的，因为死亡几乎就是生命中最棒的发明，是生命变化的媒介，送走老人们，给新生代留下空间。现在你们是新生代，但是不久的将来，你们也会逐渐变老，被送出人生的舞台。抱歉讲得这么戏剧化，但是这是事实。

你们的时间有限，所以不要浪费时间活在别人的生活里。不要被信条所迷惑——盲从信条就是活在别人思考结果里。不要让别人的意见淹没了你内在的心声。最重要的是，拥有跟随内心与直觉的勇气，你的内心与直觉多少已经知道你真正想要成为什么样的人。任何其他事物都是次要的。

在我年轻时，有本神奇的杂志叫作《全球目录》，当年我们很迷这本杂志。那是由一位住在离这不远的 Menlo Park 的 Stewart Brand 发行的，他把杂志办得很有诗意。那是 20 世纪 60 年代末期，个人计算机还没被发明出来，所有内容都是用打字机、剪刀跟拍立得相机做出来的。杂志内容有点像印在纸上的 Google，但比 Google 早了 35 年：理想化，充满新奇工具与神奇的注记。Stewart 跟他的出版团队出了好几期《全球目录》，然后出了停刊号。当时是 20 世纪 70 年代中期，我正是你们现在这个年龄的时候。在停刊号的封底，有张早晨乡间小路的照片，那种你去爬山时会经过的乡间小路。在照片下有行小字：

求知若饥，虚心若愚。

那是他们亲笔写下的告别讯息，我总是以此自许。当你们毕业，展开新生活时，我也以此期许你们。求知若饥，虚心若愚。

非常感谢大家。

（选自魏红亮《国际大师讲座》，天津科学技术出版社 2011 年版，第 237—242 页）

奥林匹克在心中

我们祝愿奥林匹克"更快、更高、更强",给世界带来和平、欢乐、繁荣、希望,并祝愿奥林匹克精神永驻人间!让全世界人民团聚在高高飘扬的五环旗下,真正组合成所有国家、所有民族的"奥林匹克大家庭"。多一些和平,少一些涂炭;多一些纯洁,少一些阴谋;多一些参与,少一些征服。

书写奥林匹克新纪元

——北京获得 2022 年冬奥会举办权侧记

新华网吉隆坡 7 月 31 日电(记者林德韧、汪涌、高鹏)7 月 31 日的吉隆坡会展中心见证了北京迈出的历史性一步,拥有灿烂文明的古国,拥有悠久历史的古都,将在 2022 年迎来奥林匹克的又一次绽放。

从 2001 到 2015,跨越 14 年之后,北京再度申办奥运成功,在奥林匹克历史上书写新的一页,2022 年,北京将成为历史上第一座既举办过夏季奥运会又举办过冬季奥运会的城市。

变化的是时光,不变的,是北京对奥林匹克的渴望和向往,不变的,是中国作为大国的从容与担当。

聚焦北京,奥林匹克新风貌

夏天的吉隆坡气候宜人,矗立在会场旁雄伟的双子塔标记了一个新的里程碑。北京申冬奥代表团衣着整齐,庞大的队伍瞬间成为全场焦点,大家的自信与轻松写在脸上。望向窗外,当地华人拉起了助威横幅,举起了舞狮,壮观地挥动着手中的国旗,为代表团的陈述加油鼓劲。

国际奥委会副主席、中国奥委会副主席于再清用热情洋溢的语言向国际奥委会诉说着北京申办冬奥会的意义："今天，在奥林匹克运动的旅程中，将要迈出历史性的一步。迈出这一步，你们选择北京，能够举办一届以运动员为中心的冬奥会，为冰雪运动的长远发展奠定基础；迈出这一步，你们选择北京，能够举办一届可持续的冬奥会，全面实践《奥林匹克2020议程》，不仅给中国带来积极改变，也让世界的未来更加美好；迈出这一步，你们选择北京，能够举办一届节俭的冬奥会，不但保证奥运会和残奥会的最高水平，而且把奥运遗产摆在同等重要的位置，使奥运会的积极影响更加深远。"陈述在热烈的氛围中逐步推向高潮。

在一段视频中，姚明身着冰球服，在被小选手攻破球门后做出无奈的表情，这引得全场哈哈大笑，给紧张的会场增添了一丝轻松的气氛。事实上，无论是在会议开始之前的媒体采访还是陈述时的演讲，还是结束之后的记者访谈，姚明都是焦点之一。作为代表团中的"第一高度"，姚明一直在扮演着东西方文化交流的角色，奥林匹克与北京再度结缘的神圣时刻，他也参与到了其中。

与他并肩站在讲台上的是身怀六甲的杨扬。中国冬季运动历史上的标志性人物，她在2002年盐湖城冬奥会上拿到的两枚金牌，实现了中国在参加冬奥会历史上金牌零的突破。"我真的是在站着，"杨扬对于姚明身高的玩笑逗乐了同样站在旁边的冬奥名将李妮娜，也逗乐了许多委员，轻松的心态由此感染到了讲台下。

代表团的每一句话、每一个表情、每一个动作都在传递一个信息——北京，我们准备好了！

选择北京，奥林匹克新契机

这注定是一次不平凡的投票。

陈述结束后，2022年冬奥会评估委员会主席茹科夫给了两座申办城市最后的点评，另外他也提到了关于阿拉木图的一些更新的信息。针对评估报告中对于住宿方面的疑问，阿拉木图团队提供了一些新的数据支持，体现了在接待能力方面上的努力，也为自己增分不少。

国际奥委会规定，为防止发生利益冲突，来自奥运会申办城市所在国家（地区）

奥委会的委员在他们的竞选城市没有被淘汰之前不能参加投票。因此，来自中国的三名国际奥委会委员于再清、李玲蔚、杨扬将不能参加投票。包括国际足联主席布拉特、海博格等在内的 11 位委员请假缺席本次全会。国际奥委会主席巴赫也不参加投票。因此参与投票的委员共有 85 人。

投票在吉隆坡当地时间下午 4 点 20 分正式开始。本次大会国际奥委会使用了新的电子投票系统，但最后系统出现了问题，只能借助纸质投票。一波三折的投票过程结束，北京还是阿拉木图？紧张的情绪全场蔓延：就差最后的宣布了！

祝贺北京，奥林匹克新纪元

北京赢了！

欢呼声响彻吉隆坡会展中心，这声欢呼，凝聚了多少辛劳和热盼！

在巴赫念出"北京"的一刻，代表团成员们都一跃而起，相互拥抱恣意庆祝。在陈述时笑容满面的李妮娜，抑制不住内心的喜悦，泪水夺眶而出。"之前一直在想用什么样的状态去表达自己的高兴，因为之前放了一个索契的片子，所以触景生情，想到我们在整个申办过程中很不容易，比较有感触。"在索契迎来自己冬奥会谢幕演出，李妮娜在接受采访时依然不太控制得住自己的情绪。

现场掌声雷鸣，巴赫第一时间走下主席台，与代表团成员们一一握手表示祝贺。北京申冬奥代表团用胜利为这次马来西亚之行画上了圆满的句号。

同样激动的姚明说："我们是很幸运的，在这也要向阿拉木图表示感谢，如果没有他们的精益求精的表现也不会激励我们展现出最好的自己，体育比赛永远要感谢一个伟大的对手，才能一起创造出一场精彩的比赛。"

85 名委员投票，一人弃权，44 ∶ 40，北京取得险胜，未来的 7 年，北京将逐步给世界展现自己在冬季的魅力，为奥林匹克的史册再添神奇的一笔。

北京，加油！

（原载新华网 2015 年 7 月 31 日）

短篇小说的魅力

马克·吐温（Mark Twain，1835—1910），美国作家、演说家，批判现实主义文学奠基人。

作者用漫画笔法勾勒了不同人物在"百万英镑"面前的种种丑态，幽默滑稽，就如同一幅世态讽刺画，生动地表现了小市民的见闻，令人忍俊不禁。这部小说有一个很明显的主题，即对拜金主义的批判，此外作者还揭露了当时存在于英国社会中的种种滑稽荒诞的现象。有评论者认为《百万英镑》不过两万来字，但作者将上至王公贵族、下至平民百姓，在金钱面前的丑态刻画得惟妙惟肖，把金钱对资本主义社会的污染乃至人性的歪曲勾勒得入木三分。

百万英镑（节选）

马克·吐温

我二十七岁那年，在旧金山一个矿业经纪人那里当办事员，对证券交易的详情颇为精通。当时我在社会上是孤零零的，除了自己的智慧和清白的名声之外，别无依靠；但是这些长处就使我站稳了脚跟，并有可能走上幸运的路，所以我对于前途是很满意的。

每逢星期六午饭之后，我的时间就归自己支配了，我照例在海湾里把时光消磨在游艇上。有一天我冒失地把船驶出海湾，一直漂到大海里去了。傍晚，我几乎是绝望了的时候，有一艘开往伦敦的双桅帆船把我救了起来。那是远程的航行，而且风浪很大，他们叫我当了一个普通的水手，以工作代替船费。我在伦敦登岸的时候，衣服褴褛肮脏，口袋里只剩了一块钱。这点钱只供了我二十四小时的食宿。那以后的二十四小时中，我既没有东西吃，也无处容身。第二天上午大约十点钟，我饿着肚子，狼狈不堪，正在波特兰路拖着脚步走，刚好有一个小孩子由保姆牵着走过，把一只美味的大梨扔到了阴沟里——只咬过一口。不消说，我站住了，用贪婪的目光盯住那泥泞的宝贝。我垂涎欲滴，肚子也渴望着它，全副生命都在乞求它。可是我每次刚一动手想去拿它，老是有过路人的眼睛看出了我的企图，当然我就只好再把身子站直，显出若无其事的神气，假装根本就没有想到过那只梨。这种情形老是一遍又一遍地发生，我始终无法把那只梨拿到手。后来我简直弄得无可奈何，正想不顾一切体面，硬着头皮去拿它的时候，忽然我背后有一扇窗户打开了，一位先生从那里面喊道：

"请进来吧。"

一个穿得很神气的仆人让我进去了，他把我引到一个豪华的房间里，那儿坐着两位年长的绅士。他们把仆人打发出去，叫我坐下。他们刚吃完早饭，我一见那些残汤剩菜，几乎不能自制。我在那些食物面前，简直难以保持理智，可是人家并没有叫我尝一尝，我也就只好尽力忍住那股馋劲儿了。

在那以前不久，发生了一桩事情，但是我对这回事一点也不知道，过了许多日子以后才明白；现在我就要把一切经过告诉你。那两弟兄在前两天发生过一场颇为激烈的争辩，最后双方同意用打赌的方式来了结，那是英国人解决一切问题的办法。

你也许还记得，英格兰银行有一次为了与某国办理一项公家交易之类的特殊用途，发行过两张巨额钞票，每张一百万镑。不知什么原因，只有一张用掉和注销了，另外一张始终保存在银行的金库里。这兄弟两人在闲谈中忽然想到，如果有一个非常诚实和聪明的外方人漂泊到伦敦，毫无亲友，手头除了那张一百万镑的钞票而外，一个钱也没有，而且又无法证明他自己是这张钞票的主人，那么他的命运会是怎样。哥哥说他会饿死；弟弟说他不会。哥哥说他不能把它拿到银行或是其他任何地方去使用，因为他马上就会当场被捕。于是他们继续争辩下去，后来弟弟说他愿意拿两万镑打赌，认定那个人无论如何可以靠那一百万生活三十天，而且还不会进牢狱。哥哥同意打赌。弟弟就到银行里去，把那张钞票买了回来。你看，那是十足的英国人的作风，浑身都是胆量。然后他口授了一封信，由他的一个书记用漂亮的正楷字写出来；于是那弟兄俩就在窗口坐了一整天，守候着一个适当的人出现，好把这封信给他。

　　他们看见许多诚实的面孔经过，可是都不够聪明；还有许多虽然聪明，却又不够诚实；另外还有许多面孔，两样都合格，可是面孔的主人又不够穷，再不然就是虽然够穷的，却又不是外方人。反正总有一种缺点，直到我走过来才解决了问题；他们都认为我是完全合格的，因此一致选定了我，于是我就在那儿等待着，想知道他们为什么把我叫了进去。他们开始向我提出了一些问题，探询关于我本身的事情，不久他们就知道了我的经历。最后他们告诉我说，我正合乎他们的目标。我说我由衷地高兴，并且问他们究竟是怎么回事。于是他们之中有一位交给我一个信封，说是我可以在信里找到说明，我正待打开来看，他却说不行，叫我拿回住所去，仔细看看，千万不要马马虎虎，也不要性急。我简直莫名其妙，很想再往下谈一谈这桩事情，可是他们却不干；于是我只得告辞，心里颇觉受了委屈，感到受了侮辱，因为他们分明是在干一桩什么恶作剧的事情，故意拿我来当笑料，而我却不得不容忍着，因为我在当时的处境中，是不能对有钱有势的人们的侮辱表示怨恨的。

　　现在我本想去拾起那只梨来，当着大家的面把它吃掉，可是梨已经不在了，因此我为了这桩倒霉的事情失去了那份食物。一想到这点，我对那两个人自然更没有好感。我刚一走到看不见那所房子的地方，就把那只信封打开，看见里面居然装着钱！说老实话，我对那两个人的印象马上就改变了！我片刻也没有耽误，把信和钞票往背心口袋里一塞，立即飞跑到最近的一个廉价饭店里去。啊，我是怎么个吃法呀！最后我吃得再也装不下去的时候，就把钞票拿出来，摊开望了一眼，我几乎晕倒了。五百万元！哎，这一下子可叫我的脑子直发晕。

　　我在那儿坐着发愣，望着那张钞票直眨眼，大约足有一分钟，才清醒过来。然后我首先发现的是饭店老板，他的眼睛望着钞票，也给吓呆了。他以全副身心贯注着，羡慕不已，可是看他那样子，好像是手脚都不能动弹似的。我马上计上心来，采取了唯一可行的合理办法。我把那张钞票伸到他面前，满不在乎地说道：

　　"请你找钱吧。"

　　这下子他才恢复了常态，百般告饶，说他无法换开这张钞票；我拼命塞过去，他却连碰也不敢碰它一下。他很愿意看看它，把它一直看下去，好像是无论看多久也不过瘾似的，可是却避开它，不敢碰它一下，就像是这张钞票神圣不可侵犯，可怜的凡人连摸也不能摸一摸似的。我说：

　　"这叫你不大方便，真是抱歉；可是我非请你想个办法不可。请你换一下吧；另外我一个钱也没有了。"

　　可是他说那毫无关系，他很愿意把这笔微不足道的饭钱记在账上，下次再说。我说我可能很久不再到他这一带地方来；他又说那也没有关系，他尽可以等，而且只要我高兴，无论要吃什么东西，尽管随时来吃，继续赊账，无论多久都行。他说他相信自己不至于光只因为我的性格诙谐，在服装上有意和大家开开玩笑，就不敢信任我这样一位阔佬。这时候另外一位顾客进来了，老板暗示我把那个怪物藏起来，然后一路鞠躬地把我送到门口。我马上就一直往那所房子那边跑，去找那两弟兄，为的是要纠正刚才弄出来的错误，并叫他们帮忙解决这个问题，以免警察找到我，把我抓起来。我颇有些神经紧张。事实上，我心里极其害怕，虽然这事情当然完全不能归咎于我；可是我很了解人们的脾气，知道他们发现自己把一张一百万镑的钞票当成一镑给了一个流浪汉的时候，他们就会对他大发雷霆，而不是按理所当然的那样，去怪自己的眼睛近视。我走近那所房子的时候，我的紧张情绪渐渐平静下来了，因为那儿毫无动静，使我觉得那个错误一定还没有被发觉。我按了门铃。还是原先那个仆人出来了。我说要见那两位先生。

　　"他们出门了。"这句回答说得高傲而冷淡，正是他这一类角色的口吻。

　　"出门了？上哪儿去了？"

　　"旅行去了。"

　　"可是上什么地方呢？"

　　"到大陆上去了吧，我想是。"

　　"到大陆上去了？"

　　"是呀，先生。"

"走哪一边——走哪一条路？"

"那我可说不清，先生。"

"他们什么时候回来呢？"

"过一个月，他们说。"

"一个月！啊，这可糟糕！请你帮我稍微想点儿办法，我好给他们写封信去。这是非常重要的事情哩。"

"我实在没有办法可想。我根本不知道他们上哪儿去了，先生。"

"那么我一定要见见他们家里的一个什么人才行。"

"家里人也都走了；出门好几个月了——我想是到埃及和印度去了吧。"

"伙计，出了一个大大的错误哩。不等天黑他们就会回来的。请你告诉他们一声好吗？就说我到这儿来过，而且还要接连再来找他们几次，直到把那个错误纠正过来；你要他们不必着急。"

"他们要是回来，我一定告诉他们，可是我估计他们是不会回来的。他们说你在一个钟头之内会到这儿来打听什么事情，叫我务必告诉你，一切不成问题，他们会准时回来等你。"

于是我只好打消原意，离开那儿。究竟葫芦里卖的是什么药呀！我简直要发疯了。他们会"准时"回来。那是什么意思？啊，也许那封信会说明一切吧，我简直把它忘了；于是把信拿出来看。信上是这样说的：

> 你是个聪明和诚实的人，这可以从你的面貌上看得出的。我们猜想你很穷，而且是个异乡人。信里装着一笔款。这是借给你的，期限是三十天，不要利息。期满时到这里来交代。我拿你打了个赌。如果我赢了，你可以在我的委任权之内获得任何职务——这是说，凡是你能够证明自己确实熟悉和胜任的职务，无论什么都可以。

没有签名，没有地址，没有日期。

好家伙，这下子可惹上麻烦了！你现在是知道了这以前的原委的，可是我当时并不知道。那对我简直是个深不可测的、一团漆黑的谜。我丝毫不明白他们玩的是什么把戏，也不知道究竟是有意害我，还是好心帮忙。于是我到公园里去，坐下来想把这个谜猜透，并且考虑我应该怎么办才好。

过了一个钟头，我的推理终于形成了下面这样一个判断。

也许那两个人对我怀着好意，也许他们怀着恶意；那是无法断定的——随它去吧。他们是要了一个花招，或者玩了一个诡计，或是做了一个实验，反正总是这么回事；内容究竟怎样，无从判断——随它去吧。他们拿我打了一个赌；究竟是怎么赌的，无法猜透——也随它去吧。不能断定的部分就是这样解决了；这个问题的其余部分却是明显的、不成问题的，可以算是确实无疑的。如果我要求英格兰银行把这张钞票存入它的主人账上，他们是会照办的，因为他们认识他，虽然我还不知道他是谁；可是他们会问我是怎么把它弄到手的，我要是照实告诉他们，他们自然会把我送入游民收容所，如果我撒一下谎，他们就会把我关到牢里去。假如我打算拿这张钞票到任何地方去存入银行，或是拿它去抵押借款，那也会引起同样的后果。所以无论我是否情愿，我不得不随时随地把这个绝大的负担带在身边，直到那两个人回来的时候。它对我是毫无用处的，就像一把灰那么无用，然而我必须一面把它好好保管起来，仔细看守着，一面行乞度日。即便我打算把它白送给别人，那也送不掉，因为无论是老实的公民或是拦路抢劫的强盗都决不肯接受它，或是跟它打什么交道。那两兄弟是安全的。即便我把钞票丢掉了，或是把它烧了，他们还是安然无事，因为他们可以叫银行止兑，银行就会让他们恢复主权；可是同时我却不得不受一个月的活罪，既无工资，又无利益——除非我帮人家赢得那场赌博（不管赌的是什么），获得人家答应给我的那个职位。我当然是愿意得到那个职位的，像他们那种人，在他们的委任权之内的职务是很值得一干的。

……

（节选自马克·吐温《百万英镑》，宋兆霖编，张友松、董衡巽等译，浙江文艺出版社 2020 年版，第 50—57 页）